Fiona Macleod
Das Reich der Träume

Fiona Macleod

Das Reich der Träume

Keltische Sagen und Legenden

Aus dem Englischen von Winnibald May

Anaconda

Die Übersetzung folgt der Ausgabe Jena: Eugen Diederichs 1922.
Der Text wurde auf neue deutsche Rechtschreibung umgestellt
und an wenigen Stellen behutsam überarbeitet.

Die Deutsche Nationalbibliothek verzeichnet diese Publikation
in der Deutschen Nationalbibliografie; detaillierte bibliografische Daten
sind im Internet unter http://dnb.d-nb.de abrufbar.

Umschlagmotive: Walter Crane (1845–1915), »Swan, Rush and Iris«,
Victoria & Albert Museum, London, UK / The Stapleton Collection /
Bridgeman Images (Schwan). – Carpet Page from »Book of Durrow«
(660–680), Trinity College, Dublin, Ireland / Interfoto / SuperStock /
Peter Willi (Hintergrund)
Umschlaggestaltung: Druckfrei. Dagmar Herrmann, Bonn
Satz und Layout: Andreas Paqué, www.paque.de
Printed in Czech Republic 2015
ISBN 978-3-7306-0241-6
www.anacondaverlag.de
info@anacondaverlag.de

Inhalt

Aus Jona

An George Meredith

Hier, wo der Laut der fallenden Woge nur schwach gehört wird und mehr wie in dem gewundenen Gehäuse einer Muschel, wiewohl ich im Freien bin, wo der Wind weht, schreibe ich diese wenigen Worte der Widmung. Ich bin allein hier, zwischen Meer und Himmel; denn auf dieser geröllbesäten Höhe von Dun-I ist kein anderes lebendes Wesen zu sehen, außer einem einzigen blauen Schatten, der langsam quer über den Hügelhang hinträumt. Das Blöken von Lämmern und Mutterschafen, das Brüllen von Kühen, diese Töne dringen von der Machar[1] herauf, die zwischen den westlichen Hängen und der uferlosen See im Westen liegt, sie steigen empor wie eine Rauchwolke von Schall. Rings um das Eiland ist ein fortwährendes Atmen, tiefer und lang gezogener im Westen, wo das Herz der See ist; aber hörbar überall. In diesem Augenblick drücken die Robben auf Soa ihre Brust gegen die strömende Flut; denn ich sehe hier und dort Flossen aufblitzen, Flecken am Nordende des Sundes; und schon sammelt sich von den rötlichen Granitküsten des Ross ein Schwarm von Seevögeln, Bassansgänse und Wasserhühner, braune Möwen und Heringsmöwen, der langhalsige nordische Taucher, die Meerschwalbe, der Kormoran. In dieser Sonnenflut regen die Wasser des Sunds tanzend ihre blauen Leiber und wirbeln ihre blitzendweißen Schaumlocken; und wie ich hinschaue, erscheinen sie mir wie Kinder des Winds und des Sonnenscheins, die auf diesen von Sonnengold bedeckten Triften springen und laufen mit einem Lachen, das so süß ans Ohr klingt wie die Stimmen spielender Kinder.

Alles ist durchzittert von Lebensfreude. Doch der Weber schläft nicht, er träumt nur. Er liebt die im Sonnenlicht ertränkten Schatten. So sind sie unsichtbar, aber sie sind da, mitten im Sonnenlicht selbst. Gewiss, sie können gehört werden; so hörte ich vor einer Stunde, auf meinem Weg hierher an der Treppe der Könige – denn so nennt man hier zuweilen die alten Steine der lange vermoderten Fürsten der Vorzeit –, eine Mutter klagen wegen ihres Sohnes, der über See gehe und sie in ihrem Alter verlassen musste, und hörte auch ein Kind schluchzen im Harm der Kindheit, jenem Harm, der so geheimnisvoll, so unergründlich, so ewig unaussprechlich ist.

Zu der Kleinen sprach ich. Aber alles, was sie sagen wollte, aufblickend aus dunklen, tränennassen Augen, die schon gefüllt waren mit dem Schatten jener Bürde, die auf dem Weib liegt, war: Ha mi duvachus.

Tha mi Dubhachas! .... »Das Dunkel liegt auf mir.«

Oh, dieses Sprichwort! Wie oft habe ich es auf den entlegenen Inseln gehört! »Das Dunkel.« Es ist nicht Gram noch irgendein alltäglicher Kummer noch jene tiefe Verzagtheit der Ermüdung, die von vollendeten Dingen kommt, die zu früh, zu buchstäblich erfüllt sind. Aber es ist jedem von diesen verwandt und schließt jedes in sich. Es ist wohl die unbewusste

Kunde von der Klage einer Rasse, die ahnungsvolle Gewissheit einer Erbschaft des Leides.

Bei welchem Volk, außer an den letzten beraubten Zufluchtsstätten der Gälen, könnte man auf den Lippen der Kinder diese allzu bedeutungsschweren Sprichworte hören: Tha mi Dubhachas, »Das Dunkel liegt auf mir«; Ma tha sin an Dan, »Wenn das so bestimmt ist«; »Wenn es Schickung ist«? Niemals werde ich den lispelnden Klang dieser Wendung vergessen – die allgemein verbreitet ist von den Sieben Jägern, welche die äußersten der Hebridischen Inseln sind, bis zu den Rhinns von Islay, und vom Ord von Jatherland bis zum Mull von Cantyre –, niemals werde ich den lispelnden Klang dieser Wendung im Mund eines kleinen Vögleins von einem Mädchen, nicht mehr als drei Jahre alt, vergessen – einer Wendung, aufgefangen ohne Zweifel, wie die Dohle die Sturmwarnung der Misteldrossel aufnimmt, aber darum nicht weniger bedeutungsvoll, nicht weniger mitleidweckend: Ma tha sin an Dan, »Wenn es Schickung ist.«

Dies ist so. Und doch, nicht einen Steinwurf von dem Ort, an dem ich liege, halb verborgen unter einem überhängenden Felsen, ist ein Weiher von heilender Kraft. Zu diesem kleinen schwarzbraunen Bergsee sind Pilgrime jeder Generation gekommen, durch Hunderte und Aberhunderte von Jahren. Einsam kamen sie; nicht nur weil der Pilgrim zur Quelle der Ewigen Jugend – die, wie das ganze Keltentum weiß, unter diesem Bergsee auf Dun-I in Jona ist –, allein hierher wandern muss, und im Morgengrauen, sodass er das heilende Wasser in dem Augenblick berührt, da der erste Sonnenstrahl es belebt, sondern einsam auch deswegen, weil diejenigen, die diese Quelle der Jugend suchen gehen, Träumer und die Kinder des Traumes sind, und deren sind nicht viele, und wenige kommen an diesen abgelegenen Ort. Doch eine Insel des Traumes ist Jona fürwahr. Hier neigten sich die letzten Sonnenanbeter vor dem aufsteigenden Gott; hier wirkten und brüteten Columba und seine Hymnen singenden Priester; und hier träumte Oran unter der Mönchskappe jenen seinen heidnischen Traum. Auch die Augen Fionns und Oisins und manches anderen von den Helden und Heldinnen der Fianna verweilten hier oft; hier beugten der Pikte und der Kelte sich unter das Joch des norwegischen Seeräubers, der auch seine Träume oder vielmehr die fremdartig-schönen Regenbogen seiner Seele den Besiegten als ein Erbteil zurückließ, hier hat Jahrhundert um Jahrhundert der Gäle gelebt, gelitten, sich gefreut und seinen bis zur Unmöglichkeit schönen Traum geträumt; wie er hier jetzt noch lebt, noch immer geduldig leidet, noch immer träumt und, bei alledem und vor allem, tief brütet über dem Mysterium der Welt. Er ist ein elementares Wesen inmitten der Elementarkräfte. Sie haben die Stimmen des Windes und der See; er hat diese Worte aus der Seele der keltischen Rasse: Tha mi Dubhachas … Ma tha sin an Dan. Und der Gäle kann »an Dan« die Stirn bieten, wie er es tut, und kann sein »Dubhachas« geduldig ertragen, weil die Quelle der Jugend auf Dun-I in Jona nicht der einzige Born des Friedens ist. Wer weiß, wo seine Quellflüsse sind? Sie mögen in deinem Herzen sein, oder in meinem, oder in Myriaden anderer.

Ich wünschte, dass die Vögel des Angus Ogue einmal verwandelt würden nicht in die Küsse der Liebe, sondern in Tauben des Friedens; dass sie hinausflögen in die grüne Welt und dort eine Zeit lang nisteten, ihr unmittelbares Lied zwitschernd, das doch Freude und Hoffnung bringen würde.

Warum, so denken Sie vielleicht, schreibe ich diese Dinge? Es geschieht, weil ich Ihnen und allen, die dieses Buch lesen mögen, zu sagen wünsche, dass in dem, was ich gesagt habe, das Geheimnis des Gälen liegt. Die Schönheit der Welt, das Pathos des Lebens, das Dunkel, der Schicksalsglaube, der geistige Zauber: diese Stücke, die Erbschaft des Gälen, sind es, aus denen ich die Erzählungen gewebt habe.

Ich weiß wohl, dass sie nicht »ein abgerundetes und vollständiges Porträt des Kelten« geben. Es ist mehr als wahrscheinlich, dass ich nicht imstande wäre, das zu bieten, wenn ich es versuchte, aber ich habe es nicht versucht; nicht einmal »ein abgerundetes und vollständiges Porträt« des Gälen wollte ich geben, der für die keltische Rasse das ist, was der Franko-Bretone für die französische ist, ein Geschöpf, nicht ohne Humor und Frohsinn, gerne lachend, sorglos, standhaft, sanft und ungestüm zugleich, aber vor allem gestimmt auf elementare Leidenschaften, auf die Poesie der Natur, und in jedem Nerv und jeder Fiber bereitet aus dem Dunkel und dem Geheimnis seiner Umgebung.

Vielleicht werde ich an anderem Ort, soweit es in meinen Kräften und im Bereich meiner eigenen Kenntnis liegt, eine Schilderung der Vielseitigkeit des Kelten und selbst des Insel-Gälen, geben. Aber in diesem Buch, wie in »Pharais« und »The Mountain-Lovers«, gebe ich das Leben des Gälen in den Stücken, die mir, in Übereinstimmung mit meiner eigenen Beobachtung und Erfahrung, als seine hervorstechendsten Merkzüge erscheinen, das heißt natürlich in bestimmten Umständen, in einer besonderen Umgebung. Es braucht kaum gesagt zu werden, dass ich solche bloßen Spielzeuge des Schicksals, wie Neil Roß, den Sünden-Esser, oder Manus Mac Codrum (»der Dan-nan-Ron«), nicht als typische Gälen hinstelle, und ebenso wenig wünsche ich, dass Gloom Achanna, dessen düstere Persönlichkeit einigen der Erzählungen ihre Färbung gibt, als typisch für den verderbten Kelten angesehen würde. Sie sind wahr in ihrer Art – das ist alles. Aber ich behaupte allerdings, dass Alison Achanna, der Gesalbte, und die Fischer von Jona, von denen ich rede, und Jan Mor von den Hügeln, und andere verwandte Gestalten, typisch sind. Das kann man offenbar sagen, ohne zu behaupten, dass sie »abgerundete und vollständige« Typen des gälischen Kelten sind. Natürlich sind sie nichts der Art. Auch das mag gesagt werden, dass sie nicht typisch sind bis zum Ausschluss anderer Typen. Könnte Jan Mor irgendwo eine gewöhnliche Erscheinung sein? Gibt es so viele dichtende Träumer? Könnte man Ethlenn Smart oder Eilidh Mc Jan in jedem Tal, auf jedem Hügelhang antreffen? Wird die schöne und einzig unvermeidliche Wendung auf jeder Lippe gefunden? Alle Menschen sprechen von Liebe; aber nur Sie haben das Allerhöchste von der Leidenschaft der Liebe gesagt – nämlich, dass Leidenschaft edle Kraft in Glut ist. Nur Sie haben dieses gesagt. Es ist charakteristisch – für das Individuum; es ist typisch für die Rasse; und doch sind Tausende von Dichtern gekommen und gegangen, Millionen und Abermillionen Herzen haben in diesem Akkord geschlagen, und die Wendung hat gewartet, abseits stehend – auf Sie. Ist sie deshalb nicht bezeichnend? Ob von einer Wendung oder dem Klang einer freien Melodie oder einer Person – man sollte niemals sagen, dass er oder sie nicht existiert, weil sie unsichtbar sind im Staub der öffentlichen Heerstraße.

Es darf nicht vergessen werden, dass »die keltische Borte« von verschiedener Färbung ist. Der Kelte der Aremarica, der Kymre, der Gäle Irlands und der schottische Gäle sind von demselben Stamm, aber nicht dasselbe Volk. Selbst der Kätner von Donegal oder der Fischer von Clare ist nicht mehr als ein alterer oder jüngerer Bruder des Bewohners der Hebriden oder des Hochländers; sicherlich sind es nicht Zwillinge von kaum unterscheidbarer Ähnlichkeit. Einige meiner Kritiker, unbekümmert um die mannigfaltigen Umstände, welche den irischen und den schottischen Kelten unterscheiden, klagen über das keltische Dunkel, welches das Leben der Männer und Frauen verdüstert, die ich zu zeichnen versucht habe. Das mag vielleicht berechtigt sein. Ich wünsche nur zu erklären, dass ich mich nicht bestrebt habe, den fröhlicheren irischen Kelten zu schildern. Ich habe hauptsächlich versucht, etwas von dem zum Ausdruck zu bringen, was ich als den beherrschenden Zug angesehen habe, etwas von »dem keltischen Dunkel«, das bei vielen Gälen, wenn nicht bei allen, so charakteristisch hervortritt in dem weltfernen Leben einer dem Untergang geweihten und aussterbenden Rasse. Vielleicht – denn natürlich ist es unwahrscheinlich, dass sie ohne die genaueste Sachkenntnis schreiben sollten – haben diejenigen von meinen Kritikern, auf welche ich anspiele, jahrelang inmitten dieser fernen Inseln geweilt, vertraut mit der Rede- und Denkweise und dem täglichen Leben und der in Geheimnis sich hüllenden innersten Natur der Männer und Frauen, die sie bewohnen. Ich halte mein Urteil zurück, denn ich erhebe nicht den Anspruch, jede Schlucht in den Hochlanden zu kennen oder meinen Fuß auf jede einzige der tausend Inseln gesetzt zu haben.

Eine dem Untergang geweihte, eine aussterbende Rasse. Ja, und doch ist das nicht alles. Gewiss hat der Kelte schließlich seinen Horizont erreicht. Kein Gestade liegt dahinter. Er weiß es. Das ist der Schlussakkord seines Liedes gewesen, seit Malvina den blinden Oisin zu seinem Grab am Meer führte. »Selbst die Kinder des Lichtes müssen hinabgehen in die Finsternis.« Aber diese Erscheinung einer aussterbenden Rasse ist nicht mehr als die Erfüllung einer herrlichen Auferstehung vor unseren Augen. Denn der Genius der keltischen Rasse tritt jetzt hervor mit umgewandter Fackel, und das Licht derselben ist ein Glorienschein vor den Augen, und ihre Flamme wird in die Herzen des mächtigeren, siegreichen Volkes geweht. Der Kelte fällt, aber sein Geist steigt empor in Herz und Hirn der anglo-keltischen Völker, in deren Händen die Schicksale der kommenden Geschlechter liegen.

Nun, dies ist ein ferner Ruf; eine einzige schwache Stimme am Hügelhang von Dun-I auf Jona klingt dem Trompetengeschmetter der Zukunft voran! Aber, sicherlich, auch auf dieser Insel der Freude, wie sie heute erscheint in diesem blendenden Glanz goldenen Lichtes und plätschernder Woge, ist all das Dunkel und all das Geheimnis, das in den Seelen der alten Seher und Barden lebte. Dort, wo jenes feine Sprühwasser an der thymianbewachsenen Klippe erzittert, ist die Sprudelhöhle, in die bis auf diesen Tag der Mar-Tarbh[2], das furchtbare Geschöpf der See, bei hoher Flut schwimmt. Jenseits, durch diese Höhen dem Blick entzogen, liegt Port-na-Churaich[3], wo vor gegen tausend Jahren Columba in seinem Lederboot landete. Hier, ostwärts, liegt der Landungsplatz für die Toten der Vorzeit, die aus der Christenheit hierher gebracht wurden zur Bestattung in geweihter Erde auf der Insel der Heiligen. Die ganze Geschichte Albyns ist hier. Jona ist der Mikrokosmos des Gälentums.

Gestern Abend, um die Stunde des Sonnenuntergangs, lag ich auf den Höhen nahe der Höhle, über die Machas hinblickend – die sandige, felsenumrahmte Fläche Dünenland an der Westseite von Jona, dem Atlantik zugewandt. Weder Mensch noch Tier, nichts Lebendes war zu sehen, außer einem einzigen einsamen menschlichen Wesen. Dieser braune gebeugte, bejahrte Mann war damit beschäftigt, Kelp[4] zu brennen. Ich beobachtete den Rauch, bis er in den Seenebel untertauchte, der schnell aus dem Norden herangekrochen kam und von Dun-I herab gen Osten zog. Endlich war nichts mehr sichtbar. Der Nebel hüllte alles ein. Ich konnte das dumpfe, rhythmische Schlagen der Wogen hören. Das war alles. Kein Laut, nichts sichtbar.

Es war oder schien eine lange Zeit, bis ein geschwindes Tud-Tud die schwere Luft erschütterte. Dann hörte ich den Ansturm, das Stampfen und Wiehern einiger jungen Pferde, die dort weideten, wie sie hin und her sprengten, erschreckt oder vielleicht nur im Spiel. Von dreien erhaschte ich einen flüchtigen Blick, mit fliegenden Mähnen und Schweifen; die anderen waren nur verzerrte Schattenbilder. Ein Wirbel, und sie traten aus dem Nebel hervor; ein Wirbel, und der Nebel verschlang sie wieder. Dann wiederum Stille.

Mit einem Mal, gar nicht lange danach, stieg der Nebel empor und trieb seewärts. Alles war wie zuvor. Der Kelp-Brenner stand noch da und stieß in das schwelende Seekraut. Über ihm stieg eine Rauchsäule auf, eine bläuliche Spirale, dämmrig im Dunkel des Schattens.

Der Kelp-Brenner: Wer ist es, als der Gäle der Inseln? Wer als der Kelte in seinem Leid? Der Nebel fällt und der Nebel steigt. Er ist dort trotz alledem, hinter ihm, ein Teil von ihm; und die Rauchsäule ist der Weihrauch aus seinem sehnenden Herzen, das nach Himmel und Erde verlangt und nur abgefunden wird mit Armut und Pein, Hunger und Müdigkeit, einer kleinen Insel in den Meeren, einer großen Hoffnung und der Liebe der Liebe.

In jenem Nebel hatte ich einen Traum geträumt. Als ich erwachte, waren diese seltsamen, unbekannten Worte auf meinen Lippen: Am Dia Beo, an Domhan Basacha', an Diomhair Cinne' Daonna.

Am Dia Beo, an Domhan Basacha', an Diomhair Cinne' Daonna: Der lebendige Gott, die sterbende Welt und die geheimnisvolle Rasse der Menschen.

Ich weiß nicht, welche dunkle und entlegene, angestammte Erinnerung dort zur Oberfläche emporstieg; aber für einen Augenblick dachte ich, dass der Geist der Rasse, und nicht ein einzelnes menschliches Wesen, Ausdruck gefunden habe in diesem so typischen Spruch. Es ist das Gefühl einer bleibenden geistigen Gegenwart, einer welkenden, einer vergehenden Welt und des Geheimnisses und unmitteilbaren

Schicksales des Menschen, welche das ethische Leben der Kelten charakterisieren.

»Die drei Mächte«, murmelte ich, als ich mich erhob, um den Ort, an dem ich war, zu verlassen; »dies sind die drei Mächte«, der lebende Gott, die hinschwindende Welt und der Mensch. Und irgendwo, in der Dunkelheit – »an Dan, das Geschick«.

Ja, Ma tha sin an Dan, das ist es, worauf wir wieder zurückkommen. Das Schicksal ist es also, das der Protagonist in dem keltischen Drama ist – dem rührendsten, dem ergreifendsten von allen, welche die allzu tragische Tragikomödie des menschlichen Lebens ausmachen. Und es ist das Schicksal, dieses düstere Demogorgon des Gälen, dessen ahnungsvoller Hauch, dessen Drohen, dessen Scharten so viel von dem weltfernen Leben verdüstert, das ich kenne, und daher auch dieses Buch der Erläuterungen verdüstert; denn Blätter des Lebens sind notwendigerweise entweder erläuternd oder lediglich urkundlich, und diese folgenden Blätter sind zum größten Teil geschrieben wie von jemand, der mit sonderbarer Beharrlichkeit eine ihn verfolgende, vertraute, doch immer wilde und ferne Weise wiederholt, deren dunklen Sinn er gern wieder und wieder sich vorhalten, deuten möchte.

Von allen lebenden Schriftstellern können Sie dies am besten verstehen, denn in Ihnen brennt der keltische Genius als reine Flamme. Zwar das kymrische Blut, das in Ihnen ist, regt sich in einem leichteren Takt als das des schottischen Gälen, und die Zufälligkeiten des Temperaments und des Lebens haben sich vereinigt, um Sie mehr zu einem Schriftsteller für große Völker als für ein Volk zu machen. Aber wenn auch England Sie als seinen Sohn in Anspruch nimmt und all die anglo-keltischen Völker die Erben Ihres Genius sind, wir beanspruchen Ihr Hirn. Jetzt sind wir eine verstreute Schar. Des Bretonen Augen wenden sich langsam von der See und langsam vergessen seine Ohren das Flüstern des Windes um Menhir und Dolmer. Der Bewohner von Cornwallis hat seine Sprache eingebüßt, und es gibt jetzt kein Band mehr zwischen ihm und seiner alten Sippe. Der Bewohner von Man ist immer nur der Knappe der keltischen Ritterschaft gewesen; aber selbst sein rauer Dialekt schwindet von Jahr zu Jahr. In Wales lebt noch eine große Überlieferung; in Irland verbleicht eine herrliche Tradition hinter Horizonten, die in des Sonnenuntergangs Farben getaucht sind, zu äußerster Finsternis; im keltischen Schottland weicht ein leidenschaftlicher Gram, eine verzweifelnde Liebe und Sehnsucht in jedem Jahr mehr einer Bastardlehre der Nützlichkeit, die für unser entweihtes Land fast ein ebenso großer Fluch ist, wie die Calvinistische Theologie es gewesen ist und noch ist.

Aber da wir Sie haben und andere, die nicht weniger begeistert, wenn auch weniger glänzend sind, so brauchen wir nicht zu verzweifeln. »Der Engländer mag die Heide niedertreten«, sagen die Hirten von Argyll, »aber den Wind kann er nicht niedertreten.«

Landschaftstragik

I. Das Unwetter

Der Forst wallte durch das Land in ungeheuren schwarzgrünen Wogen. In seine düsteren Einsamkeiten drang kein Licht. Der Himmel zeigte ein eintöniges Grau, eine stumpfe, metallische Farbe, wie sie das Meer annimmt, wenn ein Regenwind aus Osten weht. Nichts unterbrach die beklemmende Einförmigkeit.

Im Norden stieg eine Kette von Bergen empor. Einer erschien mit dem anderen verbunden durch verwitterte Schroffen oder zerklüftete, qualvoll gekrümmte und jäh abstürzende Grate. Der Edelhirsch hatte hier sein Reich; hier zogen Fischadler, Raben, Falken und Weihen ihre Jungen auf. Auf den äußersten Höhen riefen bei Sonnenaufgang die Steinadler aus ihren Horsten; bei Sonnenuntergang konnte man sie gleich winzigen Scheiben um die glühenden Bergspitzen wirbeln sehen.

Tiefstes Schweigen herrschte. In langen Pausen erklang das unruhige Pfeifen eines Windwirbels gedämpft aus den fernen

Schluchten. Zuweilen stieg drunten in weiter Ferne, in den innersten Tiefen des Forstes ein Laut auf, wie von der Flut, die in unermesslicher Entfernung dahinströmt, seufzte durch die grauen Öden und versank erstickend in ihren Tiefen.

Gegen Mittag zeigte sich hier und dort eine kleine Bewegung. Zwei Krähen trieben tintenschwarz über das schiefergraue Firmament. Eine Weihe, die über einer felsigen Wildnis schwebte, kreischte auf, durchschnitt, jäh niederstoßend, die schwere Luft, streifte den Boden, warf sich zu den höchsten Wipfeln der Fichten empor und segelte langsam westwärts, stumm, anscheinend regungslos, bis sie im Dunkel verschwand. Von einer Fläche stehenden Wassers stieg ein leichter Nebel empor. Auf einem Strich schwarzen Moorlandes, einige Meilen abseits vom Rande des Forstes, beugten zwei kleine, hagere Geschöpfe, Menschen, Männer, sich unaufhörlich nieder, an dem torfigen Boden zerrend.

Um die vierte Stunde nach Mittag hörte man keinen Laut; sah nichts als das düstere Schwarz droben; das düstere Grün der ungeheuren Fichtenwaldung; die graue Öde der Hügel im Norden.

Gegen die fünfte Stunde brach eine mattweiße Flamme sich gabelnd aus dem schieferfarbenen Himmel im Nordwesten. Kein Wind, keine Unruhe irgendwelcher Art folgte. Dasselbe atemlose Schweigen brütete überall.

Kurz vor der sechsten Stunde ging ein seltsamer Schauer durch einen Teil des Forstes. Es war, als bebe die Flanke eines Ungeheuers. Ein verworrenes Rauschen stieg auf, ebbte, starb dahin. Dreimal, in langen Zwischenräumen, zuckte und stieß die schmale, zackige Flamme, wie eine Nadel, welche die beiden Horizonte durchfädelt. In einer ungeheuren Entfernung ließ sich ein Klagen, ein Murmeln, ein schwacher, verhallender Schrei vernehmen, gleich dem Summen einer Mücke. Es war der Wind, der die äußersten Ränder des

Waldes zerrte und peitschte, und aufkreischte in seiner blinden Wut.

Ein Rabe kam eilends aus dem Westen herangeflogen. Auf seinem unbeirrten Flug hallte immer von Neuem sein heiseres Krächzen wieder, als fiele es klirrend von einem Erzriff gegen das andere. In einer ungeheuren Höhe schienen drei Adler, die, nicht größer als drei Nadelspitzen mit erschreckender Eile ihren Weg durchflogen, wie Ameisen über den weißen Hang einer unendlich hohen und unendlich langen Wand dahinzukriechen.

Im Südwesten verhüllte sich das Grau. Dunkle Massen bauschten sich, bleiern und glatt. Eine gigantische Hand schien sie von hinten zu formen. Die schweren Regenlawinen wurden in der Schwebe gehalten, emporgehoben, hin und her gewirbelt, verschmolzen, teilten sich und hingen tief über der Erde wie schreckliche Todesbälle.

Leise Windwirbel glitten verstohlen zwischen den Bäumen des Waldes hindurch. Die Fichten waren regungslos, obwohl ein leises Singen in Schneckenwindungen an den säulenförmigen Stämmen emporstieg; aber die nahen Buchen waren durchflutet von unzähligen grünen Wellchen unruhigen Lichtes. Ein beständiges Zittern lebte unstet in jeder Birke, in jeder Eberesche. Am diesseitigen Rand des Fichtenwaldes hoben einige verstreute Eichen ihre oberen Zweige, hoben und senkten sie, hoben sie langsam wieder und senkten sie langsam. Diese blieben stumm, obwohl ein verworrenes Gemurmel wie von beunruhigten Bienen aus dem mittleren und unteren Laubwerk drang. Blasse grüne Luftzungen leckten die Blätter der unzähligen Adlerfarne. Schnelle Windpfeile, schmal wie Riedgräser, flogen durch das Farnkraut und über die Grasflecken und hinterließen für einen Augenblick ein Kielwasser weißen Lichtes. An einem Sumpf schienen die Teichbinsen ihre wolligen Köpfe lauschend nach einer Richtung zu neigen; die hohen, schlanken Feenlanzen neben ihnen zitterten unaufhörlich.

Plötzlich erhob sich ein verworrener Lärm auf den Hügeln. In weiter Ferne brüllte heiser ein Wasserfall, dessen Stimme vorher gedämpft gewesen war. Viele Bergströme und Gießbäche riefen. Dann kam der Bergwind sausend das Tal hinab mit wildem Jauchzen und einem lärmenden Wirrwarr von Nachrichten. Jede grüne Pflanze neigte sich nach einer Richtung oder stand zurückgelehnt wie ein Speerwerfer. In dem bangen Schweigen des Forstes und des Moorlands klopfte langsam und schwer der Pulsschlag der Erde. Eine erstickende Faust griff nach dem braunen Herzen.

Aber in dem Augenblick, als der Bergwind durch die schwankenden Ebereschen und Buchen fuhr und in den Forst hineinsprang, stieg ein Orkan von Schreien auf. Jeder Baum rief seinen Nachbar; jede Fichte jauchzte, kreischte, klagte oder sang ein wildes Lied; die älteren erhoben eine tiefe Stimme, höhnisch und herausfordernd. Denn jetzt wussten sie, was bevorstand.

Das Unwetter klomm vom Meer empor über der Sonne Rücken, und mit rollenden Donnern und furchtbaren Schwefeldünsten, mit vielen flammenden Blitzen und ungeheuren Wolkenmassen, die ganze Meere von Regen und Kieslawinen von Hagel enthielten, hatte es schon die fernen Bataillone des Forstes angegriffen, niedergestreckt, mit Füßen getreten, verstümmelt, verheert und wieder verheert! Dies war es, was der Herold der Hügel ausrief, als er mit jagender Eile durch die Wälder sprang, im Schreiten wilde Warnungslaute ausstoßend.

Meilen und Meilen weit fegte er dahin; dann, plötzlich abbiegend, stürmte er eine felsgekrönte Höhe empor, die aus dem Forst aufstieg. Eine Zeit lang schwebte er dort zweifelnd, dann, blindlings sich neigend, fiel er taumelnd zurück, stolperte wie ein Rasender von Neuem in den Wald und flog bald wieder dahin, wie ein flüchtiger Hirsch, wiewohl nicht länger vorwärts, sondern auf dem Weg zurück, den er gekommen war.

»Das Unwetter! Das Unwetter!«, kreischte er. »Das Unwetter kommt!«

Bald wusste der ganze Forst, was er gesehen hatte. Ferne Reihen großer Bäume wurden niedergemäht wie mit einer Sense; gigantische Fichten wurden aus dem Boden gerissen und hin und hergeschleudert; der Schwarze Loch war über die Ufer getreten; der Fluss war angeschwollen zu einer furchtbaren Flut und wütete und schlang wie ein Raubtier. Er hatte Vieh niederfallen sehen, vom Blitz erschlagen; ein Hirsch war krachend herabgestürzt, als er von Felsblock zu Felsblock sprang; einige Menschenhütten waren niedergelegt und die zappelnden Geschöpfe unter ihnen getötet oder verstümmelt; Schafe waren gegen Steinmauern geschmettert worden und leblos liegen geblieben. Die Luft war stellenweise erfüllt und verdunkelt von wirbelnden Rebhühnern, Schnepfen, wilden Tauben, Kiebitzen, Krähen und einer Staubwolke kleiner Vögel.

Ein Ächzen stieg aus dem Forst auf, ein neuer Laut, fürchterlich, erschütternd, voll Entsetzen und Zagen. In den öden grauen Höhlungen der Berge im Norden erscholl sein Echo, als hätte das Grab sich geöffnet und es klagten die Toten.

Jung und Alt rückten nahe aneinander, mit klammernden Ästen und zitternden Reisern und Zweigen. Die flatternden Blätter erhoben ein Lallen verworrener Zungen. Die männlichen Pflanzen wirbelten ihre oberen Zweige unaufhörlich und neigten ihre Leiber bald in dieser, bald in jener Richtung. Die alten Fichten reckten ihre Stämme, so weit sie reichen konnten, und murmelten leise zu ihren grünen Kindern und den zarten Kindern dieser. Seufzen und Schluchzen ertönte, rasche Ermahnungen und jähe, herzzerreißende Schreie. Tod würde unter ihnen sein in wenigen Augenblicken; nicht alle konnten überleben, viele mussten zugrunde gehen, Patriarch und junger Schoß, stolzer Bräutigam und schmiegsame Braut, der Verdorrte und der Starke.

Am äußersten Rand erfolgte eine beständige Auswanderung lebender Wesen. Die Vögel sanken in das Farnkraut.

Einige Hirsche, vier Menschen, drei Männer und ein Weib, einige Füchse und Wiesel, traten heraus ins Freie, stürzten und zogen sich langsam zurück.

Der erste Donnerwagen rasselte jetzt über den Häuptern. Der schattenhafte Wagenlenker neigte sich tief herab und stieß hier- und dorthin mit seiner furchtbaren Lanze. Ein Hirsch ward getötet, desgleichen das Weib und einer der Männer. Ein sengender Geruch stieg von einer Pechtanne auf; im nächsten Augenblick stand sie in züngelnden Flammen.

Dann … Schweigen, furchtbar, beängstigend. Plötzlich barst flammend der Himmel; die Erde glich einer hohlen Erzkugel, in der ein qualvoller Aufruhr Verderben gegen Verderben wirbelte. Tosendes Geheul der Verzweiflung schien gleichzeitig aus den Eingeweiden der Berge und aus dem Inneren des berstenden Himmels hervorzubrechen.

Das Unwetter war da!

II. Nebel

Ein dichter weißer Nebel lag auf den Hügeln und hüllte dieselben vom Gipfel bis zum Fuß in ein feuchttriefendes Leichentuch. Der nasse, schwammige Torf ringsum ließ den überquellenden Schlamm emporsteigen. Es schien, als durchstreifte kein lebendes Wesen die Öde, nur ein- oder zweimal drang der schwache Schrei eines geängstigten Brachvogels durch die von Feuchtigkeit durchsetzte Atmosphäre.

Es war weder Tag noch Nacht, sondern nur das leblose Dunkel des endlosen, ermüdenden Regens, der dünn, durchdringend und erfüllt war von dem Schauer und Schweigen des Grabes.

Eine Stunde floss hinüber in die andere, bis endlich eine allmähliche Verdichtung der Nebel das traurige Ende des traurigen Tages anzeigte. Durchweicht, sumpfig, verräterisch, wie die durchtränkten und mit Lachen bedeckten Moore waren, durchschritt sie kein lebendes Wesen, nicht einmal das rastlose Bergschaf. Aber gegen den späten Nachmittag glitt eine sich neigende Gestalt von Dunkel zu Dunkel – blass und stumm – und erfüllte die bange Stunde und den furchtbaren Ort mit einer neuen Trostlosigkeit.

Der Schatten, der sich langsam durch das Moor stahl, hielt dann und wann inne. Es war ein Mann. Das schwere Nass auf seiner Stirn, das von dem Regen herrührte, der durch sein triefendes Haar quoll, vermischte sich mit den großen Schweißtropfen, die sich unaufhörlich dort sammelten. Denn sooft er stehen blieb, hörte er Schritte in der Nähe, Schritte an jenem einsamen, verlassenen Ort – zuweilen folgend, zuweilen vor ihm, zuweilen fast an seiner Seite. Doch war es nicht der Schall dieser mitwandernden Füße, weswegen er stehen blieb, sondern weil er auf den regennassen Kranbeerbüschen oder auf dem glitzernden Thymian oder auf dem durchweichten Gras bald blutige Fußspuren, bald die Spuren blutiger Finger sah. Blickte er hin, so war nichts unter oder vor ihm als der stumpfe Glanz des regendurchtränkten Krautwerks; sah er wieder hin, eine blutige Fußspur, ein blutiger Fingerabdruck.

Aber endlich wurden die mitwandernden Füße nicht mehr gehört, die blutigen Abdrücke nicht mehr gesehen. Der Mann stand neben einem tiefen Bergsee und blickte hinein, wie die Verdammten der Hölle in ihre Seele blicken.

Zeitweise seufzte ein schwacher, fast unhörbarer Hauch hinter dem Nebel in einer bestimmten Richtung. Es war der Hügelwind, der in den Schroffen und Schluchten sich regte, hoch droben auf einem Berg im Norden. Hier und dort enthüllte ein leichtes Treiben des Dunstes einen schattenhaften Felsblock; doch dann glitten stets die Schleier wieder herab und verdichteten sich, und die alte, undurchdringliche Finsternis herrschte.

In einer dieser flüchtigen Pausen war's, da erblickte ein Hirsch, auf einem überhängenden Felsen stehend, einen anderen, einen Rivalen, mit dem er am Tag vorher fast bis auf den Tod gekämpft hatte. Dieser zweite Hirsch stand inmitten des nassen Farnkrauts; die Ohren legte er bald zurück, bald streckte er sie zitternd empor und seine Nüstern bebten, während er sich bestrebte, das Etwas zu wittern, das sich durch den dichten Nebel am Bergsee bewegte.

Der obere Hirsch straffte seine Hanken. Seine Lippen und Nüstern kräuselten sich und zeigten seine funkelndgelben Zähne. Im nächsten Augenblick hatte er sich auf seinen Feind gestürzt. Es gab ein Krachen, einen Laut wie von windgepeitschter See, scharfe Schreie, Ächzen und keuchende Atemzüge. Dann ein langes Schweigen. Später drang ein einziges, schwaches, verhallendes Blöken durch den Nebel, aus dem Farnkraut weit oben auf dem Hügel.

Der ruhelose Wind, der in den Gipfeln war, erstarb. Nacht kroch empor aus Schlucht und Tal, die Nebelschleier wurden finsterer und finsterer, das Dunkel tiefer. Endlich breitete sich von den äußersten Spitzen bis dorthin, wo der Gießbach in die Höhlungen des öden Tales sich verkroch, ein einförmiges, tiefschwarzes Grabtuch.

In der kalten, triefenden Stille regte sich kein Wesen, nicht ein Laut war hörbar.

III. Sommer-Schlaf

Die Landstraße krümmte sich wie eine weiße Schlange am steileren Abhang des Tales entlang. Die ungeheure Fläche des Marschlands lag da und wärmte sich im Glanz der Julisonne. In allen Richtungen schwollen Waldungen, meist von Platanen und Eichen, an oder glitten herab in grünen Wogen.

Der Kuckuck war fort; die Drossel war verstummt; Amsel und Schilfa und Hänfling hatten keine Lieder mehr. Aber noch füllte hin und wieder eine Lerche die Sommerluft gleichsam mit dem kühlen Sprühwasser ihrer lustigen Melodie. Im Getreide riefen die Wiesenläufer; und an schattigen Plätzen im Zwielicht klang noch das Schnarren eines verspäteten Ziegenmelkers mit hochsommerlicher Klarheit an das Ohr.

Das Dunkel des Juli lag auf den Bäumen. Die Eichen träumten von grünem Wasser. Die Linden entfalteten schon flüchtige gelbe Banner. Ein Anflug von Rot verdunkelte das düstere Grün der Sykomoren. Aber bei Weitem der größte Teil der Waldungen bestand aus Platanen, und diese zeigten jetzt ein schwärzliches Grün, dunkler als das der Nordwindwogen an einem Sturmtag. Auch die Wiesen lagen sozusagen im Schatten, selbst wenn die Sonnenfiut auf sie herabströmte.

Von den niederen Höhenzügen im Süden trieb ein schwacher Wind lassig gen Norden. Der Himmel war von lebhaftem Blau, an dessen unsichtbaren, azurenen Rändern einige runde Wolken, blendend weiß oder grau wie des Schwanes Gefieder, unmerklich emporklommen.

Die Luft erfüllte ein fröhliches Gemurmel der grünen Welt. Die wilde Biene und die Wespe, die Wasserjungfer und die Mücke, erzeugten überall einen leisen summenden Ton. Aus Busch und Garten und nasser Wiese stieg ein hörbarer Hauch auf.

Das Brüllen der Kühe von zahlreichen Farmen her vermengte sich mit dem unaufhörlichen Gemurmel eines Wehrs, dort, wo der Fluss unter alten Erlen sich dahinwand und in ein dichtes grünes Birkengebüsch von einer Wassermühle glitt, deren ungeheures schwarzes Rad, zerkerbt und zerborsten, langsam herumschwang und, die heiße Luft fächelnd, einen Nebel hervorbrachte wie von schwach fallendem Regen.

Friede lag auf dem Land und Schönheit. Die Mattigkeit des Traumes gab dem Spätsommer eine Anmut, die ganz ihm eigentümlich war, gleich der eines schönen, schlafenden Weibes, das von dem Geliebten träumt, der sie eben erst verlassen hat und dessen Küsse noch warm auf ihren Lippen und in ihrem Haar liegen.

Auf der Landstraße, wo sie eine Biegung nach Südwesten machte und zu einem kleinen Weiler aus strohgedeckten, weißwandigen Hütten führte, wandelten drei Männer. Die langen, fantastischen Schatten, die sie warfen, lagen blassblau auf dem kreidigen Staub der Straße und hüpften und schrumpften zusammen und glitten verstohlen vorwärts mit lästiger, einförmiger Regsamkeit. Zwei der Männer waren hochgewachsen und hellfarbig; einer dunkel, schlaff und von kleinerem und leichterem Körperbau.

»Dort ist mein Heim«, sagte der schlankste der Wanderer plötzlich, nachdem ein langes Schweigen geherrscht hatte; und während er sprach, deutete er auf ein kleines, viereckiges Haus, das zwischen Obstbäumen stand, einen Steinwurf von dem Weiler entfernt.

»Es ist ein schöner Ort«, erwiderte sein Gefährte langsam, »und ich beneide Sie.«

»Ja, in der Tat«, fügte der andere hinzu.

»Ich freue mich, dass Sie so denken«, antwortete der Besitzer des Hauses ruhig.

Aber die drei Schatten hüpften nach einer Seite, bewegten sich mit fantastischen Schritten und schienen von Lachkrämpfen erschüttert.

Vielleicht konnte das hohe Zittergras, das am Wegrand aus dem Streifen der Himmelsröschen und des purpurnen Grindkrauts aufstieg, die gedämpften Laute auffangen und die Sprache der Schatten verstehen. Wenn dem so war, so musste es wissen, dass der Schlankere der beiden Fremden in seinem Herzen sagte:

»Etwas wie Furcht, wie ein Schrecknis, umgibt das Haus; ja, das ganze Land hier liegt unter einem tragischen Dunkel. Ich würde hier sterben, ersticken. Ich bin froh, dass ich morgen abreise.«

Es würde wissen, dass der Kleinere und Dunklere der beiden Fremden in seinem Herzen sagte:

»Es mag alles schön und friedlich sein, aber eine Art Tragik verbirgt sich hinter diesem flutenden Sonnenlicht, hinter diesen dunklen Waldungen, dort unten an dem Wasserlauf, hinter der Wassermühle, dort oben an jenem Haus inmitten der Obstbäume.«

Es würde wissen, dass der Schlankste der drei Männer, er, der in jenem viereckigen Häuschen neben dem lieblichen Dörfchen wohnte, in seinem Herzen sagte:

»Es mag sein, dass die Pforte der Hölle dort im Gras verborgen ist oder unter den Fundamenten meines Hauses. Wollte Gott, ich wäre frei! O mein Gott, Wahnsinn und Tod!«

Dann, nach einem erneuten langen Schweigen, als die drei Wanderer näher kamen, murmelte der dunkle Mann Worte des Wohlgefallens an dem lieblichen Dörfchen, an dem ruhigen Land, das warm in der Glut des Nachmittags dalag. Und sein Begleiter sagte, dass Ruhe und Kühle ihnen willkommen sein würden, und das doppelt in einem so schönen und friedlichen Heim. Und der Schlankste der drei, er, dem das Haus in dem Obstgarten gehörte, lachte fröhlich. Und alle drei gingen weiter mit beschleunigten Schritten, durch den heißen, süßen, staubigen Nachmittag, der jetzt vergoldet war von der Glut der sinkenden Sonne.

Die Schattenseher

I. Das zweite Gesicht

Die Gabe der »Vision« oder des zweiten Gesichtes ist auf den westlichen Inseln weiter verbreitet als in den Hochlanden; jetzt zum Wenigsten, wo alles, was dem keltischen Volksstamm heilig ist, von der uralten Sprache bis zu den entarteten und in der Tat fast verschwundenen Riten des Baltane- und Samh'inkultes, von den Vornehmen belächelt und vom Pöbel verspottet wird. Ein Tag wird kommen, da man mehr um das klagen wird, was unwiederbringlich ist, als je eine Nation um verlorene Herrschaft trauerte. Es ist bitter und hart, dass Fremdlinge die Herzen und Hirne ebenso wie den armseligen Besitz der Gebirgs- und Inselbewohner beherrschen müssen. Doch indem sie ihr Bestes tun, um keltische Sprache und keltisches Leben und Denken in die See zu drängen, tun sie sich selbst einen schweren Schaden, den sie erkennen werden am Tag des Unglücks. Wir, die dem vergehenden Volk angehören, wissen, dass an einem Tag der Zukunft die Schafweiden nicht nur auf den Inseln und den Hochlanden sein werden;

denn wir sehen die Wälder nach Süden rücken, und es wird einst Mangel sein nicht an Rotwild und Schafen, sondern an Jägern und Hirten.

Was hier folgt, ist nur eine Erinnerung an das, was mir im vergangenen Sommer von einem Fischer aus Jona erzählt wurde. Wenn ich alles aufzeichnen wollte, was ich über das sogenannte »zweite Gesicht« gehört habe, so würde ich damit ein Buch füllen, und nicht wenige Seiten. Das »Gesicht« ist eine Wahrheit für mich gewesen fast von der Wiege an, denn meine Hochlandamme hatte die Fähigkeit, und ich habe Erinnerung an mehr als eine ihrer Verzückungen.

Es gibt einen alten Mann auf der Insel namens Daib-hidh (David) Macarthur. Es war mein Freund Ivor McLean, der Bootsmann, der mich zu ihm führte. Er ist ein stattlicher alter Mann, wiewohl ein wenig schwerfällig, vielleicht vor Jahren, denn sein Haupt ist weiß wie der Kamm einer Woge. Er ist einer jener wenigen auf Jona, vielleicht sind es nicht mehr als zwei oder drei, die gar kein Englisch sprechen.

»Nein«, erzählte er mir, »ich habe selber niemals das Gesicht gehabt. Ivor hatte unrecht, als er das behauptete.«

Dies war, glaube ich, Schüchternheit oder vielmehr jene angeborene Verschwiegenheit des Kelten in allen tief innerlichen und geistigen Dingen; denn nach dem, was Ivor mir erzählte, bin ich überzeugt, dass der alte Macarthur sich mehr als einmal als ein Seher erwiesen hatte.

Aber er gab zu, dass sein Weib »es« hatte.

Wir saßen auf einem alten umgewendeten Boot auf dem felsigen kleinen Vorsprung, wo einst die unzähligen Toten zuerst niedergelegt wurden, die man zur Bestattung nach dem heiligen Boden Jonas brachte. Eine Zeit lang sprach Macarthur bedächtig von diesem und jenem; dann, plötzlich und ohne Einleitung, erzählte er mir Folgendes:

An dem Weihnachtsfest, das dem letzten vorherging, hatte Mary, sein Weib, einen Mann gesehen, der nicht auf der Insel war. »Und das ist wahr, bei St. Martins Kreuz«, fügte er hinzu.

Sie saßen, sagte er, vor dem Feuer, als er nach langem Schweigen aufblickte, um zu sehen, wie sein Weib in den Schatten auf dem Herd starrte. Er dachte, sie brütete über ihren leeren Schoß, der ihr lebenslanger Kummer gewesen und jetzt in ihrem Alter ein seltsamer und nagender Gram geworden war, und so richtete er seine Blicke wieder auf die roten Kohlen.

Aber plötzlich rief sie aus: »C'ait am bheil thu dol?« (»Wohin gehst du?«)

Er blickte auf, sah aber niemand im Zimmer außer ihnen beiden.

»Was ist über dich gekommen?«, fragte er. »Was siehst du?«

Aber sie achtete nicht darauf.

»C'uine tha thu falbh?« (»Wann gehst du?«), murmelte sie, mit derselben gepressten Stimme und den starren Augen. Und dann nochmals »C'uine thig thu rithisd?« (»Wann wirst du wiederkommen?«) Und damit neigte sie ihr Haupt, und ihre mageren Handrücken auf ihren Knien wurden nass von fallenden Tränen.

Danach mochte sie eine Viertelstunde lang nichts anderes sagen als die Klage: »Tha an amhuinn domhain;[5] tha an amhuinn domhain; fuar, fuar; domhain, domhain!« (»Tief, tief ist der Fluss: kalt und tief; kalt und tief!«)

Und der Mann, den sie sah, fügte Macarthur hinzu, war ihr Neffe Luthais bei Kap Breton auf Nova Scotia, der, wie sie vor Ostern erfuhren, in jener Weihnachtszeit ertrank. Er war der letzte von seiner Mutter Stamm und war Mary Pflegekind gewesen.

II. Die dunkle Stunde des Fergus

Im September vergangenen Jahres fuhr mich ein alter Bootsmann über den Sund von Kerrera.

An jenem Nachmittag ging ich mit meinem Freund, einem schlichten Farmer, nahe der Südspitze von Kerrera, und legte mich in der mit Felsblöcken bestreuten Graswildnis unter der Klippe nieder, auf welcher die Ruine der Burg Gylen steht. Die Flut rief mit lautem, beständigem Flüstern, das sich zu einem heiseren Gurgeln erhob, vom Sund. Die Brise, die von den Bergen von Mull kam, war honigsüß vom Duft des Heidekrauts. Das Blöken der Mutterschafe und Lämmer, das Kreischen einiger Möwen, kein anderer Laut ward gehört. Freilich, von Zeit zu Zeit stieg und fiel der Hauch der offenen See zwischen den Inseln, wie ein tiefes Seufzen. Ein schwacher Widerhall jenes Seufzens drang um das Vorgebirge Gylen und den Meerarm hinauf. Es war eine Stunde, in der man träumen konnte von den Söhnen des Morven, die hier oft gelandet waren, lange bevor die alte Feste erbaut wurde; von Fionn und den Feien; vom Kommen und Gehen Ossians in seinem blinden Greisenalter; von der schönen Malvina; von den Galeeren der Fomorier; von den Liedern und Sängern und allem Schönen »der alten, uralten Vorzeit«.

Die Erzählung aber, die ich von meinem Freund hörte, war folgende.

Sie wissen, dass meiner Mutter Verwandte Leute von Skye sind. Die Mutter meiner Mutter war es, von der ich hörte, was Sie die Beschwörung des Geistes nennen, obwohl ich es niemals anders nennen hörte als alt Elsies Sian.[6] Sie wohnte nahe dem Hart o' Corry. Sie kennen jene Gegend? Ja fürwahr, es ist wildes Land – wild sogar für die Wildnis von Skye. Die alte Mutter Elsie hatte zuweilen »das Gesicht«, und wenn immer sie es wollte, konnte sie die Lebenslinien finden. Es war Zauberei, sagen die Leute. Wer bin ich, dass ich es wissen sollte? Das ist wahr, sie wusste vieles, was kein anderer wusste. Als meiner Mutter Vetter, Fergus Mac Evan, der Maat auf einer Schaluppe war, die zwischen Stornoway und Ardrossan segelte, kam, um sie zu sehen – und das war in dem Jahr, bevor meine Mutter sich verheiratete – und als sie von Fergus umworben wurde, obwohl sie nie willens war, ihm ihr Leben hinzugeben, denn schon damals liebte sie meinen Vater, obwohl er ein armer Fischer von Ulva war (freilich wurde er durch seines Vaters Bruder Erbe dieser Kätnerfarm hier auf Kerrera) – als Fergus kam, um sie zu sehen, wegen des Dunkels, das auf seinem Geist lag, da sagte sie alles voraus. Zuerst konnte sie nur undeutlich »sehen«. Aber an einem wilden Nachmittag, als die Cuchullins schwarz waren von Wolkenrauch, forderte sie ihn auf, in jener einsamen, wilden Schlucht, die man Loat o' Corry nennt, mit ihr zusammenzutreffen. Er entschloss sich ungern, zu gehen, denn er fürchtete den Ort. Aber er ging. Er erzählte alles meiner Mutter, ehe er im folgenden Morgengraun davonging, mit gebrochenem Herzen und einem Hoffen, das todgeweiht war wie ein Hering im Netz.

Mutter Elsie trat aus der Dämmerung zu ihm an jenem Ort voll dumpfen Brausens, ganz wie ein treibender Nebel, so sagte er. Sie bot ihm keinen Gruß, sondern trat schweigend an seine Seite. Bevor er wusste, was sie tat, hatte sie die Sohlen ihrer Füße auf die seinen gestellt, und ihre Hände umschlossen die seinen, und ihre Augen brannten in die seinen wie heiße Kohlen in Asche. Er fühlte, wie ein Zittern ihn überkam, und ein Windzug wehte an seinem Rücken auf und nieder, und er wurde schwindlig und hörte das Brüllen der Flut in seinen Ohren. Dann ward er ruhig. Ihre Stimme klang weit, weit entfernt, als sie das Folgende sagte, aber er besann sich auf jedes Wort davon:

Bei dem, was in dir wohnet,
Bei den Lampen, die mir scheinen,
Bei dem weißen Licht, das leuchtet
Von dem Hirn, das still jetzt schlummert,
Bei dem Schweigen in den Tiefen,
Bei dem Wind, der langsam abnimmt,
Bei der Lebensflut, die langsam ebbt,
Bei der Todesflut, die langsam steigt,
Bei der Wärm, die langsam schwindet,
Bei der Kält, die langsam anwächst,
Bei der Dämmrung, die heranschleicht,
Beim Dunkel neben dir,
Beim Dunkel an dir,
Beim Dunkel über dir,
Über dir, neben dir, bei dir,
Bei dem einen, der da stehet
An deiner Seit und harret,
Stumm und taub und blind,
Bei dem einen, der sich regt,
Wacht und beugt und aufsteigt,
Bei dem Grabeszauber auf dir,
Bei der Still, der du vermählt bist …
  Mag der Weg, den du beschreitest,
  Mag die wirre, krumme Linie
  Klar wie Mondlicht vor mir liegen.

Oh! oh! ohrone, ochrone! grün die schönen Zweige;
Oh! oh! ohrone, ochrone! rot die Bluttropf Beeren;
Achrone, arone, arone, arone, ich seh im
    grünen Kleid die Frau,
Sie geht die Straß, die tränennass und von der Schar
    der Leiden grau …
Oh! oh! mo ghraidh.[7]

Da geschah's, dass eine große Stille über Fergus kam, obwohl er sich erschien wie ein Ertrunkener oder wie einer, der an seiner eigenen Leiche stand, aber sprachlos und ohne ein Wehen des Windes durch seine Schattengestalt zu fühlen.

Denn in der Tat, obwohl der Leib lebte, gehörte er bereits zu der Schar der Schweigenden. Was bedeutete der caiodh, jene jammernde Klage, traurig wie der Cumha fir Arais, die auf Elsies Beschwörung folgte, ihren Zauberspruch auf »den Weg«, der vor ihm lag, dass er und all die lang gezogenen Linien seines Lebens klar wie Mondlicht vor ihr sein sollten. »Oh! oh! Ohrone, ochrone! rot die Bluttropf Beeren«; diese Worte bedeuteten doch keine Frucht der Eberesche, sondern die Tropfen, die von dem verstümmelten Baum fielen, der er selbst war? Und war nicht die Frau im grünen Kleid, sie, die leise singend naht, das Sprossen des grünen Grases, welches das Haar der Erde ist? Und war nicht die Straße, die nass schimmerte von Spuren und Lachen voll lauter Tränen, und auf welche dunkles rauschendes Laub des Leides herabhing, die Straße, welche die Seele zieht in der düsteren Stunde? Und besagte nicht alles dies, dass der Grabeszauber schon auf ihm lag und dass Schweigen sein Teil sein sollte?[8]

Aber was es war, das sie sah, wollte Elsie nicht sagen. Eine Zeit lang träumte sie düster, dann neigte sie sich vor und küsste seine Brust. Er fühlte, wie das Schluchzen in ihrem Herzen in das seine hinüberdrang.

Verwirrt und dessen gewiss, dass sie mehr gesehen hatte, als sie zu sehen träumte, und dass seine Stunde schon über die Felsenwildnis jener wilden Insel Skye heranschritt, bemerkte er nicht, dass sie gegangen war, bis eine schaudernde Furcht vor der Stille und dem Dunkel ihm sagte, dass er allein war.

Coll Mac Coll (er, der mein Freund auf Kerrera war) hielt hier inne, gerade so, wie ein Windstoß in einer Felsenspalte plötzlich innehält, sodass die Vogelbeeren an der Seite einer

Eberesche noch hin und her schwanken, während die langen schmalen Blätter an der anderen Seite so still sind wie die Steine drunten, auf denen ihre Schatten schlafen.

Ich fragte ihn endlich, ob Elsies zweites Gesicht sich als wahr erwiesen hätte. Er blickte mich einen Augenblick an, als wäre er befremdet und überrascht, dass ich eine so törichte Frage tun konnte.

Kein Schlaf nahte Fergus in jener Nacht, fuhr er ruhig fort, als bedürfte es keiner weiteren Worte, und mit Tagesanbruch stand er auf und verließ die Hütte seines Verwandten, Andrew Mac Ewan. In grauer Morgenfrühe suchte er meine Mutter auf und erzählte ihr alles. Dann sagte sie ihm Lebewohl und bat ihn, wiederzukommen, wenn der »Sonnenstrahl« das nächste Mal nach Portree oder einem anderen Hafen auf Skye segeln würde; denn sie glaubte nicht, dass ihre Mutter baldigen Tod gesehen hätte oder Tod überhaupt, sondern vielleicht nur eine Zeit des Leides, und dass sie vielmehr dieses nur getan hätte, um Fergus fortzuschicken, denn auch sie hatte ihre Augen auf Robert Mac Coll gerichtet, der mein Vater war.

»Und so wirst du wiederkommen, Fergus, mein Freund«, sagte sie und fügte hinzu: »und vielleicht wirst du mir dann von einem Sonnenstrahl an Land erzählen; das ist besser, als dass du von Ardrossan nach den fernen Inseln segelst!«

Er starrte sie an wie ein Schwerhöriger. Dann nahm er ihre Hand in die seine und ließ sie plötzlich wieder los. Mit einem Arm strich er die raue Kappe aus Uist glatt, die er in seiner linken Hand hielt; dann wischte er den feuchten Nebel ab, der grau auf seinem dichten schwarzen Bart lag.

»Du bist nicht wohl, Fearghas-mo-charaid«,[9] sagte meine Mutter sanft. Als sie die starrende Qual in seinen Augen sah, fügte sie mit leisem Schluchzen hinzu: »Mir tut das Herz weh um dich!«

Da wendete er sich ab, und sie sah ihn nicht mehr an jenem Tag oder an irgendeinem Tag von all den Tagen, die folgten.

»Und was geschah, Coll?«

»Sie verheimlichten es ihr, und lange Zeit erfuhr sie nichts davon. Es war Folgendes: Fergus Mac Ewan segelte nicht weit an jenem Morgen. Er war krank, sagte er, und wurde ans Land gesetzt. In jener Nacht sah ihn Aulay Macaulay an jenem schrecklichen Ort beim Storr-Felsen umherstreifen, klagend und murmelnd. Er hätte zu ihm gesprochen, aber er sah, dass er begann, auf den zinnengleichen Felsblöcken umherzuspringen wie eine Ziege, und dass er endlich zu dem Alten Mann von Storr hinauflief und ihn mit seinen geballten Fäusten schlug, indem er wilde Lästerungen ausstieß; und er fürchtete, Fergus sei wahnsinnig, und glitt von Schatten zu Schatten, bis er offen die Flucht ergriff. Aber am Morgen gingen Aulay und sein Bruder Finlay zurück, um nach Fergus zu sehen. Zuerst dachten sie, er sei ertrunken oder in eine der Felsspalten gefallen. Aber von einem Balachan, einem »winzigen Bürschchen«, wie man ihn in der Stadt drüben (Oban) nennen würde, hörten sie, dass ein Mann an jenem Morgen in John Macphersons Boot, das etwa anderthalb Meilen vom Storr lag, in See gestochen und längs der Küste nordwärts gesegelt sei.

»Nun, drei Tage vergingen, ehe er gefunden wurde – tot wie ein Stein. Wenn Sie die Quiraing kennen, so werden Sie auch den großen Nadelfelsen kennen. Nur ein Vogel kann ihn erklimmen, wie die Sage geht. In halber Höhe sahen Finlay Macaulay und ein Mann aus der Nachbarschaft die Leiche des Fergus, als wäre sie an den Felsen geleimt. Es war windloses Wetter, oder er wäre fortgeweht worden wie ein treibendes Blatt. Sie mussten die Leiche mit Netzstangen herabstoßen. Gott erspare uns die düstere Stunde des Fergus, der starb wie ein wildes Tier!«

III. Das Weiße Fieber

Eines Abends, vor dem Torffeuer, erzählte mir die alte Cairstine Macdonald auf der Insel Benbecula das Folgende. Ich gebe es mit ihren eigenen Worten wieder:

Im Frühling des Jahres, in dem mein Knabe Tormaid starb, standen die Maßliebchen so dicht wie ein gewebtes Grabtuch über der Stätte, wo Giorsal, die Tochter Jans, des Sohnes des Jan Macleod von Baille 'n Bad-a sgailich, Tag und Nacht schlief.[10]

Jenen ganzen März hindurch kreischten hungernd die Kormorane. Es gab wenige Fische in der See, und kein Kelpkraut wurde angespült von den hohen Fluten. Auf dem Eiland und auf den nahen Inseln, ja, und weit im Norden über dem Festland lag die Not. Viele siechten hin. Ich kannte junge Mütter, die keine Milch hatten. Es sind grüne Hügel auf dem Kirchhof von Carnan, die Ihnen davon erzählen werden, was das bedeutete. Hier und da sind kleine grüne Hügel, ein jeder so winzig, dass Sie ihn unter Ihrem Plaid in Ihren Arm nehmen könnten.

Tormaid erkrankte. Ein böser Tag war das für ihn, als er heimkam, müde von der See und durchnässt bis auf die Haut, infolge einer Bö, die ihn und seine Maate bei Barra Head überfallen hatte. Als die Märzwinde den Minch hinab tobten, und von den Cuchullins her ins Freie sprangen und westwärts kamen und gegen unsere Heimstätten stießen, wo der Torf durchweicht und wenig Nahrung vorhanden war, sagte mir der Geistliche, dass mein Junge binnen Kurzem in den stillen Häfen sein würde. Das geschah infolge des weißen Fiebers. Es war dasselbe, an dem Giorsal hinwelkte und erlosch, wie eine matte Flamme im Sonnenlicht.

Meines Mannes Sohn, der nun schon viele Jahre nicht mehr müde ist, sprach die ganze Zeit hindurch nur wenig. Er aß fast nichts, sogar von dem Wenigen, das wir hatten. In den Nächten konnte er nicht schlafen wegen des Hustens. Das Kommen des Mai half ihm eine Zeit lang auf. Ich hoffte, er würde den Herbst erleben; und wenn das geschah und der Hering kam und die Ernte eingebracht wurde und das eine zum anderen kam, so würde er seine Giorsal vergessen, die im Grabesschoß lag an jenem stillen Ort drüben. Vielleicht würde dann, so dachte ich, das Leid davongehen und seinen Schatten mit sich nehmen.

Einstmals im Zwielicht kam er hinein, und die ganze Weiße seines abgezehrten Leibes lag auf seinem Gesicht. Sein Herz war aus seinen Banden, und das meine dazu bei seinem Anblick.[11]

Dies war in der Jahreszeit, in der die Hunde das Maul hängen lassen.

»Was ist es, Tormaid-a-ghaolach?«[12], fragte ich mit einem Schluchzen, das in meiner Kehle war.

»Thraisg-mo-chridhe«, murmelte er. (»Mein Herz ist verdorrt.«) Dann, da er die Frage in meinen Augen fühlte, sagte er: »Ich habe sie gesehen.«

Ich wusste, er meinte Giorsal. Mein Herz sank. Aber ich presste meine Nägel in die Flächen meiner Hände. Dann sagte ich das Folgende, was ein altes Sprichwort auf den Inseln ist: »Die, welche in den stillen Häfen sind, hören weder den Wind noch die See.« Er war so schwach, dass er sich nicht im Bett niederlegen konnte. Er saß in dem großen Stuhl vor dem Torffeuer, seine Füße auf einer Claar.

Als der Wind verstummte, las ich ihm das Wort. Ein wenig warme Milch war alles, was er zu sich nehmen wollte. Ich konnte das Blut in seinen Lungen schluchzen hören wie die Ebbe im Seekraut. Und dies war es, was er zu mir sagte:

»Sie kam zu mir, wie ein grauer Nebel, hinter dem Deich der grünen Weide, nahe der Straße. Ihr Angesicht war grau wie eine graue Dämmerung, aber die Stimme war die ihre, obwohl ich sie unter einer Woge hörte, so dumpf und fern klang sie. Und dieses sind ihre Worte an mich und meine an sie – und die ersten Worte waren meine, denn das Schweigen quälte mich:

Am bheil thu' falbh,
O mo ghraidh?
B'idh mi falbh,
Mùirnean!

C'uin a thilleas tu,
O mo ghraidh?
Cha till mi an rathad so;
Tha an't ait e cumhann –
O Mùirnean, Mùirnean!

B'idh mi falbh an drùgh
Am tigh Pharais,
Mùirnean!

Sèol dhomh an rathad,
Mo ghraidh!
Thig an so, Mùirnean – mo
Thig an so!

So gehst du,
Du Liebe?
Ja, ich gehe jetzt,
Liebster.

Wann kehrst du wieder,
Du Liebe?

Ich kehre nicht hierher;
Der Ort ist eng –
O mein Liebling!
Ich gehe ins Paradies,
Lieber, mein Lieber!

Weis mir den Weg,
Herz meines Herzens!
Komm hierher, Liebster, komm hierher,
Komm mit mir!

Und dann sah ich, dass es ein Nebel war und dass ich allein war. Aber jetzt, heute Nacht, geschieht's, dass ich den Hauch auf den Sohlen meiner Füße fühle.«

Und da erkannte ich, dass es keine Hoffnung gab. »Ma tha sin an Dan! – … Wenn das so bestimmt ist«, war alles, was zu meinen Lippen emporstieg. In jener Nacht starb er. In der zweiten Stunde fiel ich in Schlaf. Als ich in grauer Morgenfrühe erwachte, war sein Antlitz grauer als jene, und kälter.

IV. Die Glättende Hand

Fröhlich bin ich, dass wo immer und wann immer ich gespannt lausche, ich hören kann, wie die Webstühle der Natur Schönheit und Harmonie weben. Aber einige der schönsten Dinge werden auf andere Weise erlernt – durch Zufall, auf dem Weg der Sorge oder am Tor des Leides.

Ich lernte zwei Dinge an dem Tag, als ich Sheumas Mc Jan tot auf der Heide sah. Er, von dem ich rede, war der Sohn des Jan Mc Jan Alltnalee, war aber überall in den Heimattälern und den Landschaften dahinter bekannt als Sheumas Dhu, Schwarzer James, oder, um den feineren Sinn wiederzugeben, der in diesem Fall darin enthalten ist, James der Dunkle. Ich hatte mich gelegentlich über die Bezeichnung gewundert, denn Sheumas war, wenn nicht ausgesprochen hellfarbig, so doch nicht dunkel. Aber der Name war ihm, wie ich später erfuhr, gegeben worden, weil er, wie allgemein das Gerücht ging, das wusste, was er nicht hätte wissen sollen.

Ich hatte einige Wochen bei Alasdair Mc Jan und seinem Weib Silis, die meine Pflegeschwester war, auf ihrer Farm Ardoch zugebracht, hoch droben in einem entlegenen Bergland. Eines Abends saßen wir vor dem Torffeuer und lauschten dem Wind, der in den Felsenspalten schrie, wiewohl – als ein Vorzeichen des Unheils, wie es uns erschien – nicht ein Hauch in der Eberesche war, die auf der Sonnenseite neben dem Haus wuchs. Silis hatte gesungen, aber Schweigen war über uns gekommen. In der warmen Glut, die vom Feuer ausging, sahen wir einer des anderen Antlitz, da lag das Schweigen, seltsam still und schön, wie Schnee im Mondlicht. Silis' Lied war einer der Dana Spioradail,[13] im Gälischen bekannt als die Hymne der Webstühle. Ich kann mich seiner nicht erinnern, noch habe ich jemals wieder davon gehört oder es in irgendeiner Weise angetroffen.

Es hatte einen lieblichen Refrain, ich weiß nicht, ob dazugehörig oder von Silis beigefügt. Ich habe gehört, dass sie denselben zu anderen Runen und Liedern sang. Jetzt, da es zu spät ist, bedaure ich tief, dass ich nicht von ihren Lippen mehr von jenen leidvollen, seltsamen Liedern oder Gesängen nahm, mit ihren uralten keltischen Melodien, die so voll von zauberhaft süßer Schwermut sind und die sie so liebte. Dieser Refrain war es, mit dem sie nach einer langen Weile uns aufschreckte in jener Oktobernacht. Ich erinnere mich des jähen Lichtes in den Augen des Alasdair Mc Jan und des Pochens an meinem Herzen, als, wie Regen in einem Wald, ihre Stimme unversehens aus dem Schweigen zu uns drang:

Oh! oh! ohrone, arone! Oh! oh! mo ghraidh,
mo chridhe!
Oh! oh! mo ghraidh, mo chridhe![14]

Die Wehklage und das plötzliche Abbrechen in der zweiten Zeile machte auf mich immer einen Eindruck von unaussprechlichem Pathos. Oft ist jenes schwermütige Windeslied in meinen Ohren erklungen, wenn ich vieler Dinge gedachte, die vergangen sind und vergehen.

Ich weiß nicht, was Silis dazu veranlasste, dass sie so jählings zu singen anhub und nur mit jenem klagenden Zeilenpaar, oder warum sie sofort wieder in Schweigen verfiel. Dass ich mich überhaupt des Vorganges erinnere, ist lediglich veranlasst durch den Umstand, dass kurz nachdem Silis ihr Angesicht wieder dem Torffeuer zugewandt hatte, ein Klopfen an der Tür erscholl und dann Sheumas Dhu eintrat.

»Warum singst du jene Wehklage, Silis, Schwester meines Vaters?«, fragte er, nachdem er sich neben mich gesetzt und seine hageren Hände gegen die Torfglut ausgestreckt hatte, sodass die Flamme in das Fleisch zu dringen schien.

Silis wendete sich zu ihrem Neffen und blickte ihn an, wie ich glaubte, fragend. Aber sie sprach nicht. Auch er sagte nichts weiter, entweder weil er seine Frage vergessen hatte oder weil er mit dem zufrieden war, was er durch ihr Schweigen erfahren oder nicht erfahren hatte.

Der Wind war aus den Felsenspalten herabgekommen, bevor Sheumas aufstand, um zu gehen. Er sagte, er wolle nicht nach Alltnalee zurückkehren, sondern den Berg hinaufgehen, denn eine große Herde Rotwild sei über den Grat des Mel Mor gekommen. Sheumas, obwohl geschickt in jeder Fertigkeit von Berg und Wald, war nicht ein sicherer Schütze, wie es sein Verwandter und mein Gastfreund, Alasdair Mc Jan war.

Ich erinnere mich, dass Alasdair Ardoch spottend sagte: »Du wirst Hilfe brauchen«, und fügte hinzu: »Co dhiubh is fhearr let mise thoir sealladh na faileadh dhiubh?« – Das heißt »Möchtest du lieber, dass ich sie des Gesichtes oder des Geruches beraube?«

Dies ist ein allbekanntes Sprichwort unter den Weidmännern in meiner Heimat, wo man glaubt, dass einige begünstigte Individuen die Macht haben, Rotwild entweder des Gesichts oder des Geruches zu berauben, wie die Gelegenheit es erfordert.

»Dhuit ciar nan carn! – Das Dunkel der Felsen komme über dich!« erwiderte Sheumas mürrisch; »vielleicht ist die Stunde gekommen, da der rote Hirsch an meinen Nüstern schnuppern wird.«

Mit diesem dunklen Wort ging er davon. Keiner von uns sah ihn lebend wieder.

War es eine Verwarnung?, habe ich mich oft gefragt. Oder hatte er den Schatten gesehen?

Es war drei Tage darauf und kurz nach Sonnenaufgang, da, als ich den Südhang von Mel Mor mit Alasdair Ardoch durchquerte, stießen wir plötzlich auf die Leiche des Sheumas, die halb versunken war in einer purpurnen Woge von Heidekraut. Im Augenblick kam es mir nicht in den Sinn, dass er tot sei. Ich hatte nicht gewusst, dass seine verlängerte Abwesenheit bemerkt worden war oder dass man nach ihm gesucht hatte. Tatsache ist, dass er unmittelbar vor unserem Herannahen gestorben sein muss, denn seine Glieder waren noch locker, und er lag, wie ein Schläfer liegt.

Alasdair kniete nieder und erhob seines Verwandten Haupt. Als er auf dem purpurnen Büschel lag, gab die Wärme und das Glühen der sonnbestrahlten Heide dem blassen Antlitz ein flüchtiges, trügerisches Licht. Ich weiß nicht, ob die Sonne irgendeine chemische Wirkung auf den Toten haben kann. Aber es schien mir, dass ein Traum in das Antlitz des Sheumas emporstieg, wie eine jener unterseeischen Blumen, von denen man sagt, dass sie zuweilen emporsteigen und für einen Augenblick sichtbar sind in der Höhlung einer Woge. Der Traum, das Licht, entschwand; und es war eine große Stille und weißer Frieden, wo die Unruhe gewesen war. »Es ist die Glättende Hand«, sagte Alasdair Mc Jan mit gedämpfter Stimme.

Oft hatte ich diese liebliche Wendung auf den Westlichen Inseln gehört, aber immer in Anwendung auf den Schlaf. Wenn ein verdrießliches Kind plötzlich in Stille und tiefen Schlummer verfällt, so wird eine Frau von den Inseln sagen, dass es geschieht infolge der Glättenden Hand. Es ist immer ein tiefer Schlaf, und es gibt einige, die ihn fast für etwas Heiliges halten, das niemals gestört werden darf.

So, da ich nur hieran dachte, flüsterte ich meinem Freund zu, er solle fortkommen; Sheumas sei todmüde vom Jagen auf den Hügeln; er würde erwachen, wenn es Zeit sei.

Mc Jan blickte mich an, zögerte und sagte nichts. Ich sah, dass er sich umblickte. Wenige Yard abseits, neben einem großen Felsblock im Heidekraut stand eine kleine Eberesche, die ihre federgleichen Schatten über die weiße Wolle eines Mutterschafes flackern ließ, das unter ihr ruhte. Er schritt langsam dorthin, pflückte einen Zweig, der schwer war von scharlachroten Beeren, und dann zurückkehrend, legte er ihn auf die Brust seines Verwandten.

Ich wusste jetzt, was jenes Schwinden der Unruhe auf des Sheumas Dhu Angesicht war, was jenes jähe Licht bedeutete, jenes Stillewerden der See, jene unaussprechliche Ruhe. Es war die Glättende Hand.

Der Gesalbte

Unter den sieben Achannas – den Söhnen des Robert Achanna aus Achanna in Galloway, der freiwillig nach dem fernen Norden in die Verbannung ging wegen einer bitteren Fehde mit seiner Sippe –, unter ihnen, die auf Eilanmore, einer der Sommerinseln, lebten, war nicht einer, der nicht, in höherem oder geringerem Grad oder zu einer oder der anderen Zeit, fey war.

Zweifellos werde ich Gelegenheit haben, auf jeden Einzelnen nochmals zurückzukommen, und sicherlich auf den Ältesten und Jüngsten; denn das waren die seltsamsten Leute, die ich irgendwo in den keltischen Landen gekannt oder angetroffen habe, von den Seetriften des Solway bis zu den tangbestreuten Gestaden von Lewis. Auf James, den siebten Sohn, fiel das Verhängnis seiner Familie zuletzt und am schwersten. Vielleicht werde ich eines Tages die ganze Geschichte seines seltsamen Lebens und tragischen Geschicks und seines kläglichen Endes erzählen. Es traf sich so, dass ich den ältesten und den jüngsten der Brüder, Alison und James, am besten kannte. Von den übrigen, Robert, Allan, William, Marcus und Gloom, ist keiner mehr am Leben oder seit vielen Jahren von

Menschen gesehen worden, als der zuletzt Genannte, und auch von diesem ist es zweifelhaft. Von Gloom (ein seltsamer und unerklärlicher Name, der mich zu erschrecken pflegte, umso mehr, als es, nach dem wilden Spiel des Schicksals, der Name von allen Namen war, der am besten für Robert Achannas sechsten Sohn passte) weiß ich nichts weiter als die Tatsache, dass er, vor zehn oder mehr Jahren, ein Jesuitenpriester in Rom war, ein Zugvogel, von dem ich trotz allen Nachforschungen nicht ermitteln konnte, woher er gekommen und wohin er gegangen war. Vor zwei Jahren erzählte mir ein Verwandter, Gloom sei tot; er sei von irgendeinem mexikanischen Edelmann in einer alten Stadt Hispaniolas, jenseits des Meeres, erschlagen worden. Zweifellos war die Nachricht auf Wahrheit gegründet, doch erfasst mich immer eine unbestimmte Unruhe, wenn ich an Gloom denke; als ob er sich auf der Wanderung hierher befände, als ob – in irgendeinem dringenden Auftrag – seine Füße bereits weiß seien vom Staub der Straße, die zu meinem Haus führt.

Aber jetzt beabsichtige ich nur von Alison Achanna zu reden. Er war mir ein Freund, den ich liebte, wiewohl er ein Mann nahe den Vierzigern und ich ein Mädchen von weniger als der Hälfte seiner Jahre war. Wir hatten viel Gemeinsames, und trotzdem er »der schweigsame Ally« genannt wurde, kannte ich niemals einen umgänglicheren Menschen. Er war schlank, hager, von lockerem Gliederbau. Seine Augen waren von jenem nebligen Blau, welches der Rauch annimmt, wenn er in den Wäldern aufsteigt. Ich pflegte zu denken, dass sie den Bergseen glichen, die inmitten der von Schilfrohr und Myrtenheide umgebenen Moore von Uist lagen, an denen ich als Kind zu träumen pflegte.

Ich hatte oft das Leuchten auf seinem Antlitz bemerkt, wenn er lächelte – ein Leuchten so ungetrübter Freude, wie es junge Mütter zuweilen über der Wiege ihres Erstgeborenen haben. Aber aus irgendeinem Grund hatte ich mich niemals darüber gewundert, selbst dann nicht, als ich den halb geringschätzigen, halb ehrfurchtsvollen Spott bemerkte und unklar verstand, mit welchem nicht nur Alisons Brüder, sondern auch sein Vater ihn zu Zeiten behandelten. Einmal, so erinnere ich mich noch, geriet ich in Verlegenheit, als ich, an einem rauen Tag in einem stürmischen August, Gloom verdrießlich und spöttisch sagen hörte: »Da geht der Gesalbte!« Ich schaute hin, aber alles, was ich sehen konnte, war, dass trotz der traurigen Kälte, trotz der vernichteten Ernte, trotz der im Boden faulenden Kartoffeln Alison langsam und lächelnd einherschlenderte und mit fröhlichen Augen die graue Landschaft vor ihm und um ihn musterte.

Es war fast ein Jahr darauf – ich erinnere mich des Datums, weil es das meines letzten Besuches auf Eilanmore war –, dass mir ein tieferes Verständnis dafür aufging. Ich schritt mit Alison gen Westen der untergehenden Sonne zu. Das Leuchten lag auf seinem Antlitz, als käme es von innen, und als ich halb erschreckt von Neuem hinschaute, sah ich, dass gar kein Schimmer aus dem Westen kam, denn der Abend war trübe und drohte mit Regen. Er war bekümmert. Drei Monate früher waren seine Brüder Allan und William ertrunken; einen Monat darauf war sein Bruder Robert erkrankt und saß nun vom Morgen bis zum Zuschütten des Torffeuers am Herd, fast ein Skelett, schaudernd und in grämlichem Schweigen, mit stieren, weit geöffneten Augen. Auf dem großen Bett in der Stube über der Küche lag der alte Robert Achanna, vom Schlag getroffen. Es wäre für mich unmöglich gewesen zu verweilen, ohne Alison und James und vor allem ohne meine geliebte Freundin, Anne Gillespie, die Achannas Nichte und der Sonnenschein dieses finsteren Haushalts war.

Als ich mit Alison dahinschritt, ward ich mir einer beinahe unerträglichen Niedergeschlagenheit bewusst. Das

Haus, das wir verlassen hatten, war so traurig, die öden, durchweichten Triften waren so traurig; so traurig war der steinige Ort, über den wir hinschritten, lautlos abgesehen von dem schwachen Schrei der Brachvögel; und vor allem, so traurig war der Laut des Meeres, wie es, unsichtbar, sich schluchzend um die Insel hinzog; so unsäglich qualvoll war all dieses für mich, dass ich plötzlich stehen blieb, in der Absicht, nicht weiterzugehen, sondern nach dem Hause zurückzukehren, wo wenigstens Wärme war und wo Anne mir etwas vorsingen würde, während sie spann.

Aber als ich in meines Gefährten Antlitz emporblickte, da sah ich in Wahrheit das Licht, das von innen erstrahlte. Seine Augen hafteten an einem abstoßenden Bodenstreifen, wo die verwelkten Kartoffeln faulten inmitten einer Wildnis runder schädelweißer Steine. Ich erinnere mich ihrer noch, dieser seltsamen Augen vom Blau der Ferne; Lampen stiller Freude, Lampen des Friedens schienen sie mir.

»Siehst du auf Achnacarn?« (so wurde der Strich genannt), fragte ich, und nur in einem Flüstern, das weiß ich gewiss.

»Ja«, erwiderte Alison langsam. »Ich sehe. Es ist schön – schön. O Gott, wie schön ist diese liebliche Welt!«

Ich weiß nicht, was mich dazu veranlasste, aber ich warf mich auf einen von Heidekraut überwucherten Rain nahebei und brach in ein krampfhaftes Schluchzen aus.

Alison beugte sich nieder, hob mich empor in seinen starken Armen und beruhigte mich mit sanfter, schmeichelnder Berührung und beschwichtigenden Worten.

»Sag mir, mein Rehkälbchen, was ist es? Was ist's für ein Leid?«, fragte er wieder und wieder.

»Du bist es – du bist es, Alison«, brachte ich endlich zusammenhängend hervor. »Es erschreckt mich, dich sprechen zu hören, wie du es soeben tatest. Du musst fey sein. Warum – warum nennst du jenes abscheuliche, gräßliche Feld schön, an diesem traurigen Tag – und – und nach allem, was sich zugetragen hat – o Alison?«

Da, so erinnere ich mich, nahm er sein Plaid und legte es auf das nasse Heidekraut, und dann führte er mich dorthin und setzte sich nieder und zog mich an seinc Seite.

»Ist es nicht schön, mein Rehkälbchen?«, fragte er mit Tränen in den Augen. Dann, ohne auf meine Antwort zu warten, sagte er ruhig: »Höre zu, Liebe, und ich will es dir erzählen.«

Für eine Minute oder mehr war er sonderbar still – atemlos, so schien es mir –, dann sprach er:

»Ich war wenig mehr als ein Kind, ein halbwüchsiger Knabe etwa, als etwas sich zutrug, etwas, das die Regenbogenwölbungen von Cathair-Sith[15] hinabkam.« Hier machte er eine Pause, vielleicht um zu sehen, ob ich folgte, was ich auch tat, innig vertraut mit der ganzen Märchenwelt, wie ich war. »Ich war draußen auf der Heide, in der Zeit, wenn in den Blütenglocken und -kelchen der Honig sickert. Ich hatte immer das Eiland und die See geliebt. Vielleicht war es närrisch, aber an jenem goldenen Tag war ich so fröhlich in meiner Freude, dass ich mich auf die Erde warf und die heiße, süße Heide küsste und meine Hände und Arme in sie vergrub, indem ich dabei schluchzte, in unbestimmter, seltsamer Sehnsucht. Endlich lag ich still, kraftlos, mit geschlossenen Augen. Plötzlich ward ich gewahr, dass zwei winzige Händchen aus den Spitzen des Heidekrauts sich emporgereckt hatten und etwas Weiches und Duftendes auf meine Augenlider drückten. Als ich sie aufschlug, konnte ich nichts Ungewöhnliches sehen. Niemand war sichtbar. Aber ich hörte ein Flüstern: ›Steh auf und gehe sogleich fort von dieser Stätte; und heute Nacht wage dich nicht hinaus, damit nicht Übel über dich komme.‹ So stand ich zitternd auf und ging nach Hause. Seitdem war ich derselbe und doch nicht derselbe. Was mein Vater und meine Brüder und die Inselleute für hässlich oder traurig hielten, konnte ich niemals sehen, wie sie es sahen. Mein Vater war manchmal zornig auf mich und nannte mich einen Narren. Wann immer meine Augen auf jene wüsten und verödeten Stätten fielen, schienen sie mir überaus schön, strahlend in lieblichem Licht. Zuletzt wurde mein Vater so erbittert, dass er mit fortwährendem Spott mir befahl, in die Städte zu gehen und dort den abscheulichen Schmutz und Unflat zu sehen, in dem die Menschen wohnten. Aber so war es mit mir: An den Stätten, die sie Elendsviertel nennen, und in dem Rauch der Fabriken und dem Schmutz der Armut konnte ich alles, was andere Menschen sahen, nur als entschwindenden Schatten sehen. Was ich sah, war lieblich, verschönt durch seltsamen Glanz, und die Angesichter der Männer und Frauen waren süß und rein, und ihre Seelen waren weiß. So kam ich denn, ermüdet und verwirrt von meiner unfreiwilligen Nachforschung zurück nach Eilanmore. Und an dem Tag meiner Heimkehr war Morag hier – Morag von den Wasserfällen. Sie wandte sich zu meinem Vater und nannte ihn blind und töricht. ›Er hat das weiße Licht auf seinen Brauen‹, sagte sie von mir. ›Ich kann es sehen, wie das Flackerlicht in einer Woge, wenn im Gewitter der Wind aus dem Süden kommt. Er ist mit der Feensalbe berührt worden. Das gute Volk kennt ihn. Es wird so mit ihm sein bis zum Tag seines Todes, wenn ein duinshee[16] sterben kann, da es doch ein Mann ist, der bereits tot, doch von Neuem geboren ist. Er, auf den die Feensalbe gelegt worden ist, muss alles, was hässlich und abscheulich und traurig und bitter ist, durch einen Schimmer von Schönheit sehen. So ist es gewesen, seit der Mhic Alpine von See zu See herrschte, und so ist es mit dem Mann Alison, deinem Sohn.‹

Das ist alles, mein Rehkälbchen; und das ist der Grund, weshalb meine Brüder, wenn sie verdrießlich sind, mich zuweilen den Gesalbten nennen.«

Das ist alles. Ja, vielleicht. Aber oh, Alison Achanna, wie oft habe ich an jenen köstlichsten Schatz gedacht, den du im Heidekraut fandest, als die Glocken süß waren von Honigseim! Wussten die wilden Bienen davon? Ich wünschte, ich könnte das sanfte Summen ihrer florgleichen Schwingen hören.

Wer von uns würde nicht das Beste von seiner Habe eintauschen – und es gibt einige, die gerne alles hingeben würden –, um nur einmal ihre Augenlider berühren zu lassen, einmal sie berühren zu lassen mit der Feensalbe? Aber der Ort ist fern, und die Stunde ist unbekannt. Niemand mag suchen, wo es keine Spur gibt, der er folgen könnte.

Nur die wilden Bienen wissen davon, aber ich glaube, es müssen die Bienen von Magh-Mell sein. Und dorthin vermag kein Lebender zu wandern – noch nicht.

Im Schatten der Hügel

Die Leute im Tal sagten, dass Ivor M'Jain, der Hirte, allzu lange in den Bergen geweilt hätte. Das mag auch so gewesen sein. Der Wind und die Wolkenschatten waren die Bilder seiner Träume geworden und dessen, was hinter seinen Träumen war; und fallendes Wasser und das Blöken der Schafe auf den hohen Triften und die Schreie der Falken und Raben hatten für ihn keinen anderen Laut oder Sinn, als die vielen Laute, die zu einem Schweigen geworden waren.

Nachts, wenn der Himmel klar war, wanderte er meilenweit über die hohen, einsamen Moore. Vertraute Gesellschaft weilte dort und keine andere; die Kiebitze kreisten und stießen ihre schwachen, kläglichen Schreie aus; oder die Haselhühner machten einen plötzlichen Lärm, während sie tief unten dahinflogen, aufgeschreckt durch seine wandernden Füße; oder ein Klagen stieg auf wie verfliegender Rauch vor den Berghalden, die Stimmen der rastlosen Brachvögel. Wenn der Mond groß und gelb über den öden Halden oder tief über der Linie hing, wo die Moore in den Himmel hinüberglitten, füllte zuweilen seltsame und ungewöhnliche Unruhe die Nacht. Aber immer waren die Hügel da in ihrem tiefen Schweigen, die Bergeseinsamkeit, das feierliche Wandeln der Sterne.

Er war ein Hirte, weil sein Vater ein Hirte gewesen war, und war's zufrieden, ein Hirte zu sein, weil er wenig Englisch konnte und sich seltsam beunruhigt fühlte, wenn er viele Stimmen hörte oder den unaufhörlichen, nichtigen Lärm um altbekannte Dinge, von denen diejenigen viel reden, welche die seltsame, rührende, unendliche Furcht vor Schweigen und vor Schönheit hegen; und weil die Hügel ihn zu sich zogen.

Als die Jahre eins um das andere vorüberglitten und Ivor M'Jain nicht mehr ein junger Mann, sondern vierzigjährig war und schon mehr Grau als Braun in seinem Haar hatte, wunderten sich die Clansleute in den Schluchten und das große Tal entlang, warum er nicht öfter in dem schönen steinernen Haus wohnte, das mit seinen Ställen und Kartoffelfeldern seinem Vater gehört hatte und jetzt sein war; und ferner, warum er sich keine Frau nahm, um dort mit ihm zu wohnen, wegen der Gesellschaft und der Kinder, wenn nicht aus hungernder Liebe.

Aber Ivor M'Jain hatte bereits Liebe gefühlt und wusste, wie groß sie ist und wie klein. Er hatte die wandellosen Sterne durch das Haar jener gesehen, die er liebte, und hatte gesehen, wie sie taumelten und Kinder des Abgrunds wurden. Er gehörte zu den wenigen, denen Liebe nicht ein süßer oder bitterer Zufall im Leben, sondern das Leben ist. Ein hoher, schweigsamer Mann, grau und zerzaust, war er vor fünfzehn Jahren Imhir Aluinn genannt worden, Ivor der Schöne; und war heimlich von Frauen geliebt worden und hatte selbst leichthin geliebt, bis er zu der einen Liebe gelangte. Jan Macallum, Peter Macarthur, James Cameron und Rory Macfarlane, die vier obersten Hirten auf den Hügeln nördlich von Srath-Mor, achteten ihn, denn er hatte eine größere Kenntnis der Berge als einer von ihnen und wusste mehr von alter

Weisheit und alten Mären und hatte selbst in seiner Jugend gälische Lieder gemacht, deren man sich noch erinnerte – und überdies, wenn er auch mit niemand zu tun haben wollte als mit dem großen Laird (Grundherrn), für den er hütete, und für Viehtreiber und andere nur wenige Worte hatte und dann Schweigen, und selbst mit ihnen sich selten in ein langes Gespräch einließ, wiewohl sie Hirten waren, seine verschwiegenen Verwandten von den Hügeln, so war doch etwas in ihm, was niemand als Stumpfheit oder als mürrischeBöswilligkeit ansehen konnte. In der Tat war es ein Sprichwort im Tal geworden, »So gut wie das Herz des Ivor M'Jain« und wiederum »Eine sanfte, gütige Art und die freundlichen, tiefen Augen, gerade wie Ivor der Hirte«, und »Es ist so wahr, als spräche es Ivor M'Jain.«

Aber inzwischen traten die Jahre seine Jugend unter ihre Füße. Leid hauchte einen grauen Reif auf sein Haar und ein graues Schweigen in sein Leben und verweilte dann bei ihm als sein Gefährte, auf alle Dinge, große und kleine, hinausblickend aus seinen standhaften Augen. Dieses Leid, das ein zu innerlicher Gram war, als dass er daran wie an Gram oder Leid hätte denken können, das vielmehr die Färbung und der Grundton seines Lebens geworden war, war begründet in zwei Dingen, die sowohl sterblich waren als unsterblich. Die Liebe zu dem Weib, in dessen kleines brennendes Herz er sein Leben gelegt hatte, wie jemand mit großen Freuden das Opfer auf einen Altar legen würde, war eines derselben; das andere war die Schönheit der, die er liebte, weil sie an sich so unvergleichlich und wundersam war und weil sie für ihn die zeitliche und sichtbare Verkörperung einer Schönheit war, die jenseits sterblicher Schönheit und einer Schönheit, die jenseits sterblichen Wechsels liegt.

Seit dem Tag, an dem er sie lieb gewann, sah er einen Schatten näher rücken. In irgendeiner seltsamen, geheimnisvollen

Weise gab das Leben wieder, was es ihr nahm. Als sie wegen zu großer Schwäche nicht mehr auf die Heide hinausgehen oder unter der Bergesche stehen konnte, an dem braunen rauschenden Bach mit seinen von Birken und Farnkräutern beschatteten Lachen, und nicht mehr Blumen pflücken oder zuschauen konnte, wie die wilden Rosen vom fallenden Tau schimmerten oder die Sterne einzeln oder in stillen Gruppen sich sammelten aus taubengrauem Schweigen, da sah Jain, dass die Schönheit dieser Dinge, so nah und vertraut, so fern und unaussprechlich, so endlich allein, so unendlich zusammen – wie ein Hauch gleichzeitig ein Ding ist, das vergeht, und ein Teil ist des einen Hauches, der das Leben ist – in sie übergegangen war. Nicht das Geringste ging ihr verloren von dem fallenden Tau, von den befreiten Düften, von dem Flattern des Laubs und des Farnkrauts, von den kleinen, strahlenden Leben der Blumen, von den stillen Sternen; diese gingen in sie über und waren ein Blühen auf ihrem Antlitz und ein Geheimnis in ihren Augen und ein Licht für das, was Gefährte dieser flüchtigen Hauche war und jenes anderen Hauches, in dem diese weder geringer noch größer waren als die leuchtenden Sternbilder und die uralten, der Zeit vergessenden Sterne.

Große Liebe hatte großes Leid gebracht; und sie war darum nicht weniger groß, weil sie zu einem so großen Teil unausgesprochen blieb. In ihr empfand er das Höchste. Das Leben konnte ihm, wenn kein größeres Leid, so auch keine größere Freude bieten. Er war dankbar. Und sie für ihr Teil vergaß in seiner Liebe, dass Jugend für sie eine Blume war, auf die sie verzichten musste, während ihre Blüte noch unverwelkt, während ihr Duft am süßesten war; dass sterbliche Schönheit teure zeitliche Bedürfnisse kennt; und dass die unergründlichen Tiefen des Schweigens, in denen sie bald versinken sollte, ein kaltes Brautbett waren für Wünsche, so begrenzt im Hoffen und so gewaltig im Glauben.

Es gibt wenige, die so lieben. Ihre Liebe war jene heroische, die nicht abhängt von jenem bittersüßen Wechsel von Anspruch und Überdruss, der geringere Träume erhält; in ihr war die Treue so vollkommen, dass keines fühlte, dass Untreue möglich sei, und die Liebe so tief, dass keines fühlte, dass der Liebe Füße straucheln könnten.

Sie hatten großen Lohn. Sie verließ ihn, selbst fröhlich in erhabener Gewissheit, ihre Erinnerung ohne den geringsten unedlen Flecken. Und er; er hatte das, weswegen Männer in Lorbeerkranz und Krone ihr Haupt geneigt haben in unerträglicher, trauernder Sehnsucht, und war reicher als Geizhälse, die auf nichtiges Gold starren, und entzündete täglich auf einem verborgenen Altar eine Flamme, die größer und wundersamer war als jene, die auf der Stirn altersgrauer Städte schimmert, da sie älter ist als jene.

Für viele von uns sind diese bis zur Verzückung gesteigerten Leidenschaften Leidenschaften die es nicht geben kann oder die nur in den mondhellen Königreichen der Fantasie wohnen. Dass sie möglich sein sollten unter den Niedrigen, ist ein Vorwurf, und deshalb zögert der Glaube.

Aber heroische Liebe ist kein Traum. Und Ivor M'Jain wusste das, obwohl er nur ein Schäfer war; und wenn ich von ihm schreibe, schreibe ich von einem, den ich kannte, und von dem, was ich weiß.

Es war nach diesem höchsten Verlust, dass man ihn so selten sah und ihn doch so sehr liebte und so oft nach ihm verlangte.

Aber danach weilte er mehr und mehr in den großen Einsamkeiten und träumte Träume, die für Ivor M'Jain nicht wahr sein konnten, die aber wahr sein konnten für das, was unter jenem Namen ging und aus sterblichen Augen hinausblickte auf die unsterblichen Dinge der Schönheit und Sehnsucht.

Einsam wartete er seine Schafe Tag um Tag und Woche um Woche und Monat um Monat; und sah, wie Monde auf Monde folgten und der schwermütige Zug der Sterne die Nächte füllte, und fühlte ungeheures, grenzenloses Sehnen; und von Winter zu Frühling und von Frühling zu Winter trug er in diese Einsamkeiten sein geduldiges Herz, dieses kleine Unendliche, das Gott erfüllt mit dem Schrecken der Ewigkeit.

Das Haus aus Sand und Schaum

Als Moira Campbell hörte, dass der Mann, den sie liebte und dem sie vertraut hatte, im Begriff stand, die Lady Silis Grant zu heiraten, verließ sie den Pachthof und ging zu dem Wasserfall, wo der Bergstrom und der Gießbach der Schlucht sich vereinigen.

Sie saß eine lange Zeit und schaute zwei schwefelgelben Schmetterlingen zu, die im Sonnenschein über den Büscheln gelber Schwertlilien tanzten, welche an dem schmalen Sandgestade des Flusses wuchsen, gerade unter dem Wasserfall. Dann betrachtete sie eine Wasserjungfer, die wie ein winziger grüner und purpurner Pfeil von Wasserfläche zu Wasserfläche flog. Sie fragte sich, ob es frühe Hitze im August geben würde, da die Beeren der Eberesche schon bronzefarben waren, hier und da sogar schon scharlachrot.

Dann erinnerte sie sich, dass Neil Cameron geschrieben hatte, er würde sich bald verheiraten. Hatte er nicht ihren Treuschwur, sie den seinen? Sie konnte nicht verstehen, wie so etwas möglich war. Vor wenigen Wochen erst hatte sie ihm erzählt, hier, an diesem selben Ort, dass sie an jenem Tag um die

Mittagszeit plötzlich erschreckt worden war durch die erste Regung eines fast ungeahnten, doch halb gefürchteten Lebens in ihrem Inneren. Es war hier, an diesem selben Ort gewesen, dass er ihr zuerst von Liebe geredet hatte. Einige weiße Wolken hingen an jenem Tag, und ein Wannenweiher schwebte über einem trippelndem Volk junger Rebhühner; und der Wind drehte unaufhörlich die weiße Seite der Weidenblätter aufwärts; sie erinnerte sich daran, und an alles andere.

Das Seltsamste war, dass sie sich nicht sehr bekümmerte; dass sie nicht fühlte. Einmal, vor langer, langer Zeit, Jahre über Jahre schien es her zu sein, da war es süß gewesen, dessen konnte sie sich erinnern. Sie konnte sich erinnern, aber sie konnte nicht fühlen.

Was war geschehen? War das in ihr getötet, was, einmal getötet, nicht wieder aufleben konnte? War ihre Seele tot? Wie konnte ein so großes Ding – oder war es ein so kleines Ding, eine kleine, im Wind erzitternde Flamme – so bald, so schnell erschlagen werden?

Sie war dieselbe und doch nicht dieselbe. Ihr Kleid war dasselbe, das sie gestern trug; das weiße Tuch – nein, gestern hatte sie ein kirschrotes Band um ihren Hals getragen; und die beiden Teerosen in dem Grübchen ihres Halses waren frisch gepflückt, und auf ihrem Busen, unter ihrem Kleid, war Neils Brief.

Wie klar und einfach Männer schreiben konnten. Sie lächelte und sah dann erschreckt nach dem Wasserfall. Warum lächelte sie doch, so fragte sie sich, sie hatte es vergessen.

Es fiel den Männern leicht, dies zu sagen und jenes zu sagen. Was bedeutete Wahrheit? Ihr Vater hatte oft gesagt, es gäbe nur eine Wahrheit. Es war eine leichte Last, ihr Herz, nun, da es gebrochen war. Sie wunderte sich, ob alle Frauen mit gebrochenen Herzen so wären – sie fühlte einfach nicht.

Einmal, als das blinde Leben in ihr sich regte, erhob sie sich und starrte über die Hügel mit wilden stahlblauen Augen.

Was bedeutete es nur; was bedeutete all dies bitter grausame Unrecht, das den Frauen, das ihr angetan wurde, von den Männern, von … von … Neil?

Ein Mutterschaf wanderte vorbei. Ein weißes flaumiges Lämmchen eilte mit winselndem Blöken heran und zerrte an dem vollen Euter.

»Armes kleines Ding!«, murmelte Moira, und wunderte sich dann, warum sie so dachte oder sich darum kümmerte.

Sie war müde. Sie mochte nicht denken. Gedachte Neil an alles, als er schrieb?

Bald schlummerte sie ein. Es war Mittag, als sie über dem verworrenen, ärgerlichen Summen einer wilden Biene erwachte, die sich in ihr langes sonnenbraunes Haar verwickelt hatte, das aufgegangen war. Sie steckte die warmen Flechten auf und errötete, sie wusste nicht, worüber. Es waren gar zu viele Augen überall. Ihre Brüste strafften sich und taten ihr weh; die Rosen hatten einen zu schweren Duft. Sie stand auf und schaute nach dem Wasserfall. Wie kam es, dass kreisendes Wasser sie schläfrig machte? Sie starrte um sich, und wieder flutete ein tiefes Erröten in ihr blasses Antlitz. Es waren gar zu viele Augen überall: Kleine Augen in den Maßliebchen und hinter den grünen Palmwedeln des Farnkrauts und in jedem kleinen tanzenden Blatt auf Esche und Birke.

Als man sie am Nachmittag fand, auf der weißen sandigen Uferstrecke, die buschig war von gelben Schwertlilien, war sie wund von dem braunen wogenden Aufruhr des Wasserfalles. Im Schein des Nachmittags füllten sich die Schaumglocken in ihrem Haar, wo sie lag, halb in dem Strom, halb außerhalb desselben, mit lieblichem Regenbogenschimmer, mit Azur und Opal und grellem Goldglanz, mit kleinen Flämmchen von der Farbe der wilden Rose, dem Hauch eines Augenblicks.

Verloren

Ich hatte von Manus Macleod gehört, bevor ich ihn vor einem Jahr oder mehr auf den südlichen Inseln antraf. Er hatte eine tragische Geschichte. Der jüngere Fiuran[17] des jüngeren Zweiges eines edlen Geschlechtes, war er in Armut geboren und erzogen. Mit zwanzig Jahren studierte er, um Priester zu werden; fast zwei Jahre später lernte er Margred Colquhoun kennen; als er zweiundzwanzig war, wurde er ordiniert; in seinem dreiundzwanzigsten Jahr riss die Liebe ihn fort wie auf einer starken und bitteren Flut; im nächsten ward ihm das Priesterkleid genommen; wiederum im nächsten Jahr war Margred tot und ihr Kind dazu, und Manus war ein wandernder, gebrochener Mann.

Nach einigen Jahren, in denen er sein Leben fristete, niemand weiß wie, schloss er sich einer Zigeunerbande an. Es waren nicht Kesselflicker, sondern sie gehörten zum Romany Clan, dem Treubh-Siubhail oder dem wandernden Stamm. Er heiratete ein Mädchen von jenem Volk, das ertrank, während es die große Furt von Uist durchquerte; denn sie fiel in der Dämmerung, ohne dass jemand es sah, und die hereinkommende Flut riss sie fort, während eine Ohnmacht ihr

Leben unter dem Herzen festhielt. Um diese Zeit war's, dass er als Manus-am-Bard, Manus der Dichter, bekannt wurde, wegen seiner Lieder und seinet Cruit-Spanteach oder Gitarre, welche dem Mädchen gehört und auf der sie ihn gelehrt hatte, fantastische, wilde Weisen aus dem Osten zu spielen.

Er muss etwa vierzig gewesen sein, als er von den Romanys ausgestoßen wurde. Ich weiß nicht den Grund, aber ein Bericht scheint nicht unwahrscheinlich: Dass er in der Trunkenheit Gillanders Caird zu töten versucht und geblendet habe, den Bruder des Mädchens, das er verloren hatte.

Danach wurde er ein müßiger, heimatloser Landstreicher, sogar verdächtig, aber zuweilen willkommen wegen seiner Lieder und seines Spiels. Wenige Jahre darauf war er bekannt als Vater Manus, Haupt eines schmutzigen, wandernden Stammes von Kesselflickern. Er lebte im Freien, schlief in einem verräucherten, übel riechenden Zelt, hatte ein hübsches, böses, unordentliches Weib zur Gefährtin, und drei braune otteräugige Sprößlinge seiner gelegentlichen Liebe.

In dieser Periode geschah es, dass ein Advokat von Jeverarz ihn aufsuchte, ihm mitteilte, dass er infolge verschiedener Todesfälle Erbe der Grafschaft Hydallan geworden sei, und ihn fragte, ob er sein unstetes Leben aufgeben und sich bereit machen wollte zu dem großen Rangwechsel, der ihm jetzt bevorstand.

Manus Macleod nahm die kurze schwarze Tabakspfeife aus seinem Mund. »Komm her, Dougal«, schrie er einem seiner gaffenden Buben zu. Der Bube hatte ein totes Hähnchen in seinen Händen und rupfte es. »Sage dem Herrn, Dougal, wo du das her hast.«

Der Bube antwortete mürrisch, es sei eines von Papas Hühnern.

»Du lügst«, sagte sein Vater. »Heraus mit der Sprache oder ich schlitze dir die Zunge auf.«

»Nun denn, gewiss, ich nahm ihn aus Farmer Jamiesons Hühnerhof, und du hast mir sogar gesagt, dass ich es tun soll.«

Manus blickte den Advokaten an.

»Nun, Sie haben mich gesehen, und Sie haben meinen ältesten Balg gesehen. Gehen Sie zurück und erzählen Sie meinem Lord Hydallan, was Sie gesehen haben. Wenn er stirbt, werde ich Graf von Hydallan sein, und jener scheelblickende Dieb da würde Junker von Carndhu sein, und mein Erbe, wenn er nur nicht der Bastard wäre, der er ist. Und weder jetzt noch später werde ich meine Lebensführung ändern. Hydallan-Park wird ein schöner Lagerplatz sein und mit seinem Fisch- und Wildbestand wird es mir und meinem Volk alles geben, was wir brauchen, bis ich dessen müde bin, und dann können andere es haben; ich meine, andere von unserer Art. Was das Geld betrifft ... nun, dafür werde ich auf meine eigene Art sorgen, Mr Wie-heißen-Sie-gleich ... Finlay, sagen Sie? ... Nun denn, ich wünsche Ihnen guten Tag, Mr. Finlay, und Sie können mich wissen lassen, wenn mein Onkel tot ist.«

Ich vermute, es war etwa ein Jahr später, da fand ich eines Tages in einer Freundin Haus ein kleines Buch mit Gedichten, das meinen eigenen Familiennamen mit Manus davor als Bezeichnung des Verfassers trug. Der Fußvermerk gab an, dass das Buch von einem Verleger in Edinburgh vor einigen zwanzig Jahren herausgegeben worden war. Es war die einzige Großtat des Manus, auf den alle seine Verwandten einst so große Hoffnungen setzten, und vieles davon scheint geschrieben worden zu sein, als er auf dem Kollegium der Schotten in Rom war. Ich schrieb zwei von den Gedichten ab. Eines war genannt »Cantilena Mundi«, das andere »Der Stern der Schönheit«. Ich zitiere das eine, dessen ich mich entsinnen kann:

Nicht thront im Himmelssaal
  Mein Stern der Schönheit!
Er ward aus ihrer Qual,
Aus bittrer Tränen Zahl,
Aus ihrer Augen Strahl,
  Mein Stern der Schönheit!

So anmutvoll und zag,
  Mein Stern der Schönheit!
Doch dem Geschick erlag,
Ob grollend Wort auch sprach
Auf heißer Liebe Frag
  Mein Stern der Schönheit!

Liebe mit Hass beschwor
  Mein Stern der Schönheit!
Bald klang der Leichenchor;
Ich fiel, sie stieg empor;
Sanft scheint zum Höllentor
  Mein Stern der Schönheit!

Ich entsann mich dieses Gedichtes, als ich auf Colonsay Manus Macleod antraf, und mich seiner Geschichte erinnerte.

Er war alt und zerlumpt. Er hatte seine Kesselflickerhorde verlassen oder war von ihr verlassen worden; und wanderte jetzt, grau und zerzaust, von Weiler zu Weiler, von Kirchspiel zu Kirchspiel, von Insel zu Insel. Es war spät im Oktober, und eine vorzeitige Kälte hatte eingesetzt. Der Wind hatte etwas von dem Schnee auf den Bergen von Skye und Mull fortgeweht, und ein wenig davon war zwischen den alten, schwarzen Ruinen auf Oronsay und auf den Colonsay-Dünen von Sand und Salzgras niedergefallen. Manus war in der Küche des

Gasthofs, starrte in das Feuer und sang ein altes gälisches Lied leise vor sich hin.

Als mein Name genannt wurde, blickte er rasch auf.

Instinktiv sagte ich Folgendes:

»Ich kann dir Lied um Lied geben, Manus mac Tormod.«

»Wie wissen Sie, dass meines Vaters Name Norman war?«, fragte er in englischer Sprache.

»Wie kommt's, dass ich weiß, dass Sie als Tormod mhic Leoids Sohn, Sohn des Tormod von Arrasay, Erbe seines Bruders Hydallan sind?«

Manus runzelte die Stirn. Dann neigte er sich über das Feuer und wärmte seine dünnen, hageren Hände. Ich konnte die Röte der Flammen in ihnen sehen.

»Welches Lied können Sie mir für mein Lied geben, das überdies durchaus nicht das meine ist, durchaus nicht, sondern das alte, leidvolle Lied des Donull mac Donull von Uist, ›Das Gebrochene Herz‹.«

»Es ist ›Der Stern der Schönheit‹ genannt«, sagte ich und zitierte den ersten Vers.

Er stand auf und beugte sich über das Feuer. Plötzlich wendete er sich um und schritt rasch und stumm aus dem Zimmer. Sein Angesicht war weiß wie Ton und glänzte von dem Nass strömender Tränen.

Des Gastwirts Frau sah ihm nach. »Ein schlechter, bösartiger Strolch ist er«, sagte sie. »Diese Kesselflicker sind im besten Fall ein schlimmes Volk und Manus Macleod ist einer der Schlechtesten unter ihnen. Wahrlich, warum sprechen Sie denn überhaupt mit dem Mann? Ein schmutziger, unwissender Mensch ist er, der niemals einen anderen Gedanken hat als seine Pfeife und den Trunk und anderer Leute Eigentum.«

Am folgenden Nachmittag hörte ich, dass Manus noch auf dem Dachboden war, wo man ihm erlaubt hatte, auszuruhen. Er war im Rachen des Todes, sagte man mir.

Ich ging zu ihm. Er lächelte, als er mich sah. Er erschien Jahre und Jahre jünger und durchaus nicht krank, abgesehen von dem feurigen Blatt auf seinem weißen Gesicht und dem wilden Leuchten in seinen großen schwarzen Augen.

»Gib mir einen Wunsch«, flüsterte er.

»Frieden«, sagte ich.

Er schaute mich lange an.

»Ich habe den Roten Hirten gesehen«, sagte er.

Ich wusste, was er meinte, und antwortete nicht.

»Und die Dunkle Vogelschar«, fügte er hinzu. »Und in letzter Nacht, als ich von Oronsay hierher kam, sah ich einen weißen Hund vor mir her laufen, bis ich hier anlangte.«

Eine Zeit lang herrschte Schweigen.

»Und ich habe dies geschrieben«, murmelte er heiser. »Es ist alles, was ich in all diesen Jahren geschrieben habe, seit sie starb, die ich liebte. Sie können es in das kleine Buch legen, von dem Sie wissen, wenn Sie es haben.« Er gab mir eine alte lederne Mappe. In derselben war ein schmutziger, zusammengefalteter Bogen. In jener Nacht starb er. Bei der hüpfenden gelben Flamme des Torffeuers, während der Wind zwischen den Felsen kreischte und die ineinander klingenden Stimmen der See immer klagender und fürchterlicher wurden, las ich, was er mir gegeben hatte. Aber da ich sein schlichteres und zarteres Gälisch umschreibe, so möchte ich auch seine Überschrift »Flüstern (oder geheime Flüsterlaute) in der Dunkelheit« verändern in »Die Geheimnisse der Nacht«, wegen des alten gälischen Sprichworts: »Der Rote Schäfer, der Weiße Hund und die Dunkle Vogelschar: Die Drei Geheimnisse (oder geheimen Schrecken) der Nacht«

Im großen Dunkel, drin hellschimmernd brennt
Der Sterne Schar, ein blendend Lichtermeer,
Regt schattenhaft sich alles Streites End:
Doch nächtlich kommt aus blutgem Grab daher
Der Rote Hirte, er, der ungenannt,
Der graus und hager, fürchterlicher Brand,
Genährt von Blut und bittrem Tränenfall;
Schwer ist sein Fuß von wirrer Jahre Zahl,
Zertretner Zeit, und seines Auges Macht
Ist schwarz und leer wie Himmel in der Mitternacht.

Acht auf den Weißen Hund, des Bellen niemand hörte,
Wiewohl's der Wind, in dem sich Sterne
unstet wiegen;
Den Hund, den Menschen sahn in
altvergessnen Kriegen,
Den Hund, der folgt der wunden Jahre Fährte.
Im fernsten Dunkel sehn ihn Seelen fahl.
Gleich langem Mondspeer oder weißem Strahl,
Und müssen in dem Wald wie Staub zerrinnen,
In dem der Weiß-Hund eilt und Schatten zeitlos sinnen.

Acht auf die Vogelschar, die aus dem Zwielicht dringt,
Auf spukhaft-öder Bahn uralter Kriegeswirren,
Gesichter, schrecklich, schattenhaft, beschwingt,
Seelen, die heimlos unter Taumelsternen irren.
Doch dieses weiß ich, er, der Rote Schein,
Der Weiße Hund, die Dunkle vogelschar,
Schreckt mich nicht, der ich nimmer-,
nimmermehr
Durch aller Qual Gewoge ihre Lippen hör,
Die Liebesworte raunten in die Seele mein,
Noch selber ihren Namen flüstre in ihr schattges Haar.

Die Neunte Woge

Der Wind flaute ab, als wir über den Sund kreuzten. Im Boot war nur ein Ruder und wir trieben müßig dahin. Es war noch Ebbezeit und so machten wir Fahrt auf Soa zu; freilich geraume Zeit, bevor wir das Eiland erreichen konnten, musste die Flut einsetzen und der Seewind sich erheben, und wir würden oben im Sund und wieder bei Balliemore sein, fast so rasch, wie man ein Netz legt.

Als wir – und mit »wir« meine ich Phadric Macrae und Ivor McLean, Fischer von Jona, und mich selbst neben Ivor am Steuer –, als wir langsam an dem zackigen Inselchen vorüberglitten, das als Eilean-na-h'Aon-Chaorach bekannt ist, zernagt und zerrissen von den Fluten und Sturzseen von Tausenden von Jahren, sah ich eine Schar Robben, die sich in der Sonne wärmten. Eine nach der anderen schlüpfte ins Wasser, und ich konnte die dunklen Gestalten bemerken, wie sie, gleich losgerissenen Massen von Seekraut durch das dunkelgrüne Grundwasser trieben.

Dann, nach einiger Zeit, näherten wir uns Sgeir-na-Oir, einem kahlen Felsen. Drei große Kormorane standen da und beobachteten uns. Ihre Nacken glänzten im Sonnenlicht wie Schlangen im blauen und grünen Schuppenpanzer. Auf den oberen Rändern saßen acht bis zehn nordische Taucher. Sie schienen uns nicht zu sehen, doch wusste ich, dass ihren wilden lichtblauen Augen keine Bewegung entging, die wir machten. Die kleinen Seeenten tanzten auf und nieder; zuerst schnellte ein kleiner schwarzgefiederter Rumpf hinab, dann noch einer, dann ein dritter, bis ein Dutzend oder mehr unter Wasser und ein halbes Hundert andere bereit waren, im nächsten Augenblick ihrem Beispiel zu folgen. Eine braune Möwe hüpfte in dem sprudelnden Unkraut umher und kreischte von Zeit zu Zeit trostlos. In den nach Myriaden zählenden Kolonien dicht gedrängt sitzender Muscheln, welche den von Unkraut bedeckten Felsblöcken einen blauen Anflug gleich dem der Schlehe gaben, flatterten einige Islandmöwen und Mornellen hin und her. Hoch über den Häuptern, weiß gegen das Blau sich abhebend wie ein Wölkchen, hing regungslos eine Bassansgans, scheinbar am Himmel festgefroren.

Unter dem gleitenden Boot war das Wasser blassgrün. Ich konnte die Liath und Saith sehen, wie sie in langsamer Flucht ihre Flossen regten, und zuweilen eine kleine, eilende Wolke winziger Flundern und zolllanger Kabeljaus. Zwei oder drei Faden vor dem Boot waren die Wasser blau. Wenn das Blau beseelt ist und eigenes Leben und Bewegung hat, so muss es sich glücklich fühlen in diesen westlichen Meeren, wo es hinüberträumt in schattige Lethefluten von Amethyst und tiefdunkle veilchenfarbene Vergessenheiten.

Plötzlich lief ein silberner Streifen für einen Augenblick am Steuerbord auf der See entlang. Er glich einem Pfeil aus Mondlicht, der über das Blau und Gold der Oberfläche hingeschossen ward. Fast unmittelbar darauf wurde ein röchelnder Seufzer hörbar. Ein schwarzes Messer durchschnitt die Wasserflut: die Schulter eines Pollack.

»Die Makrelen kommen von der See herein«, sagte Macrae. Er neigte sich vor, benetzte die Fläche seiner Hand und hielt sie seewärts. »Ja, die Flut hat eingesetzt –

Ohrone – achree – an – Srùth – màra!
Ohrone – achree – an – Lionadh!«,

summte er eintönig, wieder und wieder, mit wenigen Variationen.

»Und 's ist Oh un' Oh um die Fluten der See,
Und 's ist Oh um die Strömende Flut«,

sang ich endlich spottend.

»Komm Phadric«, rief ich, »du bist gerade so schlimm wie Peter Mc Alpinas Kleine, Fiona, mit dem Dudelsack!«

Beide Männer lachten leichthin. Am letzten Sabbat hatte der alte Mc Alpin in seinem kleinen Hause in der »Straße«, in Balliemore auf Jona, eine Gebetsversammlung gehalten, gegen Ende seines Vortrags sagte er seinen Hörern, dass die Stimme Gottes nur für den Übeltäter schrecklich sei, aber schön für den rechtschaffenen Mann, und dass diese Stimme auch jetzt noch unter ihnen sei, sprechend in tausend Arten und doch nur in einer Art. Und in diesem Augenblick ließ sein neckisches Großtöchterchen, das in dem Kuhstall nebenan war, auf dem Dudelsack ein so lang gezogenes und klägliches Gewimmer ertönen, dass die Schäferhunde am Herdfeuer winselten und laut aufgeheult hätten, wäre das Wort Gottes nicht gewesen, das noch aufgeschlagen auf dem großen Schemel vor dem alten Peter lag. Denn das war's, woran die Hunde erkannten, dass die Sabbat-Vorlesung vorüber war, und es gab keinen, der es gewagt hätte, zu bellen oder zu heulen, geschweige denn aufzustehen und hinauszugehen, bevor das Buch mit einem lauten, feierlichen Schlag geschlossen worden war. Nun, wieder und wieder durchhallte jene schmerzliche, vibrierende Klage das Zimmer, bis sogar der alte Mc Alpin lächelte, obwohl er recht ärgerlich auf Fiona war. Aber er gab das Zeichen zur Stille und hob an: »Meine Brüder, es mag sein, dass selbst in dieser Versuchung der Allmächtige eine Botschaft für uns hat –«, da wurde gerade in dem Augenblick Fiona von einer Kuh gestoßen, fiel mit dem Dudelsack gegen die Bretterwand und presste ihm einen so wilden Schmerzensschrei aus, dass Mc Alpin auffuhr und in der Plattlandart, die er von seinem Weib sich angeeignet hatte, ausrief: »Potz Dunner un Dorjahn! nu laat dat, du Düwelsbraten!«

Die Erinnerung hieran war es, worüber Phadric und Ivor lächelten. Plötzlich begann Ivor, in einem lang gezogenen, steigenden und sinkenden Tonfall, eine alte gälische Rune vom Ziehen der Flut.

»Athair, A mhic, A Spioraid Naoimh,
Biodh an Tri-aon leinn, a la's a dh' oidhche;
S'air chul nan tonn, no air thaobh nam beann!«

»O Vater, Sohn und Heiliger Geist,
Sei die Drei-in-Eins mit uns bei Tag und bei Nacht,
Auf schäumender Flut, wenn die Woge sich türmt!«

»Und von dem Ort im Westen,
Wo Tir-nan Og, das Jugendland,
Liegt, das Land der ewigen Jugend,
Schickt die Große Flut, die das Seekraut bringt,
Und die Vögel dringt, aus dem Norden;
Und heißt sie sich winden wie die Schlange durch
das Farnkraut,

Wie die Große Schlange durch die Heide des Meeres,
Die schön blühende Heide der sonnbestrahlten See.
Und möge sie bringen unsern Netzen die Fische,
Und die großen Fische an unsere Schnüre;
Und möge sie fortschweifen die Robben,
Die den Hering verschlingen;
Und mag sie ertränken den wuchtigen Pollack,
Der nicht achtet unsrer Netze,
Nein, hinein sich stürzt, sie zerreißt und sie
gänzlich vernichtet.«

»Und mag ich oder einer von meinem Blut
Nicht schauen den Wogengeist, der hineinkommt
mit der Flut,
Noch die Maighdeann-mara[18], die brütet in
den Watten,
Wo die Seehöhlen sind, zur Ebbezeit;
Und schön sei mein Fischzug und der Fischzug
meiner Nächsten,
Und gut sei diese Flut, und Gutes bringe sie;
Und es möge kein Ruf sein in der Flut, der Sruth-mara,
Und es möge keine Last sein auf der Ebbe! ochone!
An ainm an Athar, s'an Mhic, s'an Spioraid Naoimh,
Biodh an Tri-aon, leinn, a la's a dh' oidhche,
S'air chul nan tonn, no air thaobh nam beann!
Ochone! arone!«

Beide Männer sangen die Schlusslinien mit laut schwellenden Stimmen und mit einer Inbrunst der Klage, die ich in Worten nicht auszudrücken vermag.

Runen dieser Art sind überall auf den Inseln verbreitet, vom Butt von Lewis bis zu den Rhinns von Islay; übereinstimmend im Geist, wiewohl veränderlich in den Zeilen und Redewendungen, gemäß der Stimmung und dem Temperament des rannaiche oder Sängers, der örtlichen oder besonderen Physiognomie der Natur, der instinktiven Hingabe an ererbte Wunderworte und andere zwingenden Umstände des äußeren und inneren Lebens. Es ist kaum nötig, zu sagen, dass uns die Seejungfrau oder Meerhexe und der Wogengeist in vielen dieser wilden Runen begegnen, besonders in denjenigen, die aus dem Stegreif gesprochen werden. Auf den Äußeren Hebriden sind die Runen mehr wilde Naturhymnen als heidnische Gesänge; markante Unterschiede bestehen auch dort freilich – denn auf Harris und Lewis sind die Leute fast bis auf den letzten Mann protestantisch, während auf Benbecula und den südlichen Hebriden die Katholiken sich in der gleichen Überlegenheit befinden. Aber alle sind eins in der gemeinsamen Brüderschaft des Leides.

Die einzigen Linien in Ivor Mc Leans klagendem Lied, die mich befremdeten, waren die beiden letzten, welche vor den »guten Worten« »im Namen des Vaters, des Sohnes und des Geistes usw.« kamen.

»Sage mir auf Englisch, Ivor«, sprach ich nach einem Schwelgen, währenddessen ich über die gälischen Worte nachsann, »was ist der Sinn von

›Und es möge kein Ruf sein in der Flut, der Sruth-mara‹,
›Und es möge keine Last sein auf der Ebbe‹?«

»Ja, ich will erzählen, was der Sinn davon ist. Wenn die Große Flut, die aus der Höhlung des Meeres hervorsprudelt und nach allen Küsten der Welt hinschweift, zuerst sich regt, dann, wenn sie fühlt, dass die Ebbe sich durchaus nicht mehr rührt, so sendet sie neun lange Wogen aus. Und ich habe vergessen, was das für Wogen sind, aber eine ist da, um das Seekraut zu hüten, das zu der Menschen Segen ist; und eine andere ist da, um die Fische zu erwecken, die in den Tiefen schlummern; und eine dritte ist für dies, und eine vierte mag für das sein; und die siebte dient, um den Wogengeist aufzuscheuchen und all die Geschöpfe des Wassers, welche die Menschheit fürchten und hassen; und die achte kennt niemand, doch die Priester sagen, sie sei da, um das Flüstern Marias zu tragen; und die Neunte –«

»Und die Neunte, Ivor?«

»Möge sie fern von uns sein, von dir und von mir und von denen, die uns angehören. Und ich will nichts gegen sie sagen, behüte; noch gegen irgendetwas, das in der See ist. Und das merke dir wohl!

Nun, diese Neunte Woge geht durch das Wasser an der Stirn der Flut. Und wo immer sie geht, da ruft sie. Und ihr Ruf lautet ›Komm fort von hier, komm fort, die See harrt! Folge mir!... Komm fort von hier, komm fort, die See harrt! Folge mir!‹« (Ivor sagte natürlich diese Worte in gälischer Sprache, deren Klang das süße Klagen der See in sich hat.) »Und wer immer das hört, der muss aufstehen und gehen, ob er Fisch sei oder Pollack oder Robbe oder Otter oder große braune Möwe oder kleine Meerschwalbe oder Vogel oder Tier des Strandes oder Vogel oder Tier der See, und ob es Mann sei oder Weib oder Kind oder irgendeiner der anderen.«

»Irgendeiner der anderen, Ivor?«

»Ich will nichts darüber sagen«, erwiderte Mc Lean ernsthaft. »Du wirst ganz gut wissen, was ich meine, und wenn du es nicht weißt, so ist es nicht meine Sache, von dem zu schwatzen, wovon nicht geschwatzt werden darf.

Nun, was ich sagen wollte, jener Ruf der Neunten Woge der Flut ist das, wovon Jan Mor von den Hügeln spricht als von dem Flüstern des Schnees, der auf das Haar fällt, dem Flüstern des Reifes, der auf dem kalten Antlitz dessen liegt, der nimmermehr erwachen wird.«

»Tod?«

»Du bist es, die es sagt.«

»Nun«, fuhr er fort, nach einem Augenblick des Schweigens, »ein Mann mag hundert Jahre an der See leben und doch niemals jene Neunte Woge rufen hören, in irgendeiner Sruth-mara; aber früher oder später wird er sie hören. Und viel sind der Fluten, die für uns alle stumm sein werden; aber für einen jeden von uns wird eine Flut kommen, die eine furchtbare Stimme erheben wird, eine Stimme des Schreckens und der Furchtbarkeit. Und wer immer diese Stimme hört, der wird sicherlich die Last auf der Ebbe sein.«

»Hat irgendjemand die Stimme gehört und das Leben behalten?«

Mc Lean sah mich an, sagte aber nichts. Phadric Macrae erhob sich, zog ein Tau straff und gab mir ein Zeichen, das Ruder nach Lee zu logen. Dann blickte er in das grüne vorbeigleitende Wasser – denn die Flut fühlte nach unserem Kiel und ein stärkerer Luftzug von der See legte sich in den Bausch, der in dem Segel anschwoll – und sagte zu Ivor:

»Du solltest ihr von Ivor Mac Ivor Mhic Niall erzählen.«

»Wer war Ivor Mhic Niall?«, sagte ich.

»Er war der Vater meiner Mutter«, antwortete Mc Lean, »und war überall auf den Inseln des Nordens bekannt als Ivor Carminish; denn er hatte eine Farm in den östlichen Landen von Carminish, die zwischen den Hügeln liegen, welche Strondeval und Rondeval genannt werden, und in dem fernen Süden der nördlichen Hebriden sich befinden, und nahe dem Ort, der dir als der Obb von Harris bekannt sein wird.

Und ich will dir jetzt von ihm in gälischer Sprache erzählen, denn das ist leichter für mich und angenehmer für uns alle.

Als Ivor Mac Eachainn Carminish, der Ivors Vater war, starb, hinterließ er die Farm seinem älteren Sohn, und seinem zweiten Sohn Sheumais. Zu dieser Zeit war Ivor schon verheiratet und hatte die Tochter, die meine Mutter ist. Aber er war ein einsamer Mann und ein Inselmann bis in den innersten Winkel seines Herzens. So … doch du wirst die Inseln kennen, die bei dem Obb von Harris liegen: Saghay und Ensay und Killegray und, weiter westlich, Berneray; und nordwestlich Pabaidh; und noch hinter diesem Shillaidh?«

Für den Augenblick geriet ich in Verwirrung, denn diese Namen sind sehr weit verbreitet; und ich dachte an die große Insel Berneray, die in dem ungeheuren Loch Roag liegt, der ein so großes Stück des westlichen Lewis verschlungen hat, neben dem auch seewärts die beiden Pabaidh Mor und Pabaidh Beag sich befinden. Aber als Mc Lean hinzufügte: »und anderen Inseln des Caolas Harrish (des Sundes von Harris)«, kam ich auf das Richtige; und in der Tat kannte ich beide, freilich die nördlichen Inseln besser, denn ich hatte nahe Callernish im inneren Bezirk des Roag gewohnt.

»Nun, Carminish hatte Schafweiden auf einigen von diesen. In einem Sommer kam das Dunkel auf ihn, und er überließ es Sheumais, für die Farm zu sorgen und für Morag, sein Weib, und für Sheen, ihre Tochter; und er ging hin und lebte auf Pabbay, nahe dem alten Kastell, das bei der Rua-Düne im Südosten der Insel ist. Dort blieb er drei Monate lang. Aber in der letzten Nacht jedes Monats hörte er im Schlaf die See rufen; und was er hörte war wie: ›Komm fort von hier, komm fort, die See harrt! Folge mir! … Komm fort von hier, komm fort, die See harrt! Folge mir!‹ Und er erkannte die Stimme der Neunten Woge; und wusste, dass sie nicht dort im Dunkel des Schlafes erhalten würde, wenn sie ihm nicht bereits näherrückte auf den dunklen Wegen des An Dan (des Schicksals). So gedachte er, von einem Ort, der für ihn verhängnisvoll war, sich zu entfernen, und meinte, er würde anderwärts sicher sein, und er segelte nordwärts nach eines Verwandten

Kate in Aird Vanish auf der Insel Taransay. Aber am Ende jenes Monats hörte er in seinem Schlaf den Lärm der Flutwasser, und als die Ebbe zum Stillstand kam, hörte er: ›Komm fort von hier, komm fort, die See harrt! Folge mir!‹ Noch einmal, als der heiße Zauber des November gekommen war, segelte er noch weiter nordwärts. Er blieb eine Zeit lang auf Eilean Mhealastaidh, das unter dem Morgenschatten des hohen Griomabhal auf dem Festland liegt, und an anderen Orten; bis er, in der dritten Woche, in seines Vetters Eachainn Mac Eachainns Hütte sich niederließ, nahe Callernish, wo die Großen Steine der Vorzeit an der See stehen und auf ewig nichts anderes hören als das Lärmen der Wogen des nordischen Meeres und den Schrei des Seewindes.

Und als die letzte Nacht des November gekommen und gegangen war und er im Schlaf keinen Ruf von der Neunten Woge der Strömenden Flut vernommen hatte, fasste er sich wieder ein Herz. Den ganzen folgenden Tag hindurch ging er friedlich umher. Eachainn verwunderte sich oft, wenn er zur Seite blickend, den mürrischen Mann lächeln sah, und hörte, wie sein Schweigen hin und wieder einem kurzen, freudlosen Lachen Raum gab.

Die beiden saßen bei der Suppe und Eachainn murmelte sein Bui'cheas dha'n Ti, den Dank an das höchste Wesen, da sprang Carminish plötzlich auf und stand mit weißem Gesicht da, sich schüttelnd wie ein Tau im Wind.

›Im Namen des Sohnes, was ist es, Ivor Mhic Ivor? Was ist es, Carminish?‹, schrie Eachainn.

Aber der niedergeschmetterte Mann konnte kaum sprechen. Endlich wendete er sich mit einem tiefen Seufzer um und blickte seinen Verwandten an, und dieser Blick drang jenem in das erschauernde Herz wie der Polarwind in eines Kätners Hütte.

›Was ist das?‹, sagte Carminish mit heiserem Flüstern.

»Eachainn lauschte, aber er konnte keine klagende beann-sith[19], keinen ungewohnten Laut hören.

›Wahrlich, ich höre nichts als den Wind, der durch die Großen Steine klagt, und hinter ihnen den Lärm der Strömenden Flut.‹

›Die Strömende Flut! Die Strömende Flut!‹, rief Carminish, und seine Stimme klang nicht mehr gedämpft. ›Und was ist's, das du in der Strömenden Flut hörst?‹

Eachainn sah ihn stumm an. Was konnte er sagen? Denn jetzt wusste er.

›Ah, och, och, ochone, du magst wohl seufzen, Eachainn Mhic Eachainn! Denn die Neunte Woge der Strömenden Flut kommt aus der nordischen See zu diesem Gestade, und schon kann ich sie rufen hören: Komm fort von hier, komm fort, die See harrt! Folge mir! ... Komm fort von hier, komm fort, die See harrt! Folge mir!‹

Und damit schlug Carminish das Licht aus, das auf dem Tisch stand, und stürzte sich auf Eachainn und schleuderte ihn auf den Fußboden und hätte ihn getötet, wäre nicht der wachsende Lärm der See hinter den Stannin' Stones von Callernish gewesen, und das leidmüde Pfeifen des Windes und der Ruf, der Ruf: Komm, komm fort von hier! Komm, komm fort von hier!

Und so stand er auf und stolperte nach der Tür und stürmte hinaus in die Nacht, während Eachainn auf dem Boden lag und nach Luft schnappte und dann sich auf die Knie erhob und hinkroch und von dem Sims neben seinem Lager aus Farnstreu das Buch nahm und seine Wange darauf legte und es Gott klagte und wie ein Kind weinte wegen des Verhängnisses, das auf Ivor Mac Ivor Mhic Niall lag, der von seinem eigenen Blut war und sein eigener dall[20] dazu.

Und während er klagte, stapfte Carminish zwischen den großen, hageren, undeutlich drohenden Steinen der Druiden hindurch, die hier waren, ehe noch St. Colum mit seinen Shona[21] kam, und lachte wild. Und die ganze Zeit über zog die Flut herein, und die Flut und die Tiefsee und die Wogen am Strand und der Wind im Salzgras und das müde Schilfrohr und die Myrtenheide am schwarzen Pfuhl machten den Lärm eines furchtbaren Hymnus, welches der Todeshymnus. die Scheiderune war für Ivor, den Sohn des Ivor von der Sippe des Niall.

Und dort war es, wo sie im Morgengrauen seine Leiche fanden, nass und starr im salzigen Schlamm. Denn die Seele, die in ihm war, hatte den Ruf der Neunten Woge gehört, der für ihn erscholl. So war denn, und das höchste Wesen möge jene Stunde für uns hinausschieben, eine Last auf jener Ebbe am Morgen jenes Tages.

Und auch dieses hört man noch. In dem trüben Dunkel, bevor im Morgengrau der Brachvogel schrie, hörte Eachainn eine Stimme, eine Stimme, die um das Haus ging wie ein blindes, gefesseltes Wesen.

Cha till, cha till, cha till mi tuille!«
(Nie kehr ich zurück, nie zurück, nie zurück!)

Der Sündenesser

Sünde:
Kostet dies Brot, den Stoff, und saget mir
Ist's Brot, ist's Fleisch?
(Die Sinne nahen)

Der Geruch:
Sein Geruch
Ist der Geruch des Brots.

Sünde:
Tastsinn, komm her. Du zitterst?
Sag, was ist's, was du hier tastest?

Der Tastsinn:
Brot.

Sünde:
Gesichtssinn, sage, was du unterscheidest
An diesem Gegenstand.

Das Gesicht:
Brot allein.
Calderon, Los Encantos de la Culpa

Ein feuchter Wind aus dem Süden irrte und taumelte durch den Seenebel, der über dem Ross hing. In all den Buchten und Einschnitten erscholl ein beständiges müdes Lecken des Wassers. Nirgends erklang ein anderer Laut.

So war es bei Tagesanbruch; so war es um Mittag; so war es jetzt, da der Abend dunkelte. Ein verworrenes Drängen und Fallen von Lauten in dem Schweigen bezeichnete die Stunde des Sonnenuntergangs. Brachvögel klagten in dem Nebel; auf den triefenden, muschelbedeckten Felsen kreischten die braunen Möwen und Meerschwalben oder stießen heisere, krächzende Schreie aus. Hin und wieder schwirrte der lang gezogene Ruf des Austervogels in die Luft hinaus, wie ein Echo, das blindlings an einer kahlen Klippenwand entlangfltiegt. Aus Stellen voller Seekraut, in denen die Flut schluchzte mit lang gezogenem gurgelndem Klagen, erklang von Zeit zu Zeit das Bellen einer Robbe.

Landeinwärts, bei dem Weiler Contullich, liegt ein schilfiger Bergsee, welcher der Loch-a-chaoruinn[22] genannt wird. Am Gestade dieses traurigen Gewässers schritt ein Mann dahin. Es war ein langsamer, müder Gang, der des Mannes Neil Roß. Er war von Duninch gekommen, das dreißig Meilen ostwärts liegt, und hatte seinen Fuß nicht ruhen lassen, noch gegessen, noch ein Wort gewechselt mit Mann oder Weib, seit er eine Stunde nach Morgengrauen gen Westen ging.

An der Biegung des Loch, die dem Clachan zunächst liegt, stieß er auf eine alte Frau, die Torf trug. Auf seine wiederholte Frage, wo er sei und ob der Bergsee Feur-Lochan oberhalb Fionnaphort sei, das an der Enge von Jona auf der Westseite des Ross von Mull liegt, gab sie zuerst keine Antwort. Der Regen träufelte über ihr welkes braunes Gesicht herab, über das die spärlichen grauen Locken schlaff herabhingen. Nur die tiefliegenden Augen waren es, in denen das Feuer des Lebens, obschon matt, noch flimmerte.

Der Mann hatte sich des Englischen bedient, als er zuerst sprach, aber gewissermaßen mechanisch. In der Annahme, dass er nicht verstanden worden sei, wiederholte er seine Frage auf Gälisch.

Nach minutenlangem Schweigen antwortete ihm die alte Frau in der heimischen Zunge, aber nur um eine Gegenfrage zu stellen.

»Ich denke, es ist eine lange Zeit, seit du auf Jona gewesen bist?«

Der Mann regte sich unruhig.

»Und wie kommt das, Mutter?«, fragte er mit einer schwachen Stimme, die heiser klang von Feuchtigkeit und Ermattung. »Wie kannst du wissen, dass ich überhaupt auf Jona gewesen bin?«

»Weil ich deine Magen und Sippen dort kannte, Neil Roß.«

»Ich habe manches lange Jahr hindurch diesen Namen nicht gehört. Und was dein altes Gesicht angeht, es ist mir unbekannt.«

»Trotz alledem, ich war dabei, als du den Namen bekamst. Wohl erinnere ich mich des Tages, an dem Silis Macallum dir das Leben schenkte; und ich war in dem Haus auf dem Pachthof von Ballyrona, als Murtagh Roß, der dein Vater war, lachte. Es war ein böses Lachen das.«

»Ich weiß es. Der Fluch Gottes komme über ihn.«

»'s ist nicht der erste noch der letzte, obwohl das Gras nun seit drei Jahren über seinem Haupt ist.«

»Du, die weiß wer ich bin, wirst wissen, dass ich keine Sippen noch Magen auf Jona mehr habe?«

»Ja, sie sind alle unter grauem Stein oder rinnender Woge. Donald, dein Bruder, und Murtagh, dein nächster Bruder, und klein Silis und deine Mutter Silis selbst, und die beiden Brüder deines Vaters, Angus und Jan Macallum, und dein Vater Murtagh Roß und sein rechtmäßiges Weib, die kinderlose Dionaid, und seine Schwester Anna – einer und alle liegen sie unter der grünen Woge oder in der braunen Erde. Man sagt, es liegt ein Fluch über allen, die auf Ballyrona wohnen. Die Eule baut jetzt in den Sparren, und die große Seeratte ist es, die über den feuerlosen Herd läuft.«

»Dorthin gehe ich.«

»Die Torheit liegt auf dir, Neil Roß.«

»Jetzt endlich erkenne ich, wer du bist. Es ist die alte Sheen Macarthur, zu der ich rede.«

»Tha mise … ich bin es.«

»Und auch du wirst jetzt allein sein, denke ich, Sheen?«

»Ich bin allein. Gott nahm meine drei Knaben bei einem Fischfang vor zehn Jahren; und bevor der Mond aufging in der Finsternis meines Herzens, ging mein Mann davon. Es war, nachdem Anndra ertrunken war; da wurde mir meine Kate genommen. Dann kreuzte ich den Sund und teilte mit meiner verwitweten Schwester Elsie Mc Vurie; bis sie davonging; und dann gingen die beiden Kühe hin; und ich hatte kein Einkommen und war alt.«

In dem Schweigen, das folgte, tröpfelte der Regen von dem durchweichten Farnkraut und der triefenden Sumpfdistel. Große Tränen rollten langsam die tiefen Falten auf dem Angesicht der Sheen hinab. Einmal war ein Schluchzen in ihrer Kehle, aber sie legte ihre zitternde Hand an dieselbe, und es verstummte.

Neil Roß trat unruhig von einem Fuß auf den anderen. Der Schlamm an jenem sumpfigen Ort sprudelte bei jeder der rastlosen Bewegungen, die er machte. Vor ihnen kreiste ein Regenpfeifer, ein undeutlicher Fleck in dem Nebel, und rief seinen klagenden Schrei wieder und wieder und wieder.

Es war kläglich anzuhören; ach, bittere Einsamkeit, bitteres Dulden armer, alter Frauen. Er kannte das wohl. Aber er war zu müde, und sein Herz war fast voll von seiner eigenen Bürde. Die Worte wollten nicht auf seine Lippen kommen. Aber endlich sprach er.

»Tha mo chridhe goirt«, sagte er mit Tränen in seiner Stimme, während er seine Hand auf ihre gebeugte Schulter legte; »das Herz tut mir weh.«

Sie erhob ihr altes Gesicht zu dem seinen.

»'s tha e ruidhinn mo chridhe«, flüsterte sie; »du rührest mein Herz.«

Danach schritten sie langsam weiter durch den triefenden Nebel, beide stumm und in tiefem Brüten.

»Wo wirst du diese Nacht bleiben?«, fragte Sheen plötzlich, als sie eine weite, moorige Strecke Landes durchquert hatten; als fiele es ihr nachträglich ein, fügte sie hinzu: »Ach, du fragtest vorhin, ob der Bergsee dort Feur-Lochan sei. Nein; er heißt Loch-a-chaoruinn, und der Clachan, der in der Nähe ist, ist Contullich.«

»In welcher Richtung?«

»Dort; zur Rechten.«

»Und du gehst nicht dorthin?«

»Nein. Ich gehe nach der Farm des Andrew Blair. Vielleicht kennst du sie? Sie wird le-Baile-na-Chlais-nambuidheag[23] genannt.«

»Ich erinnere mich nicht. Aber eines Blair erinnere ich mich wohl. Es war Adam, der Sohn des Adam, des Sohnes Roberts. Er und mein Vater taten manch eine böse Tat zusammen.«

»Ja, bei den Steinen sei es gesagt. Gewiss ist, selbst bis zu diesem müden Tag gab es niemand, weder Mann noch Weib, der ein gutes Wort für Adam Blair hatte.«

»Und warum das … warum bis zu diesem Tag?«

»Es ist noch nicht die dritte Stunde, seit er in das Schweigen ging.«

Neil Roß stieß einen Laut aus, der einem erstickten Fluch glich. Eine Zeit lang schleppte er sich müde weiter.

»Dann komme ich zu spät«, sagte er endlich, aber als spräche er zu sich selbst. »Ich hatte gehofft, ihn von Angesicht zu Angesicht wiederzusehen und ihm Auge in Auge zu fluchen. Er war es, der Murtagh Roß bewog, meiner Mutter die Treue zu brechen und jenes andre Weib zu heiraten, das noch dazu unfruchtbar war, Gott sei gepriesen! Und sie reden Schlechtes von ihm, nicht wahr?«

»Ja, es ist Übel, was auf ihm liegt. Dieses Verbrechen und jenes, weiß Gott; und der Schatten des Mordes auf seiner Stirn und in seinen Augen. Doch genug, genug, 's ist nicht gut, von einem Mann zu reden, der nun eine Leiche ist, und zwar in nächster Nähe. Nur Er selbst weiß es, Neil Roß.«

»Mag sein und mag nicht sein. Aber wo werde ich heute Nacht schlafen können, Sheen Macarthur?«

»Sie werden einen Fremden auf der Farm nicht aufnehmen in dieser Nacht der Nacht, denke ich. Es ist kein Ort sonst da noch für sieben Meilen, denn dort liegt der Clachan, bevor du nach Fionnaphort kommst. Da ist der warme Kuhstall, Neil, mein Mann; oder wenn du es bei meinem Torffeuer aushältst, so magst du rasten und willkommen sein, obwohl kein Bett für dich da ist und auch keine Speise, außer ein wenig Suppe, die übrig geblieben ist.«

»Und das wird auch genug für mich sein, Sheen; und Er selbst segne dich dafür.«

Und so geschah es.

Nachdem die alte Sheen Macarthur dem Wanderer Speise gegeben hatte – und karge Speise dazu, aber willkommene Gabe für einen fast Verschmachteten und wegen der herzlichen

Art, in der sie gegeben wurde, und wegen des Dankes gegen Gott, der darauflag, bevor noch ein Löffel erhoben wurde –, sagte sie ihm eine Lüge. Es war die wohlgemeinte Lüge zärtlicher Liebe.

»Sicherlich; rechtbesehen, Neil, mein Mann«, sagte sie, »sollte ich lieber auf der Farm schlafen, denn Maisie Macdonald, die weise Frau, wird bei dem Leichnam sitzen, und es wird niemand da sein, um ihr Gesellschaft zu leisten. Dorthin muss ich gehen; und wenn ich schläfrig bin, so ist dort ein gutes Bett für mich, gerade vor der Totenbahre, doch das kümmert mich durchaus nicht. So, wenn du es müde bist, am Torffeuer zu sitzen, lege dich auf meinem Bett dort nieder, und suche Schlaf; und Gott sei mit dir.«

Damit ging sie, und zwar lautlos, denn Neil Roß schlief bereits, wo er auf einer umgedrehten Claar saß, seine Ellenbogen auf den Knien und sein von der Glut erhelltes Gesicht in den Händen haltend.

Der Regen hatte aufgehört; aber der Nebel hing noch über dem Land, wiewohl jetzt in leichten Schleiern, die langsam seewärts trieben. Sheen schritt müde den steinigen Pfad entlang, der von ihrer Hütte nach dem Farmhaus führte. Einmal blieb sie stehen, und die Furcht lag auf ihr, denn sie sah drei oder vier unbestimmte gelbe Schimmer, die sich vor ihr, gen Osten, am Deich entlang bewegten. Sie wusste, was sie waren – die Leichenlichter, die in der Todesnacht zwischen der Bahre und der Begräbnisstätte hin und her gehen. Mehr als einmal hatte sie dieselben gesehen, vor der letzten Stunde, und hatte an diesem Zeichen erkannt, dass das Ende nahe sei.

Als gute Katholikin, die sie war, bekreuzte sie sich und fasste sich ein Herz. Dann murmelte sie

»Crois nan naoi aingeal leam
'O mhullach mc chinn

Gu craican mo bhonn.«
(Das Kreuz der neun Engel sei um mich,
von der Höhe meines Hauptes
Bis zu den Sohlen meiner Füße.)

und ging furchtlos ihres Weges.

Als sie zu dem weißen Haus kam, trat sie durch den Milchschuppen ein, der zwischen dem Kuhstall und der Küche war. Am Ende desselben war eine gepflasterte Stelle mit Waschzubern. An einem von diesen stand ein Mädchen, das im Haus diente – eine unwissende Dirne, Jessie Mc Fall genannt, aus Oban. Sie war unwissend, in der Tat, denn sie wusste nicht, dass es ein übles Tun war, Gewänder zu waschen mit einer jüngst verstorbenen Leiche in der Nähe. War es nicht eine Sache, die man wissen musste, dass der Leichnam hören konnte und in der Nacht aufstehen mochte, um sich in ein reines weißes Grabtuch zu kleiden.

Sie sprach noch zu dem Dirnlein, als Maisie Macdonald, die Totenwächterin, die Tür des Zimmers hinter der Küche öffnete, um zu sehen, wer es sei, der gekommen war. Die beiden alten Frauen nickten sich stumm zu. Nicht eher, als bis Sheen in dem verschlossenen Zimmer war, in dessen Mitte etwas, mit einem Bettuch bedeckt, auf einer Bahre lag, wurde irgendein Wort gesprochen.

»Duit sith mor, Beann Macdonald.«[24]

»Und tiefer Friede sei dir desgleichen, Sheen; und ihm, der dort ist.«

»Och, ochone, mise 'n diugh[25]; dies ist eine dunkle Stunde.«

»Ja, es ist schlimm. Hast du irgendetwas gehört oder gesehen?«

»Nun, was das angeht, so denke ich, ich sah Lichter sich bewegen zwischen hier und dem grünen Platz dort drüben.«

»Die Leichenlichter?«

»Nun, so pflegt man sie zu nennen.«

»Ich dacht es mir, dass sie draußen sein würden. Und ich habe das Schreien der Planken gehört – das Krachen der Bretter, weißt du, die morgen für den Sarg gebraucht werden sollen.«

Ein langes Schweigen folgte. Die alten Frauen hatten ihre Mäntel über den Kopf geschlagen und sich neben den Leichnam gesetzt. Im Zimmer brannte kein Feuer, und dasselbe war nur von einer hohen Totenkerze aus Wachs erhellt, die für die Stunde des Scheidens aufbewahrt worden war.

Endlich begann Sheen sich langsam hin und her zu wiegen, indem sie dabei leise summte. »Ich würde das nicht tun wollen, Sheen Macarthur«, sagte die Totenwächterin mit leiser Stimme, aber bedeutsam. Nach einem Moment des Schweigens fügte sie hinzu: »Alle Mäuse haben das Haus verlassen.«

Sheen setzte sich aufrecht, ein Ausdruck halb des Schreckens, halb der Ehrfurcht war in ihren Augen.

»Gott sei der sündigen Seele gnädig, die sich verbirgt«, flüsterte sie.

Sie wusste wohl, was Maisie meinte. Wenn die Seele des Toten eine verlorene Seele ist, so kennt sie ihr Urteil. Das Todeshaus ist das Haus der Zuflucht; aber vor dem Morgengrauen, das auf die Todesnacht folgt, muss die Seele hervorgehen, wer auch immer oder was auch immer ihrer harren mag in den heimlosen, schutzlosen Gefilden der Luft ringsum und in der Ferne. Wenn es mit der Seele gut steht, so braucht sie keine Furcht zu haben; wenn es nicht schlimm steht mit der Seele, mag sie in Sicherheit hinaustreten; aber wenn es mit der Seele schlimm steht, wird auch ihr Scheiden schlimm sein. So geschieht es, dass der Geist eines bösen Mannes nicht verweilen kann und doch nicht zu gehen wagt; und so ist er bestrebt, irgendwo an heimlichen Orten sich zu verbergen, in düsteren Gängen und fensterlosen Wänden, und die weisen Geschöpfe, die in des Menschen Nähe leben, wittern das Schrecknis und fliehen. Maisie wiederholte den Spruch der Sheen; dann, nach einem Schweigen, fügte sie hinzu:

»Adam Blair wird nicht in seinem Grab liegen für ein Jahr und einen Tag, wegen der Sünden, die auf ihm sind; und das wissen sie hier. Er wird der Wächter der Toren sein auf ein Jahr und einen Tag.«

»Ja gewiss, es werden dunkle Spuren sein im Morgentau dort drüben.«

Wiederum verfielen die alten Frauen in Schweigen. Durch die Nacht erklang ein seufzender Laut. Es war nicht die See, die zu weit entfernt war, um gehört zu werden, außer an einem Sturmtag. Der Wind war's, der sich über die durchweichten Moore schleppte wie ein verwundetes Wesen, klagend und seufzend.

Aus reiner Ermüdung schwankte Sheen zweimal in ihrem Stuhl vornüber, schwer von Schlaf. Endlich führte Maisie sie nach dem gegenüberliegenden Nischenbett und legte sie dort nieder und wartete, bis die tiefen Furchen im Antlitz etwas schlaffer wurden und der schwache Atem sich langsam über das herabgesunkene Kinn hinmühte.

»Armes altes Weib«, murmelte sie, unbekümmert um ihre eigenen grauen Haare und graueren Jahre. »Ein bitteres, arges Ding ist's, alt zu sein, alt und müde. Das macht der Kummer. Gott behüte uns vor seiner Qual!«

Sie selbst schlief in jener Nacht überhaupt nicht, sondern saß zwischen der Lebenden und dem Toten, in ihren Plaid gehüllt. Einmal, als Sheen in ihrem Schlaf einen leisen Schrei des Schreckens ausstieß, stand sie auf und rief mit lauter Stimme »Sheeach-ad! Fort mit dir!« Und dabei lüftete sie das Leichentuch des Toten und nahm die Pfennigstücke von den Augenlidern und lüftete jedes Lid; dann murmelte sie, in diese verschleierten Tiefen starrend, eine uralte Beschwörung, welche die Seele des Adam Blair zwingen sollte, den Sinn der Sheen in Ruhe zu lassen und zu dem kalten Leichnam zurückzukehren, der sein Sarg war, bis das Holz bereitet war.

Endlich kam das Morgengrauen. Sheen schlief, und Adam Blair schlief einen tieferen Schlaf, und Maisie starrte aus ihren verstörten, müden Augen nach der roten und ungestümen flackernden Lohe, die am Himmel aufstieg.

Als eine Stunde nach Sonnenaufgang Sheen Macarthur ihre Hütte erreichte, fand sie Neil Roß in tiefem Schlummer auf ihrem Bett. Das Feuer war nicht ausgegangen, obschon weder Flamme noch Funken sichtbar war; aber sie beugte sich nieder und blies in das Innere des Torfhaufens, bis die Röte hervorkam, und sobald sie kam, wuchs sie. Nachdem sie dieses getan hatte, kniete sie nieder und sagte eine Morgenrune und danach ein Gebet, und dann ein Gebet für Neil, den armen Mann. Sie konnte nicht weiter beten wegen der Tränen. Sie stand auf und schüttete Mehl und Wasser in den Topf zur Suppe, damit sie fertig wäre, wenn er erwachte. Eine der Hennen, die dort war, kam und pickte an ihrem zerfetzten Rocksaum. »Armes Tierchen«, sagte sie. »Gewiss, das ist gerade die Art, in der ich an dem weißen Kleid der Mutter Gottes zupfe. 's ist ein wenig Futter für dich, Gluckchen, und für mich eine heilende Hand auf meine Tränen. O, och, ochone, die Tränen, die Tränen!«

Nicht vor der dritten Stunde nach Sonnenaufgang an jenem rauen Tag in dem Winter der Winter war es, dass Neil Roß sich regte und aufstand. Er aß schweigend. Einmal sagte er, er wittere den Schnee, der aus dem Norden käme. Sheen sprach überhaupt kein Wort.

Nach der Suppe nahm er seine Pfeife, aber es war kein Tabak da. Alles, was Sheen hatte, war die Pfeife voll, die sie aufbewahrte für das Dunkel des Sabbats. Es war ihr einziger Trost in der langen, mühseligen Woche. Sie gab ihm das und hielt ein brennendes Torfstück an seinen Mund und beugte sich begehrlich über den dünnen, stark riechenden Rauch, der sich aufwärts kräuselte.

Etwa eine halbe Stunde vor Mittag kehrte sie nach einer Abwesenheit zurück.

»Nicht als ob es zwischen dir und mir darauf ankäme, Neil Roß«, begann sie plötzlich, »sondern nur um zu fragen, und wegen dessen, was vor dir liegt. Hast du irgendwelches Geld bei dir?«

»Nein.«

»Nichts?«

»Nichts.«

»Wie willst du dann nach Jona hinüberkommen? Es sind sieben lange Meilen bis Fionnaphort, und dazu ist es bitterkalt, und du wirst Speise brauchen, und dann die Überfahrt, die Überfahrt über den Sund, weißt du.«

»Ja, ich weiß.«

»Was würdest du tun für ein Silberstück, Neil, mein Mann?«

»Du hast keins, um es mir zu geben, Sheen Macarthur; und wenn du es hättest, so würde ich es nicht nehmen.«

»Würdest du für ein Kronenstück, ein Kronenstück von fünf guten Schillingen, einen Toten küssen?«

Neil Roß starrte. Dann sprang er auf seine Füße.

»Es ist Adam Blair, den du meinst, Weib! Gott verfluche ihn im Tod, nun, da er nicht mehr am Leben ist!«

Dann setzte er sich wieder nieder, bebend und zitternd, und blickte brütend in die trübe rote Glut des Torffeuers.

Aber als er aufstand, in der letzten Viertelstunde vor Mittag, war sein Gesicht weiß.

»Die Toten sind tot, Sheen Macarthur. Sie können nichts wissen oder tun. Ich will es tun. Es ist so bestimmt. Ja, ich gehe hinauf nach dem Haus dort. Und jetzt gehe ich fort von hier. Gott selbst empfängt meinen Dank für dich und meinen Segen dazu. Sie werden zu dir zurückkehren. Denk nicht, dass ich dich vergessen werde. Lebe wohl.«

»Lebe wohl, Neil, Sohn der Frau, die meine Freundin war. Ein Südwind möge dir wehen. Geh hinauf nach der Farm. An der Vorderseite des Hauses wirst du sehen, was du sehen wirst. Maisie Macdonald wird dort sein. Sie wird dir sagen, was zu sagen ist. Es ist kein Leid dabei, gewiss; gewiss, die Toten sind tot. Und ich werde für dich beten, Neil Roß. Friede sei mit dir!«

»Und mit dir, Sheen.«

Und damit ging der Mann davon.

Als Neil Roß die Kuhställe der Farm in der weiten Senke erreichte, sah er zwei Gestalten, die standen, als erwarteten sie ihn, aber abgesondert und ungesehen voneinander. Vor dem Haus war ein Mann, in dem er Andrew Blair erkannte; hinter dem Milchschuppen war eine Frau, von der er vermutete, dass sie Maisie Macdonald sei.

Die Frau war's, auf die er zuerst stieß.

»Bist du der Freund von Sheen Macarthur?«, fragte sie im Flüsterton, indem sie ihn durch einen Wink nach dem Torweg wies.

»Der bin ich.«

»Ich weiß keinen Namen noch sonst etwas. Und niemand hier wird dich kennen, denke ich. So tue es und mach dich fort.«

»Es ist kein Leid dabei?«

»Keines.«

»Es ist eine Sache, die oft getan wird, nicht wahr?«

»Ja, gewiss.«

»Und das Übel verweilt nicht?«

»Nein. Die … die … Person … die Person nimmt sie fort, und …«

»Sie?«

»Gewiss, Mann! Sie … die Sünden des Leichnams. Er nimmt sie fort; und kannst du denken, Gott würde den Unschuldigen leiden lassen für den Schuldigen? Nein … die Person … der Sündenesser, weißt du … nimmt sie fort auf sich selbst, und eine nach der anderen wäscht die Himmelsluft sie fort, bis er, der Sündenesser, rein und unversehrt ist wie zuvor.«

»Aber wenn es ein Mann ist, den man hasst … wenn der Leichnam die Leiche jemandes ist, der ein Fluch und ein Feind gewesen ist … wenn …«

»Sst! Sei jetzt still mit deiner Narrheit. Es ist nur ein müßiges Gerede, denke ich. Tu es, und nimm das Geld und geh. Es wird Hölle genug für Adam Blair sein – Geizhals, der er war –, wenn er es wissen sollte, dass fünf gute Schillinge von seinem Geld an einen vorüberziehenden Vagabunden übergehen sollen, wegen einer alten, grauen, albernen Geschichte.«

Neil Roß lachte leise darüber. Es machte ihm Vergnügen.

»Still doch! Andrew Blair wartet dortherum. Sage, ich habe dich herumgeschickt, da ich weder Bissen noch Brocken zu geben habe.«

Neil drehte sich kurz um und schritt langsam herum nach der Vorderseite des Hauses. Ein hochgewachsener Mann war dort, hager und braun, mit bartlosem Gesicht und schlaffem braunem Haar, aber mit Augen kalt und grau wie die See.

»Guten Tag dir und gute Reise. Ziehst du diese Straße vorüber irgendwohin?«

»Mag es dir wohl gehen. Ich bin hier ein Fremdling. Auf meinem Weg nach Jona bin ich. Aber ich habe den Hunger auf mir. Es ist nicht ein brauner Brocken in meiner Tasche. Ich bat an der Tür dort, nahe den Kuhställen. Die Frau sagte mir, sie könne mir nichts geben, auch nicht einen Pfennig, so leid es ihr täte – ja nicht einmal einen Trunk warmer Milch. Es ist ein karges Land hier.«

»Du sprichst das Gälisch der Inseln. Bist du von Jona?«

»Ich komme von den Inseln des Westens.«

«Von Tiree? … von Coll?«

»Nein.«

»Von der Langen Insel … oder von Uist … oder vielleicht von Benbecula?«

»Nein.«

»Schon gut, gewiss, mir kommt es nicht darauf an. Aber darf ich nach deinem Namen fragen?«

»Macallum.«

»Weißt du, dass ein Todesfall hier ist, Macallum?«

»Wüsste ich es nicht, so würde ich es jetzt wissen, wegen dessen, was dort liegt.«

Andrew Blair blickte mechanisch hinter sich. Wie er wusste, war eine rohe Bahre dort, die aus einem Leichenbrett hergestellt war, das man auf drei Milchschemel gelegt hatte. Neben ihr stand eine Claar, eine kleine Wanne, um Kartoffeln aufzunehmen. Auf der Bahre lag eine Leiche, bedeckt mit einem Leinwandtuch, das wie ein Segel aussah.

»Er war ein würdiger Mann, mein Vater«, begann der Sohn des Toten langsam; »aber er hatte seine Fehler, wie wir alle. Ich möchte sogar sagen, dass er seine Sünden hatte, bei den Steinen sei es gesagt. Du wirst wissen, Macallum, was unter dem Volk gedacht wird … dass ein Fremdling, der vorbeizieht, die Sünden des Toten wegnehmen kann, und zwar ohne irgendeinen Schaden, was es auch sei … irgendeinen Schaden, was es auch sei.«

»Ja, gewiss.«

»Und du wirst wissen, was getan wird?«

»Ja.«

»Mit dem Brot … und dem Wasser …?«

»Ja.«

»Es ist ein Geringes, es zu tun. Es ist eine christliche Tat. Ich würde es selbst tun, und das mit Freuden, aber der … der … Vorüberziehende, welcher …«

»Es ist der Sündenesser, von dem du redest?«

»Ja, ja, gewiss. Der Sündenesser, wie er genannt wird – und eine gute, christliche Handlung ist es, trotzdem die Geistlichen und die Priester die Stirn darüber runzeln –, der Sündenesser muss ein Fremdling sein. Er muss ein Fremdling sein und sollte nichts von dem Toten wissen, vor allem keinen Groll gegen ihn hegen.«

Hier leuchteten Neil Roß' Augen für einen Moment auf.

»Und warum das?«

»Wer weiß? Ich habe dies gehört und ich habe das gehört. Wenn der Sündenesser den Toten hasste, so könne er die Sünden nehmen und dieselben in die See schleudern, und sie würden in Dämonen der Luft verwandelt werden, welche die fliehende Seele quälen würden bis zum Tag des Gerichts.«

»Und wie würde das getan werden?«

Der Mann sprach mit funkelnden Augen und geöffneten Lippen, und sein Atem ging rasch. Andrew Blair blickte ihn argwöhnisch an und zögerte, bevor er, mit einer kalten Stimme, von Neuem sprach.

»Das ist alles Torheit, denke ich, Macallum. Vielleicht ist es alles Torheit, die ganze Sache. Aber, sieh einmal, ich habe keine Zeit, mit dir zu plaudern. Wenn du das Brot und das Wasser nehmen willst, so sollst du ein gutes Mahl erhalten, wenn du es wünschest, und … und … ja, schau her, mein Mann, ich will dir einen Schilling obendrein geben, als Glücksgeld.«

»Ich will in diesem Haus kein Mahl einnehmen, Anndramhic-Adam; noch werde ich dieses tun, es sei denn, dass du mir zwei silberne halbe Kronen gibst. Das ist die Summe, die ich haben muss, und keine andere.«

»Zwei halbe Kronen! Nun, Mann, für eine halbe Krone …«

»Dann iss die Sünden deines Vaters selbst, Andrew Blair! Ich gehe.«

»Halt, Mann! Halt, Macallum. Sieh hier: Ich will dir geben, was du forderst.«

»So sei es. Ist der … Bist du bereit?«

»Ja, komm diesen Weg.«

Damit wendeten sich die beiden Männer um und schritten langsam auf die Bahre zu.

In dem Torweg des Hauses standen ein Mann und zwei Frauen; weiter im Inneren eine Frau; und an dem Fenster zur Linken die Dienstmagd, Jessie Mc Fall, und zwei Männer von der Farm. Von denen im Torweg war der Mann Peter, der schwachsinnige jüngste Bruder des Andrew Blair; die stattlichere und ältere Frau war Catreen, die Witwe Adams, des zweiten Bruders; und die kleine schmächtige Frau mit stieren Augen und herabhängendem Mund war Muireall, das Weib Andrews. Die alte Frau hinter diesen war Maisie Macdonald.

Andrew Blair bückte sich und nahm einen Napf aus der Claar. Diesen stellte er auf die verhüllte Brust des Leichnams. Er bückte sich wieder und brachte ein dickes viereckiges Stück frisch gebackenen Brotes zum Vorschein. Auch dies legte er auf die Brust des Leichnams. Dann bückte er sich wieder und schüttete dabei einen Löffel voll Salz neben dem Brot aus.

»Ich muss den Leichnam sehen«, sagte Neil Roß einfach.

»Es ist nicht nötig, Macallum.«

»Ich muss den Leichnam sehen, sage ich dir – und sodann, auch das Brot und das Wasser sollte auf der nackten Brust sein.«

»Nein, nein, Mann; es …«

Aber da drang eine Stimme, die der Maisie, der weisen Frau, zu ihnen und sagte, der Mann habe recht und das Essen der Sünden solle in dieser Weise getan werden und in keiner anderen.

Mit lebhaftem Widerstreben zog der Sohn des Toten das Laken zurück. Unter ihm lag der Leichnam in einem reinen weißen Hemd, einem Totenkleid, das vor langer Zeit bereitet worden war, ihn vom Nacken bis zu den Füßen einhüllte und nur das düstere gelbliche Antlitz frei ließ.

Während Andrew Blair das Hemd öffnete und den Napf und das Brot und Salz auf die Brust legte, stand der Mann neben ihm da und starrte unverwandt auf die eisig harten Gesichtszüge des Leichnams. Der neue Gutsherr musste ihn zweimal anreden, bevor er hörte.

»Ich bin bereit. Und du? Nun, was ist es, das du hinübermurmelst nach den Lippen des Toten?«

»Ich gebe ihm nur eine Botschaft. Es ist kein Leid dabei, sicherlich!«

»Halte dich an deine eigenen Leute, Macallum. Du bist aus dem Westen, sagst du, und wir sind aus dem Norden. Es kann keine Botschaften geben zwischen dir und einem Blair von Strathmore, keine Botschaften, die du ihm geben könntest.«

»Er, der hier liegt, kennt sehr wohl den Mann, an den ich eine Botschaft sende«, und bei dieser Antwort blickte Andrew Blair düster und mürrisch. Er hätte den Mann gern seiner Wege gehen heißen, aber er fürchtete, er würde keinen anderen bekommen.

»Ich denke jetzt, du bist überhaupt kein Macallum. Ich kenne alle dieses Namens auf Mull, Jona, Skye und den nahegelegenen Inseln. Welches mag der Name sein, mit dem du genannt bist, und der deines Vaters und seines Wohnortes?«

Ob er wirklich eine Antwort wünschte oder ob er nur versuchte, den Mann von seiner Verzögerung abzulenken, seine Frage hatte ein befriedigendes Ergebnis.

»Gut, ich bin jetzt bereit, Anndra-mhic-Adam.«

Darauf bückte sich Andrew Blair nochmals und entnahm der Claar einen kleinen Wasserkrug. Aus diesem füllte er den Napf.

»Du weißt, was zu sagen und was zu tun ist, Macallum.«

Nicht einer war da, dem nicht der Atem stockte wegen des Mysteriums, das jetzt vor ihnen geschah, und wegen seiner Furchtbarkeit. Neil Roß richtete sich hoch auf, steif und gerade, mit weißem gespannten Gesicht. Alle, die warteten, außer Andrew Blair, dachten, dass seine Lippen sich bewegten infolge des Gebetes, das über sie hinglitt, wie das letzte Fallen der Ebbe. Aber Blair beobachtete ihn scharf und wusste, dass es kein Gebet war, das sich in die blasse Luft hervorstahl, die um den Toten war.

Langsam streckte Neil Roß seinen rechten Arm aus. Er nahm eine Prise von dem Salz und streute sie in den Napf, nahm dann eine andere Prise und sprengte sie auf das Brot. Seine Hand zitterte einen Augenblick, als er den Napf berührte. Aber sie zitterte nicht, als er ihn zu seinen Lippen führte oder als er ihn vor sich hielt, während er sprach.

»Mit diesem Wasser, das Salz in sich hat und auf deinem Leichnam gestanden hat, o Adam mhic Anndra mhic-Adam Mor, trinke ich fort alles Übel, das auf dir liegt …«

Lautloses Schweigen herrschte, während er innehielt.

»Und möge es auf mir sein und nicht auf dir, wenn es nicht mit diesem Wasser davonfließen kann.«

Darauf erhob er den Napf und führte ihn in der Richtung der Sonnenbahn dreimal um das Haupt des Leichnams; und nachdem er dieses getan hatte, hob er ihn an seine Lippen und trank so viel, wie sein Mund fassen konnte. Danach goss er den Rest über seine linke Hand und ließ ihn auf den Boden träufeln. Dann nahm er das Stück Brot. Auch dieses führte er dreimal in der Richtung der Sonnenbahn um das Haupt des Leichnams.

Er wendete sich um und blickte auf den Mann an seiner Seite, dann auf die übrigen, die ihn mit klopfenden Herzen beobachteten.

Mit lauter, klarer Stimme nahm er die Sünden.

»Thoir dhomh do ciontachd, o Adam mhic Anndra mhic Adam Mor! Gib mir deine Sünden, dass ich sie von dir nehme! Siehe, jetzt, wie ich hier stehe, breche ich dieses Brot, das auf dir, dem Leichnam, gelegen hat, und ich esse es, das tue ich, und mit diesem Essen nehme ich deine Sünden auf mich, o Mann, der lebend war und jetzt weiß ist von der Stille!«

Darauf brach Neil Roß das Brot und aß davon und nahm auf sich die Sünden des Adam Blair, der tot war. Es war das ein bitteres Schlingen. Den Rest des Brotes zerkrümelte er in seiner Hand und warf ihn auf den Boden und trat darauf. Andrew Blair stieß einen Seufzer der Erleichterung aus. Seine kalten Augen leuchteten vor Bosheit.

»Nun pack dich fort, Macallum. Wir brauchen keine Landstreicher hier auf der Farm, und vielleicht wäre es besser, wenn du gar nicht versuchtest, diesseits von Jona Arbeit zu bekommen; denn als der Sündenesser wirst du bekannt sein, und das wird dir nicht förderlich sein, denke ich! Da; da sind die beiden halben Kronen für dich … und mögen sie dir kein Leid bringen, dir, der du jetzt Sündenbock bist!«

Der Sündenesser wendete sich bei diesen Worten um und starrte wie ein Bergstier. Sündenbock! Ja, das war er in der Tat. Sündenesser, Sündenbock! War er nicht zugleich ein zweiter Judas, dass er für Silber verkauft hatte, was nicht verkauft werden durfte? Nein, nein, gewiss konnte Maisie Macdonald ihm die Rune sagen, die dazu dienen würde, seine Last zu erleichtern. Er würde bald ihrer ledig sein.

Langsam nahm er das Geld, drehte es um und steckte es in seine Tasche.

»Ich gehe, Andrew Blair«, sagte er ruhig, »ich gehe jetzt. Ich will zu ihm, der dort in dem Schweigen ist, nicht sagen: A chuid do Pharas da! – noch will ich zu dir sagen: Gu'n gleidheadh Dia thu – noch will ich zu dieser Wohnstätte, die dein und der Deinen Heim ist, sagen: Gu'n beannaicheadh Dia an tigh!«[26]

Hier entstand eine Pause. Alle lauschten. Andrew Blair rückte unruhig hin und her, während seine verstohlenen Blicke hierhin und dorthin fuhren, wie ein Frettchen im Gras.

»Aber, Andrew Blair, dieses will ich sagen: Wenn du in der Fremde reisest, Droch caoidh ort! und wenn du auf dem Wasser fährst, Gaoth gun direadh ort! Ja, ja, Anndra-mhic-Adam, Dia ad aghaidh 's ad aodann … agus bas dunach ort! Dhonas 's dholas ort, agus leat-sa.«[27]

Die Bitterkeit dieser Worte fiel wie Schnee im Juni auf alle dort. Sie standen bestürzt. Keiner sprach. Niemand regte sich.

Neil Roß drehte sich kurz um, und mit einem hellen Leuchten in seinen Augen schritt er fort von dem Toten und den Lebenden. Er ging an den Kuhställen herum, von wo er gekommen war. Andrew Blair blieb, wo er war, indem er bald düster auf den Leichnam blickte, bald seine Nägel biss und nach dem feuchten Rasen an seinen Füßen starrte.

Als Neil das Ende des Milchschuppens erreichte, sah er Maisie Macdonald dort warten.

»Das waren üble Worte von dir, Neil Roß«, sagte sie mit leiser Stimme, damit sie vom Haus her nicht belauscht würde.

»So, kennst du mich denn?«

»Sheen Macarthur erzählte mir.«

»Ich habe guten Grund.«

»Das ist ein wahres Wort. Ich weiß es.«

»Sage mir Folgendes. Welches ist die Rune, die gesagt wird, um die Sünden des Toten in die See zu werfen? Sieh hier, Maisie Macdonald. Es gibt kein Geld von jenem Mann, das ich eine Meile mit mir tragen wollte. Hier ist es. Es ist dein, wenn du mir jene Rune sagen willst.«

Maisie nahm das Geld zögernd. Dann, sich verbeugend, sagte sie langsam die wenigen Zeilen der alten, alten Rune.

»Wirst du dich dessen erinnern?«

»Ich werde es nicht vergessen, Maisie.«

»Warte einen Augenblick. Es ist etwas warme Milch hier.«

Damit ging sie und winkte ihm dann von innen, einzutreten.

»Es ist niemand hier, Neil Roß. Trink die Milch.«

Er trank; und während er so tat, zog sie einen Lederbeutel von irgendeiner versteckten Stelle in ihrer Kleidung.

»Und jetzt habe ich dir dieses zu geben.«

Sie zählte zehn Pfennige und zwei Heller auf.

»Es ist alles Kupfergeld, das ich habe. Es steht dir gern zu Diensten. Nimm es, Freund meiner Freundin. Es wird dir die Speise verschaffen, die du brauchst, und die Fähre über den Sund.«

»Ich will das tun, Maisie Macdonald, und Dank sei dir. Ich will es nicht vergessen, und auch dich nicht, gute Frau. Und jetzt sage mir, bin ich auch sicher? Er nannte mich einen ›Sündenbock‹; er, Andrew Blair! Kann Übel mich treffen zwischen hier und der See?«

»Du musst zu dem Ort gehen, wo das Übel an dir und den Deinen getan ward – und ich weiß, das ist auf der Westseite von Jona. Geh, und Gott schütze dich. Aber hier ist auch ein Sian, der Sicherheit gewährt.«

Darauf sagte sie mit raschem Murmeln folgenden Zauber: einen alten, bekannten Sian gegen plötzliches Leid:

»Sian a chuir Moire air Mac ort,
Sian ro' marbhadh, sian ro' lot ort,
Sian eadar a' chlioch 's a ghlun,
Sian nan Tri ann an aon ort,
O mhullach do chinn gu bonn do chois ort:
Sian seachd eadar a h-aon ort,
Sian seachd eadar a dha ort,
Sian seachd eadar a tri ort,

Sian seachd eadar a ceithir ort,
Sian seachd eadar a coig ort,
Sian seachd eadar a sia ort,
Sian seachd paidir nan seach paidir dol deiseil ri
diugh narach ort, ga do ghleidheadh bho
bheud 's bho mhi-thapadh!«[28]

Kaum hatte sie geendigt, als sie schwere Schritte herannahen hörte.

»Fort mit dir«, flüsterte sie und wiederholte in lautem, ärgerlichem Ton: »Fort mit dir! Seachad! Seachad!«

Und gleichzeitig glitt Neil Roß aus dem Milchschuppen und durchquerte den Hof und war hinter den Kuhställen, bevor Andrew Blair mit finsterer Miene und raschen, wilden Blicken vom Haus heranschritt.

Mit einem grimmigen Lächeln auf seinem Gesicht trat Neil das nasse Heidekraut nieder, bis er die Landstraße erreichte, und von dort ging er wie durch einen Sumpf wegen der Regengüsse, die gefallen waren.

Während der ersten Meile dachte er an den zornigen Sinn des Toten, der erbittert sei über das Zahlen des Silbers. Während der zweiten Meile dachte er an das Übel, das ihm und den Seinen angetan worden war. Während der dritten Meile grübelte er über alles, was er an jenem Tag gehört und getan und auf sich genommen hatte.

Dann setzte er sich auf einer zerborstenen Granitmasse am Weg nieder und brütete tief, bis eine Stunde dahinging, und dann noch eine, und die dritte über ihm war.

Ein Mann, der zwei Kälber trieb, kam aus dem Westen zu ihm heran. Er hörte nicht, noch sah er. Der Mann blieb stehen; sprach von Neuem. Neil gab keine Antwort. Der Viehtreiber zuckte mit den Schultern, zauderte und schritt langsam weiter, indem er oft zurückblickte.

Eine Stunde später kam ein Schäfer des Weges, den er selbst gewandert war. Es war ein hoher, hagerer Mann, der auf einem Auge schielte. Die kleinen blassblauen Augen funkelten aus einer Masse roten Haares, die fast sein Gesicht verhüllte. Er stand Neil gegenüber still und lehnte auf seinem Cromak.[29]

»Latha math leat«, sagte er endlich: »Ich wünsche dir guten Tag.«

Neil sah nach ihm hin, sprach aber nicht.

»Wie ist dein Name, denn mir scheint, ich kenne dich?«

Aber Neil hatte ihn bereits vergessen. Der Schäfer nahm seine Schnupftabaksdose heraus, langte zu und reichte die Dose dem einsamen Wanderer. Neil griff mechanisch zu.

»Am bheil thu 'dol do Fhionphort?«, begann der Schäfer von Neuem das Verhör: »Gehst du nach Fionnaphort?«

»Tha mise 'dol a dh' I-challum-chille«, antwortete Neil mit einer leisen, müden Stimme und wie ein Träumender: »Ich bin auf dem Weg nach Jona.«

»Ich denke, ich weiß jetzt, wer du bist. Du bist der Macallum.«

Neil blickte auf, sprach aber nicht. Seine Augen schweiften träumend zu dem, was der andere nicht sehen noch wissen konnte. Der Schäfer rief ärgerlich seinen Hunden, damit sie die abirrenden Schafe zurückhielten; dann wendete er sich mit unwilliger Miene zu seinem Opfer.

»Du bist ein schweigsamer Mensch, gewiss, das bist du. Ich hoffe, dass nicht bereits der Fluch auf dir ist.«

»Was für ein Fluch?«

»Ah, das hat den Windstoß in den Nebel gebracht! Das dachte ich mir!«

»Was für ein Fluch?«

»Du bist der Mann, der dort drüben der Sündenesser war?«

»Ja.«

»Der Macallum?«

»Ja.«

»Das ist seltsam, denn vor drei Tagen sah ich dich in Tobermory und hörte, dass du einem Jona-Mann, der dort war, deinen Namen als Neil Roß angabst.«

»Nun?«

»O gewiss, mich geht das nichts an. Aber man sagt, der Sündenesser sollte nicht ein Mann sein, der ein geheimes Päckchen in seinem Bündel hat.«[30]

»Warum?«

»Denn die Toten wissen es und sind zufrieden. Es gibt dann kein Abschütteln von Sünden – für jenen Mann.«

»Es ist eine Lüge.«

»Mag sein und mag nicht sein.«

»Nun, hast du mir noch mehr zu sagen? Ich bin dir verbunden für deine Gesellschaft, aber – ohne dich beleidigen zu wollen – ich brauche sie nicht.«

»Och, Mann, das ist keine Beleidigung zwischen dir und mir. Gewiss, auch in mir ist Jona; denn der Vater meines Vaters heiratete eine Frau, welche die Enkelin des Tomais Macdonald war, der ein Fischer dort war. Nein, nein; ich möchte dich vielmehr warnen.«

»Und weswegen?«

»Nun, nun, nur wegen jenes Lachens, von dem ich hörte.«

»Was für ein Lachen?«

»Das Lachen des Adam Blair, der tot ist.«

Neil Roß starrte mit großen und wilden Augen. Er beugte sich ein wenig vor. Er sprach kein Wort. Der Ausdruck, der auf seinem Gesicht lag, enthielt die Frage.

»Ja; es war folgendermaßen. Gewiss, ich erzähle es gerade so, wie ich es hörte. Nachdem du die Sünden des Adam Blair aßest, brachten die Leute dort den Sarg heraus. Als sie ihn hineinlegten, war er so steif wie ein erfrorenes Schaf im

Schnee – und dazu, gerade wie ein solches, mit weit geöffneten Augen. Nun, irgendjemand sah dich über die Heide trotten, die Halde hinunter, die vor dem Haus liegt, und sagte: ›Es ist der Sündenesser!‹ Da lächelte Andrew Blair höhnisch und sagte: ›Ja, es ist freilich der Sündenbock!‹ Dann, nach einiger Zeit, fuhr er fort: ›Den Sündenesser nennen sie ihn; ja, gerade so; und ein bitter guter Handel ist es überdies, wenn alles wahr ist, was für wahr gehalten wird!‹ Und dabei lachte er, und dann lachte sein Weib, das hinter ihm stand, und dann …«

»Nun, was dann?«

»Nun, Er selbst hört es und weiß, ob es wahr ist! Aber dies ist es, was mir erzählt wurde: Auf jenes Lachen folgte eine Stille und ein Schreck. Denn alle dort sahen, dass der Leichnam seinen Kopf gedreht hatte und dir nachsah, während du die Heide hinabgingst. Dann, Neil Roß, wenn das dein wahrer Name ist, richtete Adam Blair, der tot war, sein weißes Gesicht zum Himmel empor und lachte.«

Da sprang Neil Roß mit einem keuchenden Schluchzen auf seine Füße.

»Es ist eine Lüge, das!«, schrie er, indem er seine Faust gegen den Schäfer schüttelte. »Es ist eine Lüge!«

»Es ist keine Lüge. Und demgemäß schauderte Andrew Blair weiß und bebend zurück, und seine Frau überkam die Ohnmacht, und wer weiß, ob der Leichnam nicht wieder zum Leben zurückgekehrt wäre ohne Maisie Macdonald, die Totenwächterin, die eine Handvoll Salz auf seine Augen warf und den Sarg umkippte, sodass sein hinteres Ende vorwärts glitt und so das Ganze flach auf den Erdboden fiel, während Adam Blair seitwärts darin lag und wahrscheinlich fluchte und stöhnte, wie es seine Gewohnheit war, wegen des Stoßes, den sowohl seine alten Gebeine als auch seine alte, alte Würde erlitten hatte.«

Roß starrte den Mann an, als wäre der Wahnsinn auf ihm. Furcht und Grausen und wilde Wut schüttelte ihn bald hin und bald her.

»Wie mag dein Name sein, Schäfer?«, stotterte er heiser.

»Eachainn Gilleasbuig bin ich für uns; und das Englische dafür, unter denen, die kein Gälisch können, ist Hektor Gillespie; und ich bin Eachainn mac Jan mac Alasdair von Strathsheean, das dort liegt, wo Sutherland sich gegen Ross hinzieht.«

»Dann nimm dies Ding – und das ist der Fluch des Sündenessers! Und ein bitterböses Ding möge es sein auf dir und den Deinen.«

Und damit warf Neil, der Sündenesser, seine Hand in die Luft empor und sprang dann an dem Schäfer vorüber und lief eine Minute darauf durch die erschreckten Schafe, den Kopf gesenkt und weißen Schaum auf seinen Lippen und seine Augen rot von Blut gleich denen einer Robbe, welche die Todeswunde an sich hat.

Am dritten Tag des siebten Monats nach jenem Tag erzählte Aulay Macneill, als er von der Westseite des Eilands nach Balliemore auf Jona kam, dem alten Ronald Mac Cormick, welcher der Vater seines Weibes war, dass er Neil Roß wiedergesehen habe und dass er »abwesend« sei – denn obwohl er zu ihm gesprochen hatte, wollte Neil nicht antworten, sondern blickte ihn nur düster an von dem nassen, mit Unkraut bedeckten Felsen, auf dem er saß.

Die Rückkehr des Mannes hatte jede Zunge gelöst, die auf Jona war. Als überdies bekannt wurde, dass er in irgendeiner schrecklichen Weise heimgesucht, wenn nicht tatsächlich wahnsinnig sei, flüsterten die Inselleute, es sei wegen der Sünden des Adam Blair. Selten oder niemals mehr nannten sie ihn bei seinem Namen, sondern sprachen von ihm einfach als »dem Sündenesser«. Die Sache geschah nicht so selten, dass sie ein so ungewöhnliches Verhalten verursachen konnte, auch hielten nicht viele (und vielleicht hielt keiner) es für wahrscheinlich oder für möglich, dass die Sünden des Toten jemals bei dem Lebenden verharren könnten, der nur ein gutes Werk christlicher Liebe vollbracht hatte. Aber es war Grund vorhanden.

Nicht lange, nachdem Neil Roß wieder nach Jona gekommen war und sich in dem verfallenen, dachlosen Haus auf der Hufe von Ballyrona niedergelassen hatte, ganz wie ein Fuchs oder eine Wildkatze, wie das Gerede ging, erhielt er Fischerarbeit zu tun von Aulay Macneill, der in Ard-an-teine wohnte, an dem felsigen Nordende der Machar oder Ebene, die an der westlichen atlantischen Küste der Insel liegt.

In einer mondhellen Nacht, entweder der siebten oder der neunten, nachdem Adam Blair an seiner eigenen Stätte am Ross beerdigt worden war, sah Aulay Macneill, dass Neil Roß sich aus dem Schatten von Ballyrona hervorstahl und auf die See zuschritt. Macneill war dort an den Felsen und besserte einen Hummerkorb aus. Er war dorthin gegangen vor Schwermut. Nun, als er den Sündenesser sah, beobachtete er ihn.

Neil kroch von Fels zu Fels, bis er den letzten Hauer erreichte, der die See zu Gischt schlägt, wenn die Flut an dem Land saugt, das gerade gegenüberliegt.

Dann rief er laut etwas, das Aulay Macneill nicht verstehen konnte. Dabei springt er auf und wirft seine Arme über den Kopf empor.

»Dann«, sagt Aulay, wenn er die Geschichte erzählt, »war er wie ein Gespenst. Der Mondschein lag auf seinem Gesicht wie das Gekräusel einer Woge. Weiß! Es gibt keine Weiße gleich der des menschlichen Angesichts. Es war weißer als der Schaum um das Riff, fürwahr; weißer als der leuchtende Mond; weißer als … nun, so weiß wie die gemalten Buchstaben an den schwarzen Borden der Fischerboote. Dort stand er, trotzdem die See rings um ihn war, die regellosen Wellen wild hüpften und überdies die Flut gerade stieg. Er zitterte wie ein Segel zwei Striche vom Wind. Dann geschah, dass er, ganz plötzlich, mit weibischer, kreischender Stimme rief: »Ich werfe die Sünden des Adam Blair mitten unter euch, weiße Hunde der See! Ertränkt sie, zerreißt sie, schleift sie fort hinaus in die schwarzen Tiefen! Ja, ja, ja, ihr tanzend wilden Wogen, dies ist das drittemal, dass ich es tue, und jetzt ist keine übrig; nein, nicht eine Sünde, nicht eine Sünde!

O-hi, o-ri, dunkle Flut der See,
Eines Toten Sünden gebe ich dir!
Bei den Steinen, beim Feuer, beim Baume, beim Wind,
Mach mich frei, mach mich frei von des Toten Sünd!
Adam mhic Anndra mhic Adam und mich,
Mach uns frei! Mach uns frei!

Ja, fürwahr, der Sündenesser sang das wieder und wieder; und nach dem dritten Singen schwenkte er seine Arme und kreischte:

Und lauschet mir, Schwarze Wasser und Rinnende Flut,
Jene Run ist die gute Rune, die mir Maisie,
die Weise, gesagt,
Und ich bin Neil, der Sohn der Silis Macallum
Und des bösen Murtagh Roß mit
dem schwarzen Herzen,
Der Freund war des Adam Mac Anndra,
den Gott strafe!

Und dabei kletterte er weiter und fiel in die See. Aber so wahr ich Aulay mac Luais bin und kein anderer, in einem Augenblick kam er wieder nach oben und schwamm wie eine Robbe, und dann eilte er wieder über die Felsen und nochmals davon, nach jener einsamen ungedeckten Stätte zurück, indem er zuweilen wild lachte und murmelte und flüsterte.«

Es war diese Erzählung des Aulay Macneill, die zwischen Neil Roß und den Inselleuten stand. Etwas läge dem allen zugrunde, flüsterten sie einander zu.

So geschah es, dass er zuletzt immer der Sündenesser genannt wurde. Niemand suchte ihn auf. Die wenigen Kinder, die hin und wieder auf ihn stießen, flohen bei seiner Annäherung oder schon bei seinem Anblick. Nur Aulay Macneill sah ihn zuweilen und wechselte Worte mit ihm.

Nachdem ein Monat vergangen war, wussten alle, dass der Sündenesser zum Wahnsinn gebracht wurde durch diesen furchtbaren Anlass: die Last der Sünden Adam Blairs wollte nicht von ihm gehen! Bei Nacht und bei Tag konnte er sie leise lachen hören, so wurde gesagt.

Aber es war der stille Wahnsinn. Er ging hin und her wie ein Schatten im Gras und fast so lautlos und so stumm wie ein solcher. Mehr und mehr wurde sein Name zu einem Schrecknis. Es waren wenig Leute auf jener wilden Westküste von Jona, und diese wenigen mieden ihn, da das Gerede ging, er habe Kenntnis von seltsamen Dingen, und zudem halte er Zwiesprache mit den Geheimnissen der See.

Eines Tages sah ihn Aulay Macneill, der in seinem Boot war, aber gelähmt von Bestürzung und Furcht für ihn, bei hoher Flut auf einer langen rollenden Woge gerade in die Tiefe der Sprudelhöhle hineinschwimmen. Seit Menschengedenken hatte niemand dieses getan, ohne einem von drei Dingen zu verfallen: einem Verschwinden in Vergessenheit, dem Tod durch Erdrosselung oder dem Wahnsinn. Die Inselleute wissen, dass bei Hochflut ein Mar-Tarbh in die Höhle schwimmt, ein furchtbares Geschöpf der See, das einige eine Meernixe nennen; nur ist es nicht eine Nixe, die einem Weib gleicht, sondern vielmehr ein Seestier, Abkömmling des Viehes, das nie gesehen wird. Schlimm fürwahr für Schaf oder Ziege, ja selbst für Hund oder Rind, wenn irgendeines sich zufällig über den Rand der Sprudelhöhle beugt, wenn der Mar-Tarbh brüllt; dann, sicherlich, es fällt hinein und wird sofort verschlungen.

Mit Furcht und Zittern lauschte Aulay dem Kreischen des Verfallenen. Es war Hochflut, und das Seetier musste dort sein.

Zehn Minuten vergingen ohne ein Zeichen. Nur das dumpfe Dröhnen der See, die wie ein versöhnter blinder Riese um die Grundfesten der Höhle toste; nur das Stürzen und Spritzen des Wassers, das in dem schmalen Schacht hoch hinaufgeschleudert wurde bis in die windbewegte Luft über der Klippe, die jener durchbricht.

Endlich sah er, was einer Masse Seekraut glich, die auf der Brandung hinausgewirbelt wird. Es war der Sündenesser. Mit einem Sprung war Aulay an seinen Riemen. Das Boot schwankte durch die See. Gerade als Neil Roß im Begriff war, zum zweiten Mal unterzusinken, ergriff er ihn und zerrte ihn in das Boot.

Aber damals, wie in aller Folgezeit, konnte aus dem Sündenesser nichts herausgebracht werden als ein einziges Wort: »Tha e lanchan fuar, Tha e lanchan fuar!« – »Es hat eine kalte, kalte Hand!«

Die Verbreitung dieser und anderer Geschichten gestattete keinem auf der Insel, in dem »Sündenbock« etwas anderes zu sehen als einen Verfluchten.

Es war im dritten Monat, da kam eine neue Phase seines Wahnsinns über Neil Roß.

Der Schauder vor der See und die Leidenschaft für die See kamen zu gleicher Zeit über ihn. Oftmals rannte er am Strand entlang und schrie ihr wilde Namen zu, die bald heiß waren von Hass und Abscheu, bald gleich dem Werben eines Mannes um das Weib seiner Liebe. Und dazu waren seltsame Lieder an sie auf seinen Lippen. Alte, alte Zeilen vergessener Runen wurden von Aulay Macneill gehört, und nicht von Aulay allein; Zeilen, in denen der uralte Meername des Eilands, Joua, der ihm gegeben ward, lange bevor es Jona genannt wurde, oder irgendein anderer der neun Namen, die, wie man sagt, ihm zukommen, wieder und wieder begegnete.

Die Strömende Flut war es, die ihn so erregte. Zur Ebbezeit pflegte er über den von Unkraut bedeckten Schlamm oder zwischen den Felsen zu wandern; stumm und mehr einem verlorenen Duinshee als einem Menschen gleich.

Dann, wiederum nach drei Monaten, erfolgte ein Umschlag in seinem Wahnsinn. Niemand wusste, was es war, aber Aulay sagte, dass der Mann klage und klage wegen der furchtbaren Last, die er trüge. Keine ertränkenden Meere gäbe es für die Sünden, die nicht fortgespült werden könnten, kein Grab für die lebenden Sünden, die rege sein würden bis zum Tag des Gerichts!

Danach verschwand er für Wochen. Wo er war, das kann man nicht wissen.

Dann endlich kam jener dritte Tag des siebten Monats, an dem, wie ich gesagt habe, Aulay Macneill dem alten Ronald Mac Cormick erzählte, dass er den Sündenesser wieder gesehen habe.

Jedes, was er erzählte, war nur die halbe Wahrheit. Denn nachdem er Neil Roß auf dem Felsen gesehen hatte, war er ihm gefolgt, als er aufstand und zu der dachlosen Stätte zurückwanderte, in der er damals wie einst umging. Es war jetzt ein weniger erbärmliches Obdach, wegen des Sommers, der gekommen war, wenn es auch ein kalter, nasser Sommer war.

»Bist du es, Neil Roß?«, hatte er gefragt, indem er in die Schatten zwischen den Trümmern des Hauses blickte.

»Das ist nicht mein Name«, sagte der Sündenesser; und er schien so fremd an dem Ort und zu der Stunde, als wäre er ein Gestrandeter von einem fremden Schiff.

»Und wie lautet er denn, du, der du mein Freund bist und mich gewiss kennst als Aulay mac Luais – Aulay Macneill, der dir niemals einen Bissen oder Schluck missgönnt?«

»Ich bin Judas.«

»Und bei diesem Wort«, sagt Aulay Macneill, wenn er die Geschichte erzählt, »bei diesem Wort war der Pulsschlag in meinem Herzen wie eine Fledermaus in einem geschlossenen Raum. Aber nach einem Weilchen nahm ich das Gespräch wieder auf.

›In der Tat‹, sagte ich. ›Und ich wusste das nicht. Darf ich mir die Freiheit nehmen, zu fragen, wessen Sohn und von welchem Ort?‹

Aber alles, was er zu mir sagte, war: ›Ich bin Judas.‹

›Nun‹, sagte ich, um ihn zu trösten, ›gewiss, es ist an sich gar kein so schlechter Name, wiewohl ich einige kenne, die einen anmutenderen Klang haben.‹ Aber nein, es half nichts.

›Ich bin Judas. Und weil ich den Sohn Gottes für fünf Silberlinge ...‹

Aber hier unterbrach ich ihn und sagte: ›Aber Neil, ich meine, Judas, es waren achtmal fünf.‹ Jedoch die Schlichtheit seines Leides überwog, und ich lauschte mit Tränen in den Augen.

›Ich bin Judas. Und weil ich den Sohn Gottes für fünf silberne Schillinge verkaufte, legte Er auf mich all die namenlosen schwarzen Sünden der Welt. Und das ist der Grund, warum ich sie trage bis zum Tag der Tage.‹«

Und Folgendes war das Ende des Sündenessers; denn ich will nicht die lange Geschichte des Aulay Macneill erzählen, die in jedem Winter länger und länger wird, sondern nur den unveränderlichen Schluss derselben.

Ich will es mit den Worten Aulays erzählen.

»Ein bitterer, wilder Tag war es, jener Tag, an dem ich ihn sah, um ihn nie mehr wieder zu sehen. Es war spät. Die See war rot von dem lodernden Feuer, das die Luft zwischen Jona und allem, was westlich des Westens liegt, verzehrte. Ich war am Strand und blickte auf die See. Die großen grünen Wogen zogen herein wie die Streitwagen in dem Heiligen Buch. Nun, es war die schwarze Schulter einer derselben, dicht unter dem Schaumkamme, der über sie hinrollte, auf der ich eine Spiere vorbeiwogen sah.

Was ist das?, sagte ich für mich. Und der Grund meines Staunens war dieser: Ich sah, dass eine kleinere Spiere quer darüber hingeschwungen war. Und während ich diesen Gegenstand beobachtete, kam eine andere große Woge brüllend heran und schleuderte die Doppelspiere zurück und zwar nicht so weit von mir, dass ich sie nicht hätte ergreifen können. Aber wer hätte nach dem Gegenstand greifen können, wenn er gesehen hätte, was ich sah?

Er selbst weiß, dass, was ich sage, die Wahrheit ist.

Auf jener Spiere war Neil Roß, der Sündenesser. Nackt war er, wie an dem Tag, da er geboren wurde. Und dazu war er angelascht, ja gewiss, er war mit Stricken daran festgelascht, immer rund um seine Beine und seinen Leib und seinen linken Arm. Es war das Kreuz, woran er war! Ich sah das, und die Furcht war auf mir. Ach, armes treibendes Wrack, das er war! Judas am Kreuz: Es war seine Sühne!

Aber während ich noch hinschaute, an allen Gliedern zitternd, sah ich, dass noch Leben in ihm war. Die Lippen bewegten sich, und sein rechter Arm schwang immer hin und her. Er war wie ein Riemen, der ihn von einer Küste in Lee frei arbeitete; ja, das war's, was ich dachte.

Dann, mit einem Mal, bekam er mich zu Gesicht. Er erkannte mich wohl, der arme Mann, der jetzt seinen Anteil am Himmel hat, denke ich!

Er winkte und rief, aber hören konnte man es nicht wegen einer gewaltigen Sturzsee, die sich taumelnd auf ihn herabwälzte. In der Zeit eines Ruderschlags wurde er dicht an den Felsen vorbeigetrieben, auf denen ich stand. In jenem wallenden, siedenden Mahlstrom sah ich für einen Augenblick sein weißes Gesicht, und als er auf der zurückflutenden See hinaustrieb wie ein eingeholtes Netz, hörte ich diese Worte an meine Ohren klingen:

›An eirig m'anama … Als Sühnegeld für meine Seele!‹

Und zugleich sah ich, dass die Doppelspiere sich umdrehte und den Rückschwung einer verschlingenden großen Woge hinabglitt. Ja, gewiss, sie trieb damals schnell genug hinaus nach der Tiefsee. Es war in dem großen Strudel zwischen Skerry-Mor und Skerry-Beag. Ich sah sie nicht wieder – nein, eine Viertelstunde lang, denke ich. Dann sah ich nur eben ihre wirbelnde Spitze aus dem fliegenden Gischt einer großen schwarzbrausenden Woge aufsteigen, die vor der Strömung, die der Schwarze Strudel genannt wird, nordwärts stürzte.«

Damit haben Sie das Ende des Neil Roß; ja gewiss, einer, der der Sündenesser genannt wurde. Und das ist die Wahrheit; und möge Gott uns behüten vor dem Leid der Leiden.

Und das ist alles.

Die Tochter der Sonne

Ri mo Aisling[31]

Es gibt nicht viele unter den gälischen Leuten von Lochfyneside in Argyll, welche die Geschichte der Ethlenn Stuart erzählen könnten; vielleicht auch nur wenige, die den bestimmten Felsenvorsprung bezeichnen könnten, der bis auf diesen Tag (freilich auf keiner Karte) Ard-Ethlenn[32] genannt wird, einige dreißig Meilen oder etwas weniger die wilde und schöne westliche Küste von Loch Fyne hinauf, zwischen der Landspitze von Crarae und dem Ceann-More. Ard-Ethlenn, Creagaleen; Namen ohne Sinn sind es für die wenigen Fremden, welche sie vielleicht zufällig von irgendeinem Fischer aus Strachur oder Stralachlan hören. Aber für diejenigen, welche wissen, wer und was Ethlenn Stuart war, und die Geschichte ihrer Liebe zu Jan Mc Jan, dem Bergdichter, kennen, der bekannt ist als Jan Mor von den Hügeln – und das Ende ihrer tragischen Freude und ihr letztes Entschlummern der Sonne entgegen – für solche sind »Ard-Ethlenn« und »Creagaleen«, »Creag-Gausain« und »Maol-Lae-y-a-ghrian« Namen von zauberischem Klang.

Was ich selbst von »der Tochter der Sonne« weiß, wie Ethlenn von dem fantasievollen Volk der Schluchten genannt wurde – teils nach einem Gedicht des Jan Mor, das sie unter diesem Namen anredete, teils wegen ihrer leidenschaftlichen Liebe zum Sonnenlicht und dem Bergwind und der See, hauptsächlich aber, glaube ich, weil sie selbst eine Dichterin war, »eine Dichterin der Liebesglut und so eine Tochter der Sonne«, wie es in einem der alten keltischen Volkslieder heißt –, was ich weiß, stammt größtenteils von Dionaid Mac Diarmid, der verheirateten Schwester Jans.

Dionaid selbst und ihre kleine Hütte sind nicht länger bekannt in Strachur. Vor Jahren wurde die kleine Kate am Föhrenwald hinter Easter-Creggans durch einen Wintersturm zerstört, und mit der Zeit verschwanden auch die wenigen armseligen, bruchstückhaften Spuren einer menschlichen Ansiedelung. In dem Sommer vor diesem Ereignis war Dionaid schwach und kränklich geworden. Im Herbst starb sie.

Aber ich kannte auch Jan Mor. Als Kind begegnete ich ihm oft auf den einsamen Hügeln, wo ich wohnte; später pflegte er mit mir zu sprechen, wenn er mit keinem anderen Wort wechseln wollte, wenn das Dunkel auf ihm war; und ich war bei ihm, als er starb.

Wir alle haben unsere Träume unmöglicher Liebe. Irgendwo, irgendwann geschieht das Unmögliche. Dann erfahren ein Mann und ein Weib jenen alles vergessenden Taumel der Liebe, die mirdhei, die Begeisterung des Traumlebens, die hoch über der gewöhnlichen menschlichen Fröhlichkeit des wirklichen Lebens steht. Wenn es jemals Mann und Weib gab, welche diese blumengekrönten Seher der Liebe waren, dann waren es Jan Mor Mc Jan und Ethlenn Stuart.

Ich vermag nicht, irgendeine zusammenhängende Geschichte von ihrer beider Leben zu erzählen, und gewiss, dessen bedarf es auch nicht. Der Name und Ruf Jans leben bei seiner Sippe und den Hügelleuten seines Stammes; er hat seine Unsterblichkeit am flammenhellen Herd, in den Ställen der Täler, in den dämmerigen Verstecken der Liebenden, in den Sennhütten der Berge, überall, wo die Lieder Jan Mors, so überaus seltsam und süß, warm auf den Lippen der Jungen und Alten liegen. In seinen letzten Jahren war er unter den Leuten in Strachur-more bekannt als Jan-Aonaran, oder als Jan-mor-na'aonar-sa-mhonadh – Jan, der Seltsame, der Einsame, oder Jan, der Einsame von den Hügeln, wie, vor langer Zeit, Ossian einen einsamen Bergdruiden aonaran liath nan creag, »den eisgrauen Einsiedler der Felsen« nannte. Niemand wagte zu sagen, er sei wahnsinnig. Doch wussten alle, dass er vor Jahren irre geworden war durch die Leidenschaft seiner Liebe, die ihn fast getötet hätte. Wurde ein stärkeres Beiwort gebraucht, als aonaran, das sowohl »einsam« als »sonderbar« bedeutet, so spielte man höchstens leise auf seinen »dubhachas«, sein »Dunkel«, an oder auf den »cianalas«, die Gebirges-Schwermut, oder auf jenen seltsamen Schatten, der von der Natur über eines Menschen Seele geworfen wird, den »ciar nan carn«, das Dunkel der Felsen, wie die Hügelleute ihn nennen. Jung und Alt hielten diesen Mann in Ehren, der in der Höhe wohnte und mehr mit den raschen Flammen des Sonnenaufgangs und den zögernden Gluten des Sonnenuntergangs Zwiesprach pflog als mit seinen Mitmenschen.

Es war in seinem dreißigsten Jahre, dass Jan zuerst mit Ethlenn sprach; und das war das Jahr, in dem sie und ihre verwitwete Mutter an den Ort zogen, wo damals der einsame Clachan[33] von Easter Creggans nahe bei Strachur war. Ich brauche das Wort absichtlich; denn wiewohl es, wie ich sage, damals war, dass er zuerst mit ihr sprach, hatte er sie doch drei Jahre zuvor gesehen, freilich ohne zu wissen, wer sie war. Eines Tages im Spätherbst war er mit einem Freund bis nach Ormidale am Loch Ridden hinabgegangen, und nachdem er seinem einzigen vertrauten Gefährten Lebewohl gesagt hatte, der auf dem Weg nach einem fernen Land war, von wo er nicht wiederkehren wollte, war er über die steilen Hügelhänge nach Tigh-na-bruaich an den Kyles von Bute gewandert, wo er den Dampfer bestieg, der die fünfzig oder sechzig Meilen über Wasser bis Inverary fuhr. Auf dem Boot, einem kleinen Schraubendampfer für Fracht und lokalen Personenverkehr, sah er ein junges Mädchen, dessen Schönheit ihn bezauberte. Er wusste gut genug, wer der grauhaarige Mann war, in dessen Begleitung sie sich befand; Robert Stuart von Fionnamar in Ardlamont; aber wegen der Fehde zwischen diesem Mann und seinem eigenen Vater, Jan Mc Jan von Tigh-na-coille in Strachur-more, konnte er das Schweigen nicht brechen. Allerdings, wie alt Dionaid zu mir sagte, man darf daran zweifeln, ob Jan in irgendeinem Fall gesprochen haben würde; denn er, der Träumer, war plötzlich auf seine Träume gestoßen, hatte das Antlitz gesehen, das bei Tag und Nacht spukhaft vor seinen Blicken schwebte; und dieser Anblick, zu jener Stunde und an jenem Ort, war genug für ihn. Es war in der Tat charakteristisch für Jan Mor, dass er keine Nachforschungen in betreff ihrer anstellte, als ein Boot, das im Inch-marnock-Wasser beigelegen hatte, sie fortführte nach dem Strand von Ardlamont; und dass er seit jenem Tag keine Anstrengung machte, zu ermitteln, ob das schöne Mädchen mit »Fionnamar« verwandt oder verschwägert war oder nur eine vorübergehende Besucherin. Aber schon damals liebte er sie. Weit entfernt war sie von ihm, wie die weiße Wolke von dem blauen Hügel, der nur den flüchtigen Schatten festhält. Das fühlte er dunkel. Aber der Hügel kann die Wolke lieben wie die Fichte den wandernden Wind, wie der stille Bergsee den hüpfenden Stern in den Himmeln. Sie wurde das Sonnengold in seinem Leben; er sah sie in jedem schönen und anmutigen Ding, in der Woge, in dem windweißen Gras, in dem Glanz des Morgens und der Abenddämmerung; überall hörte er ihre Stimme oder den schwachen Laut ihrer nahenden Füße. Er träumte nicht davon, ihr zu begegnen; vielleicht wäre er hinaufgegangen in seine einsamen Berge, wenn er von ihrem Herannahen gewusst hätte. Er liebte damals nur das schöne Phantom seiner Seele.

Von jener Zeit an wurde Jan Mor, der zweite Sohn des Jan Mc Jan, des alten Geistlichen in Strachur-more, ein Dichter. Immer schon, seit er das Kolleg in Glasgow verließ, hatte er gern und anhaltend in Prosa und in Versen sich versucht, mit vielen Hoffnungen und wenigen, trügerischen Erfolgen; zufrieden, dass sein Vater ihn seinen eignen Neigungen überließ, und dass sein Bruder Hektor die ganze Sorge um Tigh-na-Coille auf sich nahm. Aber unter dem neuen Einfluss, der in sein Leben gekommen war, geschah etwas Seltsames. Alle seine jugendehrgeizigen Pläne wurden wie wilde Schwäne, und er fand sich erfüllt von einer steten Sehnsucht: ein Sänger zu sein für sein eignes Volk, seinen eigenen Stamm in ihrer eigenen uralten Sprache – einer Zunge, alt und tief und geheimnisvoll wie der Bergwind oder die seufzende See.

Eines Tages, nicht lange nach seines Vaters Tod, war er nahe an einer nur im Sommer bewohnten Seehütte auf dem oberen Hang von Ben Maisach, als er ein Mädchen ein unbekanntes gälisches Lied singen hörte, während es im Heidekraut lag, die Kühe hütend, nahe der Stunde des Melkens.

Wehet, wehet, grüne Zweige, weht mich hin
zum fernen Blau,
Wo im schatt'gen Forst die Winde schlafen
in der Runde
Friedens Dämmerschwinge ruht und ungewisse Kunde
Sagt von Stunden, die vorübergleiten matt und grau.

Wehet, wehet, grüne Zweige; gleich dem Vogel
fühl ich schweben
Über jenem Nest mein Herz, das verhüllt
von eurem Grün;
Komm zu meines Herzens Nest, o neige nah
zu mir dich hin,
O du meines Herzens Lust, mein Fürst, Geliebter
und mein Leben!

Ein unsagbarer Wohllaut liegt in den getragenen, langsamen Rhythmen des gälischen Liedes und in seiner träumerischen Einförmigkeit. Die ergreifende Weise und die Worte prägten sich seinem Hirn ein. Etwas erwachte dort; gleich wie der Seewind, der plötzlich einen Loch trifft, das Echo entlegener Klüfte in den Hügeln wecken wird.

Da eine neue, seltsame Tonfolge in den Zeilen und die unterdrückte Leidenschaft in den einfachen gälischen Worten seine Neugierde erweckte, so fragte er die Sängerin, wessen das Lied sei, das sie sang. Damals war es, dass er zum ersten Mal von Ethlenn Stuart hörte.

In jenem Sommer trafen sie sich. Von Anbeginn liebten sie. Niemand konnte bestreiten, dass Ethlenn schön war, mit ihrer hohen, geschmeidigen, schlanken Gestalt, ihrem dunkelbraunen schattigen Haar, ihren düsteren Augen, ihren feinen Zügen und vor allem mit dem strahlenden Ausdruck frohen Lebens, der ihr eigen war. Dass viele Köpfe wissend oder warnend ihretwegen geschüttelt wurden, sprach nicht gegen das schöne Mädchen; nur gab es wenige, vermutlich gab es niemand, der sie verstand. Sie sah wenig von den Leuten des Tales, und wenn sie nicht zu Hause bei ihrer kranken Mutter, in der Hütte inmitten der Fichten oberhalb Creggans oder auf dem Loch war, so wanderte sie in den Hügeln umher. Dort, am frischen Morgen oder am schläfrigen Nachmittag oder in den sich hinziehenden Stunden des Sonnenuntergangs traf sie oft mit Jan zusammen. Immer teurer wurden sie einander, bis sie endlich keinen anderen Gefährten sich wünschten als den Bergwind, der durch die Fichten seine Freudenbotschaft flüsterte, oder das Sonnenlicht, das flutend über die Berge im Osten herkam und in grenzenlosem heiteren Frieden über den Hügelkämmen jenseits des schmalen Seelochs ebbte. Viele von ihren Liedern, viele der seinen wurden in dieser Zeit gedichtet. Folgendes ist das Lied von »der Tochter der Sonne«, das er ihr schrieb aus seines Herzens Tiefe und das bis auf diesen Tag gesungen wird. Im Original ist die rasche Flamme, die verzehrende Glut, die unterdrückte Leidenschaft, die wiederzugeben mir unmöglich ist. Wer dieses Lied von Jan Mor gehört und wen es durchschauert hat in der herzklopfenden Stille, die darauf folgt, wo es gesungen wird, im Zwielicht oder am Torffeuer, von einem, der liebt oder geliebt hat – und nur ein solcher kann es verstehen:[34]

Der Sonne Tochter scheinst du mir,
        Alona!
Wie Sonnenschein auf dem Anger grün
Seh Licht ich auf deinem Antlitz glühn!
Gehst du davon, muss ich im Dunkel mich mühn,
        Alona!

Du bist Sonnenglut in des Leibes Kleid,
        Alona,
Der weiß-warme Leib, er ist genannt
Alona – und der Welt bekannt
Als Ethlenn – und für mich ein Brand,
Der brennt in alle Ewigkeit,
        Alona!

Dich kennen die Hügel und die weite See,
Alona,
Der Strom, der Blaue Loch, und der Grüne Baum:
Es glüht auf deiner Stirne Saum
Geheimer Traum –
Alona!

Die Sonnenglut, die glüht in dir,
Alona,
O Herz meines Herzens, ist auch in mir!
Deine Flamme sengt, ein heißes Meer
von Licht wogt lodernd um dich her –
Gibt's keine Rast, keine Rast in der Freude mehr,
Fast ist des Glückes Last zu schwer,
Alona, Alona!

Es war an dem Abend des Tages, an dem er dieses Lied an Ethlenn dichtete, dass er und sie sich trafen unter den Föhren auf den unteren Hängen von Maol-Lae-y-a-ghrian. Er trat zu ihr, während sie, lang hingestreckt, auf dem Stamm einer umgestürzten Fichte lag. Eine Zeit lang stand er und blickte auf sie hinab. Das Sonnenlicht, das über Ben Dearg und Am Buachaille auf der Westseite des Lochs herabflutete, übergoss ihren Leib, wie er dunkel auf dem roten Fichtenstamm lag, und legte sich auf ihr Antlitz wie ein Glorienschein. Die Stimme des Windes in den Bäumen war wie die Flut, die über weichen Sand herankommt. Die Kuckucke riefen einander zu; echogleiche verhallende Töne klangen zurück aus dem Wald von Claondiri auf der gegenüberliegenden Küste.

Er zögerte, ihr zu erzählen, was er zu sagen hatte; vor allem fürchtete er, den Zauber zu brechen. So war sie eins mit der Natur. Der Wind war ihr Gefährte, der Fichtenbaum ihr Bruder; sie selbst eine Blume.

Als er sich zu ihr neigte und sie küsste, sah er, dass ihre Augen träumend in den fernen Tiefen über ihr versanken. Sie lächelte, öffnete ihm ihre Arme, richtete sich aber nicht auf.

»Aluinn«, flüsterte sie, »Jan-a-ghray, Aluinn, Aluinn!«[35]

Eine lange Zeit verharrten sie so schweigend. Sie beide und der Wind; die ganze Welt fiel ab von diesen dreien.

Endlich regte sich Jan.

»Komm, Alona; komm, Ethlenn-muirnean«,[36] flüsterte er, seine Lippen gegen ihr Ohr pressend, unter dem dämmerigen, duftigen Schatten ihres Haares.

Hand in Hand traten sie unter die Föhren und hinaus auf die Heide. Als sie Creag'-an-Eich erstiegen – im wundervollen Nachglühen, obwohl es kaum noch zwei Stunden bis Mitternacht waren –, war kein anderer Laut zu hören als das tiefe Wogengemurmel der flutenden Luft zwischen den Fichtenstämmen, die jetzt hinter ihnen lagen, und der Schrei der Kiebitze. Selbst die Mutterschafe und Lämmer waren stumm. In langen Pausen rauschte das Glucksen der Haselhühner oder das Schnarren eines Ziegenmelkers strudelgleich durch die Stille des Heidemeeres.

Als sie den Gipfel des Creag'-an-Eich erreichten – der einigen aus Jans Liedern als Maol-Lae-y-a-ghrian bekannt ist –, standen sie eine Zeit lang sprachlos.

Unter ihnen verschwamm das Land in einem Bogen nach dem Loch hinab. Außer im Schatten des Westens war das Wasser gleich dem geschmolzenen Erz der Tuatha-de-Danann, das so bereitgehalten wird in den flammenden Kesseln unter den ragenden Bergen auf einen Tag hin, der einst erscheinen soll. Jenseits lag Hügelzug hinter Hügelzug in langen Kurven schattigen Amethystes, die zu Purpur sich vertieften. Über dem fernsten schienen drei Sterne silbernes Feuer durch die matte Rosenglut zu träufeln, die unter den goldenen und hochroten Streifen lag, welche sich weit ausbreiteten zu unermesslichen Lagunen ruhigen Lichtes.

Hinter ihnen, wo sie Hand in Hand standen, dem Licht zugewandt, waren die Berge, purpurgrau und graublau; ungeheure felsgekrönte Höhen, klar gesondert emporsteigend. Masse hinter Masse, Gipfel hinter Gipfel standen die Heiligtümer des Gebirges in ihrer düsteren, geheimnisvollen Majestät.

»Ethlenn-Alona«, sagte Jan endlich, aber mit so leiser Stimme, dass das Mädchen an seiner Seite nur eben die Worte verstand: »Ethlenn, wir haben einander schon alles gegeben und haben uns Treue gelobt fürs Leben. Aber jetzt lass uns Treue auch im Tod geloben, denn wer kann es wissen, wann die finstere Stunde durch den Mittag springt oder durch die Nacht schleicht.«

So war es dort, und so schwuren sie ihr feierliches Gelübde, dass weder Leben noch Tod sie scheiden sollte. Das Flehen, das in beider Herzen war, stieg auf, ein unsichtbarer Vogel, und flog den langsam zurückweichenden Lichtmeeren nach. Der Bergwind trug ihre Schwüre weit und breit zu den Bergen, die sie liebten.

Und als sie, sich umschlungen haltend, hinabwanderten nach dem Föhrenwald, wussten sie nicht, dass ein Schatten hinter ihnen einherschritt – einer, der wie Ethlenn war, schlank und schön, aber mit wilden Augen, die erfüllt waren von verzweifelndem Weh.

Jetzt, nachdem ich so weit gegangen bin, sollte ich ihre Geschichte vollständig erzählen; aber das kann ich nicht.

Hier ist, was man in den Schluchten davon weiß.

In jener Nacht erzählte Jan der Ethlenn, dass er einen geheimnisvollen Brief empfangen hätte aus der fernen Großstadt des Südlands, London. Seinem Inhalt nach rührte derselbe von seinem Bruder Hektor her, der ihm mitteilte, dass er plötzlich nach dem Süden gereist sei, von Edinburgh aus, wohin er, wie Jan wusste, kürzlich gegangen war. Die Handschrift war ihm unbekannt. Die Botschaft besagte, dass Hektor krank war, im Sterben lag; dass er Jan bat, sofort zu ihm zu kommen, und dass ihn bei seiner Ankunft ein Freund erwarten würde, ein Mann aus Stralachlan dazu, der ihn geradeswegs an das Totenbett führen würde.

Nun, so geschah's, dass Jan Mor sich auf den weiten Weg nach London machte. Gab es denn gar keinen Hügel mehr, so fragte er sich verwundert, nachdem die Fells von Cumberland weit hinter ihm geblieben waren – gab es denn gar keinen Hügel mehr in dem armen Land?

Aber alle Gedanken an dieses fremde England und an die große Stadt, nach deren Anblick er so begierig und deren er doch bereits müde war, verließen ihn, als ihn auf dem Bahnhof Roderick Stuart, der Vetter Ethlenns, begrüßte.

Was bedeutete das? Was hatte das nur zu bedeuten? Warum war Roderick Stuart in London – er, der ein kleiner Laird hoch oben in Stralachlan am Loch Fyne war; er, der Ethlenn umwarb; er, der geschworen hatte, Jan Mor zu vernichten und seine Base Ethlenn zu gewinnen trotz allem.

Der Mann trat näher, auf seinen falschen Lippen das freundlichste Lächeln, das über einem so schwarzen Herzen aufsteigen konnte.

»Nein«, sagte Jan einfach. »Nein, wir wollen uns nicht die Hand schütteln, Roderick-mhic-Aonghas. Es ist das zwischen uns, wovon zu reden nicht nötig ist. Wo mag mein Bruder sein? Wenn du so gut sein willst, mir den Weg zu sagen, so will ich allein zu ihm gehen.«

Stuart lachte. »London ist nicht Inverary, Jan-mhic-Jan; nein, auch nicht Greenock; nein, nicht einmal Glasgow. Der Ort, wo dein Bruder ist, nun, es werden Meilen und Meilen von hier sein. Hier ist ein Wagen, der auf uns wartet.

Wenn du Hektor Mc Jan noch am Leben finden willst, so darfst du dich hier nicht lange aufhalten und von diesem und jenem reden.«

Auf der langen Fahrt durch die Straßen, die so unsäglich schmutzig und öde waren, dass Jan das Herz blutete um die unglücklichen Menschen, die dort leben mussten, fern von den stillen Hügeln und den klaren Wassern, richtete er viele Fragen an seinen Begleiter, aber er erhielt keine Antwort, die ihn beruhigte. Zudem, was hatte es zu bedeuten, dass Roderick Stuart gekleidet war, als wäre er ein Geistlicher? Freilich war er ein Mann, der viel Geld hatte, so wurde erzählt; aber warum war er angezogen, als wäre er ein Geistlicher? War das so Sitte im Südland?

So sicher war er endlich, dass er betrogen wurde, dass er an Ort und Stelle sich von dem Mann Stuart getrennt hätte, wäre nicht gerade in jenem Augenblick der Wagen abgebogen, durch einen Torweg in eine kurze schmale Allee gefahren und dort plötzlich zum Stillstand gelangt.

Fast unmittelbar, nachdem sie das Haus betreten hatten, wurde Stuart von einem Diener aus dem Zimmer gerufen, in dem sie warteten. Als er, eine oder zwei Minuten darauf, zurückkehrte, begleitete ihn ein hochgewachsener Mann mit düsterer Stirn und finsteren Augen.

»Jan«, begann Roderick Stuart vertraulich, und er lächelte, als er den zornigen Ausdruck in Jan Mors Augen bemerkte: »Jan, dies ist Dr. Mac Manus, von dem ich dir erzählt habe.«

Jan antwortete nicht, sondern blickte von einem zum anderen. Der hochgewachsene Mann wendete sich zu seinem Begleiter.

»Sagten Sie, er sei Ihr älterer oder jüngerer Bruder, Mr Stuart?«

»Er ist jünger.«

Aber da sprach Jan Mor, finster die Stirn runzelnd:

»Ich kenne Sie nicht, Sir, und ich weiß nicht, warum ich in diesem Haus bin, wenn mein Bruder Hektor nicht hier ist. Ist er hier, so wünsche ich sofort zu ihm zu gehen. Was diesen Mann hier, Roderick Stuart, betrifft, so ist er mit mir nicht verwandt noch verschwägert. Mein Name ist Jan Mac Jan, und ich bin aus Tigh-na-coille in Strachur-more am Loch Fyne.«

Aber warum soll ich zögern, das zu erzählen, was man bereits vermuten wird?

Der Mann Stuart hatte diesen Dr. Mac Manus gewonnen, sei es durch List oder durch Bestechung oder durch beides; und es braucht nicht mehr gesagt zu werden, als dass Jan Mor zu spät erkannte, dass er in eine Privatheilanstalt gelockt worden war.[37]

In den folgenden Monaten kam keine Nachricht von ihm. Sein Bruder Hektor, der gar nicht krank gewesen und niemals von Edinburgh nach dem Süden gegangen war, tat alles, was er konnte, nicht nur durch Nachforschungen in London, aufgrund dessen, was Ethlenn ihm erzählt hatte, sondern auch bei den Dampfschiffgesellschaften, denn Roderick Stuart von Dubh Chnoc in Stralachlan erzählte ihm, wie er Jan in Glasgow getroffen und wie er, Jan, ihn von seiner Absicht unterrichtet hätte, nach Amerika zu gehen und dort unter einem neuen Namen ein neues Leben zu beginnen. Hektor glaubte ihm das, und in der Tat, diese Darstellung verbreitete sich und ward angenommen. Nur Ethlenn wusste, dass der Mann log. Sie hielt ihr Herz im Zaum und wartete.

Im sechsten Monat des Schweigens ward Ethlenns Kind geboren. In Freude und Schmerz brachte sie lange Stunden damit hin, dass sie in seine blauen Augen schaute, in denen sie den Schlüssel suchte zu dem seltsamen und schrecklichen Geheimnis.

Ach, Gott allein weiß, was sie aus ihnen lernte; aber eines Tages zog sie das Kind hastig zurück an ihre Brust und schritt eilends zwischen den Föhren hindurch ihrem Haus zu. Weder Gram noch Schmerzen hatten ihre Schönheit verdunkelt. Sie schritt jetzt dahin wie eine Bandia, eine Gebirgsgöttin.

Das Kind ließ sie bei einer Verwandten, Mary Mac Nair, einer jungen Witwe, die das Kleine an ihr Herz nahm mit schluchzender Freude, wegen ihres eigenen Leibes, der nie geboren, und des toten Mannes, den sie geliebt hatte.

Nachdem sie dies getan, stieß Ethlenn vom Strand von Creggan ab in einem Boot. Die Brise wehte den Loch hinab, und sie segelte rasch südwärts. Der Schlucht von Dubh Chnoc gegenüber landete sie. In weniger als einer Stunde war sie auf dem hohen Hinterland, wo Roderick Stuart sein Heim hatte. Der Mann war nicht dort. Er war droben auf dem Hügel, so sagte man ihr – bei der Hütte des Farlan Macfarlane, des Schäfers.

Als sie endlich sich begegneten, war es am Lochan-na-Mona, dem tiefen schwarzen Bergsee im Moorland.

Schweigend betrachteten sie einander. Dann trat ein grausames Licheln auf des Mannes Gesicht.

»Jetzt kommst du zu spät, Ethlenn Stuart – oder sollte ich lieber Ethlenn Mc Jan sagen?«

Sie achtete nicht auf den Hohn.

»Ich bin Ethlenn Mc Jan. Weißt du, warum ich gekommen bin?«

»Nun, was das betrifft, mein Mädchen …«

»Ich bin gekommen, dich zu töten.«

»Du … du! Ah, beim Schwarzen Stein auf Jona, ist das so? Gewiss, da müsste ich sehr erschrocken sein!«

Aber plötzlich entsank dem Mann sein ganzer zur Schau getragener Mut. Er sah etwas in Ethlenns Augen, was die Furcht auf ihn legte.

Sie trat näher heran. Die Augen in ihrem totenblassen Antlitz glichen dunklen Wasserlilien, die auf bleichem Wasser schwimmen.

»Ich wusste nicht, auf welche Weise Gott dich in meine Hände geben würde, aber jetzt weiß ich es, Roderick-mhic-Aonghas.«

»Ich bin unschuldig, Ethlenn-Co-ogha[38] … Ich tat es nicht … überdies, er … er … er ist nicht tot … und …«

Aber mit einem Sprung warf sie sich auf ihn. Er strauchelte, fiel, richtete sich halb empor; ein rascher Stoß brachte ihn aus dem Gleichgewicht. Im nächsten Augenblick stürzte er kopfüber, rückwärts, in den tiefen Sumpf.

Ethlenn stand einen Augenblick und wartete. Dann raffte sie den eisenbeschlagenen Stab auf, der ihm entfallen war. Kam er empor, so musste der Tod ihn erwarten. Aber ob er sich in dem schleppenden Unkraut verfangen hatte oder ob es irgendein anderer Grund war, Roderick Stuart kam nicht wieder zum Vorschein. Nach einiger Zeit wurde seine Leiche dort gefunden; und die Leute des Tales sagten, er sei dort hinabgestürzt, berauscht, wie er es in der letzten Zeit immer war, und sei dort ertrunken in der Finsternis und der Stille.

Ethlenn wartete an dem Bergsee, bis aus seinen verschwiegenen Tiefen Blase um Blase emporstieg; wartete, bis nicht die kleinste Luftblase mehr auf dem glatten Schwarz des Wassers erzitterte; wartete, bis im Zwielicht die Kiebitze über ihrem Haupt flogen und ihren Klageschrei ertönen ließen. Dann endlich wendete sie sich und schritt hinab durch die schattigen Wälder nach dem Ort, wo ihr Boot lag.

Der Mond schien, als sie, drei Stunden darauf, die Tür der Hütte öffnete. Ihre Mutter lag wach und rief sie zu sich.

»Hast du eine gute Nachricht gehört, Ethlenn, mein Liebling?«, flüsterte sie, als sie das schöne Antlitz zu ihrem eigenen herabzog.

Das Mädchen starrte sie forschend an.

»Ich frage danach, du Liebe, wegen des frohen Lichtes, das in deinen Augen ist. Vielleicht ist es nur eine gute Tat, die du getan hast?«

»Ja, liebe Mutter, das ist es. Es ist wegen einer guten Tat, die ich getan habe. Aber sprich darüber nicht mit mir, weder jetzt noch später. Ich bin froh, und ich kann niemals wieder froh werden, bis ich Jan sehe von Angesicht zu Angesicht.«

Und von jenem Tag an ging Ethlenn herum wie eine Träumende. Einige dachten, dass ihr Kummer ihr der Verstand geraubt hätte; andere, dass eine lebenslange Schwermut über sie gekommen sei durch ihren Gram. Nur einmal hörte man sie lachen; als ein Farmer von Stralachlan in sie drang, ein Trauerlied auf Roderick Stuart zu schreiben, dessen frühzeitiger Tod die Leute des Tales erschüttert hatte.

Mehr als zuvor durchirrte sie den Föhrenwald, die Hügel oder den Loch. Oft sah man sie, wie sie leise ihrem Kind sang oder es in die Höhe hob, um nach dem Wind oder der Sonne zu greifen, indem sie den Knaben ihren Jan, ihren Dichter, ihre Freudenblume nannte.

An den warmen Herbsttagen kreuzte sie oft hinüber nach dem hohen Bergwald am Ceann-More, auf der gegenüberliegenden Seite des Loch. Auf einem Felsenvorsprung, der von einer einsamen Fichte gekrönt war, verträumte sie lange Stunden. Hier war es, wo sie und Jan einen denkwürdigen, goldenen Tag verlebt hatten. Wenn sie hier lag, fühlte sie noch seinen Atem warm auf ihrem Antlitz, fühlte sie fast seine Lippen auf ihren eigenen. Beinahe alle ihre letzten Lieder entstanden an diesem Ort, Creagaleen.

So geschah es, dass nach vielen Wochen das steile, felsige und dichtbewaldete Gestade, das zwischen zwei Vorgebirgen sich hinzog, bei den Fischerleuten von Kenmore und Strachur bekannt ward als Ard-Ethlenn.

Nur einmal nahm sie das Kind mit sich, als sie nach Creagaleen ging. An jenem Tag war es, dass sie das folgende Lied an Jan ban[39] machte, ihren kleinen Knaben, ihren Jan, der von Jan war. Es heißt im Gälischen »Die beiden Jans«:

Sind's deine Augen, Jan,
Tauchend ins Auge mein?
Ist dieses Lächeln, dies Lachen
Dein?

O mein Herzlieb,
Wie mein Herz nach dir brennt.
Unser ist dies mein Kind –
Und wir – getrennt!

Aus deinem Leben, Jan,
Aus meinem Schoß,
Nimmer fühlte deinen Kuss! –
Welch bittres Los! –
Lebe, du lachend Kind,
Auf Wiedersehn!
Zwiefachen Weg wir gehn,
Ich zu des Todes Wehe,
Du zu der Freude, die rasch zerrinnt.

Still, Still! Im Auge dein
Lacht seines mir.
Tod wird mir Freude sein,
Eilt so die Seele mein,
Jan, zu dir!

Hier entstanden auch einige Lieder leidenschaftlicher Liebe, die niemals gesammelt worden sind, sondern nur in den Herzen derer leben, die sie vor langen Jahren erlernten. Zwei derselben besitze ich in der Niederschrift des Jan Mor, der sie für mich abschrieb nach dem Original im »Buch meines Herzens«, wie das kleine Bändchen voller Aufzeichnungen genannt wurde, das man unter Ethlenns Papieren fand.

I

Sein Antlitz Morgenröte mir,
Sein Hauch war süß wie Dämmerung mir,
Sein Auge heiße Flamme mir,
    Shule, Shule, Shule agrah![40]

Nacht war der helle Mittag mir,
Die Vollmondnacht war dunkel mir,
Die Sterne, sie fielen vom wirbelnden Pol,
Zur Stund, als Gott ihn nahm von mir.

Er träumt vielleicht im Paradies,
Er singt vielleicht dem Höchsten Preis,
Ein weißes Licht um die Stirne weiß,
    Shule, Shule, Shule agrah!

Ich lache, denk ich solches just
Von ihm, der einst fand höchste Lust,
In meinem Kuss, an meiner Brust,
    Shule, Shule, Shule agrah!

Mein Freudenstern, der mich entzückt,
Wie fern er auch von mir entrückt,
Mein Blut, mein Licht, das mein Leben schmückt,
    Shule, Shule, Shule agrah!

II

Er schmiegte die Wang an die Wange mein,
Sein Auge brannt ins Auge mein,
Seine Lippen auf den Lippen mein,
O, er war mein, ganz mein, ganz mein.

Von Liebeswein ich trunken war,
Wie in dem Gras der Bienen Schar,
Die summt ihr Honigliedlein klar,
Von Liebeswein ich trunken war!

An seiner Lipp sog ich mich satt,
Ich war vor ihm nur wie ein Blatt,
Vom Wind verweht, ein zitternd Blatt,
Wie vor der Sichel fällt die Saat,
        Mein Gram!

Ich sank ihm hin wie reife Saat!
Von ihm geerntet, sein die Freud,
Doch mein die gleiche Seligkeit!
Die Welt zurückzulassen weit,
Durch seinen wilden Kuss befreit!
        Mein Gram!

Die Hölle schwand, des Himmels Lust
Ward mir in deinem Kuss bewusst –
So ruft dir dein gefallen Blatt,
Geschnittne Saat.
Mein Stolz, mein Held, mein Bräutigam,
        Mein Gram!

Es war mitten in der Glutwoge eines regenlosen Septembers, dass, nach Jans Worten, die Tochter der Sonne »davonging mit dem Bergwind durch die grünen Stillen«.

Eines Abends segelte sie über den Loch, und trieb langsam mit der Flut durch die grünen Tiefen unterhalb Ard-Ethlenn. Bei Creagaleen machte sie das Boot fest und klomm über die von Farnkraut überwucherten Felsblöcke. Unter der Föhre, wo sie und Jan zuerst die Leidenschaft ihrer Liebe gefühlt hatten, legte sie sich nieder; seltsam müde war sie. Der Mond stieg über dem Cowal empor und verwandelte die samtenen Schatten auf den Hügeln in flüssiges Licht. Das zögernde Zwielicht, der Mondschein, blasse Sterne im Norden und Süden, tiefe, stille Schattenmeere, all das übergoss den Loch mit traumhafter Schönheit. So mag die Braut Manannans, sie, die ein lieblicher Fjord war, ihm erschienen sein, wenn er hineinkam vom Ozean her auf seinem Streitwagen, der Strömenden Flut.

Höchste Liebe gefühlt zu haben! Im letzten Grund war die grüne süße Welt doch gut gewesen gegen sie, ihre Tochter. Sie hatte geliebt und war geliebt worden, mit aller Glut der Leidenschaft. Nichts in der Welt konnte ihr diese Freude nehmen; nicht der Tod Jan Mors – an dem man jetzt nicht länger zweifeln konnte –, nicht Kummer bei Tag und Gram bei Nacht; nicht jene geheimnisvollen Mächte selbst, welche die Menschen Gott nannten und die sich regten und lebten und deren blinder Wille waltete hinter dem wehenden Wind und dem aufsteigenden Saft, hinter dem treibenden Blatt und den granitenen Hügeln, hinter des Weibes Schoß und des Mannes Sinn, hinter dem Wunder von Tag und Nacht, hinter dem Leben, hinter dem Tod.

Es gehörte ihr, ganz ihr. Diese wundervolle Seligkeit gekannt zu haben hieß fürwahr, wie Jan sie oft genannt hatte, eine Fürstin der Welt sein. Wie gern würde sie die langen Jahre hindurch mit ihm gelebt haben, dachte sie; aber da das nicht sein konnte, wie gern verwirkte sie alles andere.

Jene ganze Nacht lag sie dort, unter dem Fichtenbaum, und lauschte dem Lecken der Flut in den Höhlen und Felsspalten unter ihr.

Frieden gewährte es auch, zu wissen, dass sie Roderick Stuart getötet hatte. Vielleicht wusste Jan, dass sein Mörder in jenem schwarzen Bergsee lag. Das wäre gut. Natürlich würde sie ihn getötet haben, was sich auch ereignet hätte; aber es war besser, dass er ihr damals, dort, in jener Weise ausgeliefert worden war. Es war eine gute Satzung: ein Leben für ein Leben. Der Geistliche sagte: »Nein«, und die Leute echoten »Nein«; aber im menschlichen Herzen erklang es immer »Ja«. Jan war das zärtlichste menschliche Wesen – sei es Mann, Frau oder Kind –, das sie jemals gekannt hatte; aber, gewiss, auch er würde Roderick-mhic-Aonghas erschlagen haben; ja, sicher, das konnte man wissen. Wenn sie sich im Schatten des Grabes träfen, würde er sie desto inniger lieben, wegen der Tat, die sie getan hatte. In alten Tagen hatte kein Mann und kein Weib mit einer Heldenseele geduldet, dass tödliches Unrecht geschah ohne tödliche Sühne. Und wer sind die blinden Schafe von heute, die neuen Schäfern folgen? Wissen sie im Geringsten mehr, als die Gebirgsleute und die Seefahrer in den Tagen der Vorzeit wussten?

Gegen Morgengrauen setzte die Ebbe ein. Ethlenn wusste, dass es Ebbezeit auch in ihrem Leben war.

Bei Sonnenaufgang erhob sie sich, streckte ihre Arme aus und rief dreimal Jan. Sie hörte auf den von Seekraut bedeckten Vorsprüngen die weißen und braunen Möwen schreien; auf dem Loch machten die Makrelenschwärme einen rauschenden Lärm; der Bergwind sang ein fernes Lied; aber keine Antwort kam von ihm, den sie rief.

Das Sonnenlicht umgab sie wie ein Gewand; oder vielmehr, wie eine verzehrende Glut war es in ihr und um sie.

Ihre Augen füllten sich mit Licht; ihr Leib erbebte. Langsam wendete sie sich um. Ein Lächeln trat auf ihr Antlitz. Sie bückte sich, kniete und legte sich nieder in dem grünlich-goldenen Dunkel unter der Fichte.

»Jan!«, flüsterte sie. »Jan, Aluinn, mein Dichter, mein Liebster vom Berg, Jan, Jan!«

Denn es war der Tod, der dort lag, ein harrender Freund; aber er war gekommen in der Gestalt des Jan Mor.

Das Vöglein

Ein andermal will ich die Geschichte von Isla und Morag Mc Jan erzählen; Isla, welcher der Pflegebruder und Herzensfreund von Jan Mc Jan, dem Bergdichter, war, der bekannt ist als Jan von den Hügeln oder einfach als Jan Mor, wegen seiner Körpergröße und der unermüdlichen Kraft, die er besaß. Auch von Morag gibt es eine Geschichte in den Tälern, süß wie Honig der Heide und fröhlich wie die Brise, die im Sommer über sie hinweht und den Purpur in Wellen von Windweiß und Meeresamethyst erwogen läßt.

Isla war sieben Jahre älter als Jan Mor und war schon sieben Jahre mit Morag verheiratet, als über ihren Freund das Leid seines Lebens kam. Doch davon rede ich an anderem Ort.

Sie waren glücklich, Isla und Morag. Obwohl beide aus Strachurmore am Loch Fyne waren, so lebten sie doch in einer kleinen Hügelfarm auf der Westseite des oberen Fjordes von Loch Long, von der sie Arrochar sehen konnten, wo es inmitten seiner Berge liegt. Den fantastischen Umriss des Cobbler konnten sie nicht sehen, wegen eines nahen Hügels, der den Ausblick versperrte, doch von dem Loch war er sichtbar und fast unmittelbar über ihnen. Aber sie konnten die

Nebel auf Ben Arthur und Ben Maisach beobachten, und wenn eine flüchtige Trift von Lämmerwölkchen sich vom Ben Lomond emporzog, der in Luftlinie nur wenige Meilen ostwärts lag, so konnten sie von dem guten Wetter reden, das sicher eintrat.

Vor Ablauf des ersten Jahres ihrer Ehe kam ihnen ein tiefes Glück. »Das Vöglein« war ihrer Freude Krone. Als das Kind kam, bedauerte Morag nur eines, dass sie nicht einen Knaben gebar, denn sie verlangte, Isla in dem Kind zu sehen, das sein war. Aber Isla war froh, denn jetzt hatte er zwei Träume in seinem Leben; Morag, die er immer inniger liebte, und die Kleine, die sie ihm geboren hatte und die für ihn ein Geheimnis und eine Freude war für die dunklen Stunden der dunklen Tage, die nirgends fehlen.

Sie nannten sie Eilidh. Eines Abends, bevor noch ihre Zeit gekommen war, saß Morag mit Isla und Jan Mor vor dem Torffeuer und träumte von der Geburt. Es war dunkel, abgesehen von dem warmen Rot der Torfglut. Kein anderes Licht war da, und in den dämmerigen Ecken regten sich die sammetdunklen Wesen, die wir Schatten nennen, und führten ihr eigenes Leben und waren froh. Draußen war endlich der Bergwind verstummt, nach einem langen wandernden Klagen, das nicht aufhören wollte, seit er nach Westen herumgegangen war, denn wie ein heulender Hund war er den ganzen Tag der Sonne gefolgt. Ein sanfter Regen fiel. Sein Laut brachte Frieden.

Isla saß vornübergeneigt, sein Kinn in den Händen und seine Ellenbogen auf den Knien. Auch er träumte. »Morag«, »Isla«, tiefe Liebe, tiefes Geheimnis, das Kind, das bereits hier war und bald an ihrer Brust liegen würde, das war der Umkreis seiner Gedanken. Gewiss, Morag, süß und lieb, wie sie war, war jetzt noch lieber, noch süßer. »Grünes Leben ihr«, murmelte er vor sich hin, »und in ihrem Herzen Freude bei Tag und Frieden bei Nacht.«

Jan saß im Schatten des Herdes und schaute bald nach dem einen und bald nach der anderen und dann etwa in das Torffeuer oder zwischen die Schatten. Er sah, was er sah. Wer weiß, was in eines Dichters Sinn ist? Das Echo des Windes, der verstummt war, war dort, und der Laut des Regens und das Zucken und die Farbe des Feuers und etwas aus Erde und See und Himmel, und großes Mitleid und große Zärtlichkeit für Frauen und Kinder und Liebe zu Menschen und zu Vögeln und Tieren und zu dem grünen Leben, das ihm nicht weniger wunderbar und vertraut war. Und sinnend fühlte Jan, dass auch die Gedanken des Isla und der Morag durch seine Seele dahintrieben; und so lächelte er mit seinen Augen wegen des Verlangens und der Freude im Leben dieses Mannes, seines Freundes; und sah durch einen Nebelschleier unvergossener Tränen auf Morag, wegen des neuen Verlangens, das in ihren Augen leuchtete, und weil ihre Hände jetzt so schmal waren und der Atem kam und ging wie ein Vogel, der ermattet ist nach einem langen Flug. Auch ward er bekümmert über die Furcht und das Staunen, die zu ihm kamen aus dem verborgenen Dunkel ihrer Seele.

Jan war es, der das Schweigen brach, obwohl fürwahr seine leisen Worte sich einschmiegten in das Rascheln des Torfes und den träufelnden Regen und das Spülen des See-Lochs, wo es wie eine schwarze Otter zwischen den Hügeln sich hinwand und jetzt belebt war von der Flut.

»Aber wenn das Vöglein nach dir, Morag, und nicht nach Isla artet, wie willst du es dann nennen?«

Morag fuhr empor, blickte ihn mit ihren flammenhellen Augen an und errötete. Dann kam, unter leisem Lachen, ihre geflüsterte Antwort.

»So ist es doch wahr, Jan, dass du ein Hexenmeister bist. Isla hat oft gesagt, dass du das Liebeswerben der Bäume und der Blumen hören kannst, aber gewiss, ich denke, du könntest sogar die Steine reden hören oder zum wenigsten wissen, was in ihren Herzen ist. Wie konntest du erraten, dass ich gerade diesen Gedanken hegte?«

»Man konnte es wissen, Mädchen.«

»Jan, du müsstest ein Weib haben und ein Kind auf deinem Knie, welches seine Lippen gegen die deinen presste und dein Herz schmelzen machte mit seinen kleinen wandernden Händen.«

Jan regte sich nicht, obwohl sein Puls klopfte, denn dieses war die Sehnsucht, die immerfort harrend hinter Herz und Hirn lag und beide durchzitterte, die weisen, wissenden Nerven entlang – unsere weisen Nerven, die gestimmt wurden vor langer, langer Zeit und uns ein Lied spielen dem Licht entgegen oder hinab in die Finsternis –, und wir dabei ahnungslos, ohne die uralte Rune der Vererbung zu kennen, die das Blut singt, einen alten, uralten Gesang. Wer spielt die Weise, nach welcher unsere tanzenden Füße geleitet werden? Hinter dem Nebel ist sie, jene verschollene Melodie, nach welcher die Hügel sich erhoben, ein glühender Brei, und langsam erstarrten zu granitenem Schweigen, und nach welcher die Menschenseele emporklomm von den Geschöpfen des Schlamms zu den Palästen des Hirnes. Man kann sie hören, diese Melodie: in der äußeren Schale des menschlichen Wesens. Wer versteht den Chorgesang der Fluten in den verborgenen Straßen des Meeres? Wer versteht das alte, das uralte Flutgemurmel in den Nerven – in den Nerven selbst eines neugeborenen Kindes?

Da sie sah, dass er stumm blieb, fügte Morag hinzu: »Ja, lieber Jan, so ist es, ein Weib und ein Kind musst du haben. Gewiss, kein Mann, der alle die kleinen Kosenamen bereit hat, die du uns gibst, kann ohne uns auskommen!«

»Nun, nun, Morag-aghray, die Stunde wartet, wie sie draußen auf den Inseln sagen. Aber du hast mir keine Antwort gegeben auf das, was ich fragte?«

»Und ich weiß auch keine Antwort. Isla! … Isla, wenn es ein Mädchen würde, so würdest du wünschen, dass die Kleine Morag genannt würde, nach mir; aber das würde mir nicht gefallen; nein, nein, das möchte ich nicht. Du vergisst doch nicht, was die alte Mutter Mary sagte, dass eine dritte Morag in der Reihe, wie ein dritter Sheumais, im Schatten geboren werden, das Dunkel haben würde?«

»Gewisslich, muirnean, nicht du noch ich könnten das je vergessen. Ja, da schon deine Mutter Morag hieß und du Morag heißt, so darf keine dritte folgen. Aber ebenso ist es mit Muireall, welches der Name meiner Mutter war, und der Mutter vor ihr. Drum sieh, Liebe, lass Jan den Namen bestimmen, wenn es ein Mädchen wird – denn wir alle drei wissen, dass, wenn es ein Knabe ist, sein Name Jan sein wird. Also, mo-charaid, welches ist der Name, den das Gör haben soll?«

»Gör«, wiederholte Jan, einen Augenblick befremdet über dies ungewöhnliche Wort, »ach ja, gewiss; nun, das weiß Morag selbst am besten.«

»Nein, nein, Jan. Der Name soll von dir bestimmt werden. Welche Frauennamen liebst du am meisten?«

»Morag.«

»Ach, du weißt wohl, dass das nicht wahr ist, und sagst es bloß, um etwas zu sagen. Sag mir ehrlich: Welchen Namen liebst du am meisten?«

»Mona gefällt mir, und Lora, und auch Silis; und von den ganz alten Namen liebe ich Brighid und, dazu Dear-duil (Darthula) und Malmhin (Malveen); aber vor allen Namen ist mir lieb und süß in meinen Ohren Eilidh (Eil-ih).

Und dabei blieb es. Als in der dritten Woche nach jener Nacht das Kind geboren wurde, und zwar ein Mädchen, wurde es Eilidh genannt. Aber das Erste, was Jan sagte, als er nach der Geburt das Haus betrat, war:

»Wie geht's dem Vöglein?«

Und seit jenem Tag hieß Eilidh am häufigsten »das Vöglein«, selbst für Isla und Morag.

Von den vielen Liedern, die Jan an Eilidh dichtete, ist hier eines.

Eilidh, Eilidh, Eilidh, du Liebe, du Liebe und Süße,
Im Traum vernehm ich den Schall deiner kleinen,
trippelnden Füße –
Deiner trippelnden Füße Schall, der wie
plätschernde Wellengrüße
Trifft bei Tag und bei Nacht, Eilidh, meines Herzens
Sand, meine Süße.

Eilidh, mit Augen blau, die an Kindlein man sieht
so gerne,
Und weiß wie der Flaum, den der schmeichelnde
Hügelwind weht in die Ferne;
Wes ist das Licht in den Augen dein, das Licht
von einem Sterne,
Der am hellsten erstrahlt, wo des Himmels Lichter
funkeln aus dunkler Ferne.

Eilidh, Eilidh, Eilidh, nimm die winzigen Händchen
vom Herze mein,
Schmerz nur machen sie dort, wo Schmerz nicht
fürder sollte sein,
Denn trippelnde Füße und Händchen weiß und
wie Wellengeplätscher ein Girren fein,
Bringen Tränen in meine Augen, Eilidh, Tränen
empor aus dem Herzen mein –
Mo lennav-a-chree,
Mo lennav-a-chree![41]

Dies Lied war für ihn und wegen dessen, was in seinem Herzen war. Aber er dichtete auch Lieder an das Vöglein selbst. Einige waren so schlicht geheimnisvoll wie eine Blume am Wegesrand; andere waren seltsam und ein Klang in ihnen, welchen alle, denen Jans Lieder bekannt sind, wiedererkennen werden. Hier ist eins.

Lennavan-mo,
Lennavan-mo,
Wer wiegt dich hin und her so froh,
Mit langem, leisen Schwung und süßem, leisen Sang,
Und dem liebsten Wort, das je in Mutterrunen klang.

Lennavan-mo,
Lennavan-mo,
Wer wiegt dich hin und her so froh?
Mich dünkt, es ist ein Engel fein,
Von der letzten Stufe blickt er in die Tiefe hinein,
Und schwingt die grüne Welt empor an seinem Haar
von Sonnenschein.

Lennavan-mo,
Lennavan-mo,
Wer wiegt dich und den Engel so froh?
Er, des leisester Gedanke eine Welt in der Fern,
Er, des Wunsch ein hüpfender, siebenfacher Stern,
Er ist's, Lennavan-mo,
Zu dem du und ich und alle Wesen kehren gern.

Lennavan-mo,
Lennavan-mo,
Du bist nur ein Mägdlein winzig-klein, Eilidh-mo-chree,
Doch dies Blümlein streckt die Wurzeln in des

Himmels Tiefen weit,
Und so bist du eins mit dem Herrn der Ewigkeit,
Mein Mägdlein lieb und klein,
Mein Morgenschein,
Eilidh-mo-chree, Lennavan-mo,
Lennavan-mo.

Und noch eines von seinen Liedern will ich beifügen, auch dieses wie »Leanabhan-mo«, von denen, die geschrieben wurden, als Eilidh noch an der Mutterbrust lag.

Eilidh, Eilidh,
So winzig und schön;
Die Stunden verrinnen,
Und die Winde wehn.

Doch von keinem der Winde
Ein Leid dir geschieht,
Braun Vöglein, das zwitschert
Sein hold Vogellied.

Und keine der Stunden,
In der dir nicht glühn,
Des Himmels Blau
Und des Meeres Grün.

Blau ist das Hoffen dein.
Eilidh, Eilidh,
Grün ist die Freude dein.
Eilidh, Eilidh.

Schmieg dich ins Nest hinein,
Am Herzen mein,

Vögelein, Vögelein,
Hier an dem Herzen mein,
Am Herzen mein!

Aber Eilidh war »das Vöglein« nicht nur, als sie noch in Jans starken Armen hoch in die Luft geschleudert werden konnte oder zu ihm hintrippelte von der Wanne zum Schemel und vom Schemel zum Stuhl; nicht nur, als sie ihn auf weiten Wanderungen in den Hügeln oberhalb Loch Long begleitete; sondern auch, als sie, ein erwachsenes Mädchen von zwanzig Jahren, so lieblich anzusehen war, dass das ganze Land lächelte, wenn es sie sah, wie über die erste Schwalbe in der Sonnenflut oder bei des Kuckucks erstem Ruf über tauige Wiesen nach langen Tagen der Finsternis.

Sie war hoch und schlank und hatte etwas Blumenähnliches an sich; gleich der Blume im Sonnenschein, der Woge im Meer, dem Baumwipfel im Wind. Ihre Augen von wechselndem Nussbraun, die bald graugrün schienen, bald verdüstert von Meeresdunkel oder einem veilchenfarbenen Schatten; ihre wundervoll gewölbten Augenbrauen, so dunkel, dass sie schwarz erschienen, ihr schönes, liebes Antlitz mit dem lebhaften Mund und den weißen fehlerlosen Zähnen; die Ohren, die in der Wirrnis ihres sonnenbraunen schattigen Haares lagen, wie rosige Muscheln auf angespültem Seekraut, das herrliche Ebenmaß von Kopf und Hals und Leib – kann man nicht von alledem lesen in den Gedichten des Jan Mor? Dazu klang ihre Stimme süß in den Ohren, wie der Sang von Quellen am Hügelhang. Aber am meisten ward sie geliebt deswegen, weil sie immer frisch war, wie Frühlicht, jung wie der Morgen, und in jeder Fiber durchzittert von Lebensfreude. Die Alten träumten, sie wären wieder jung, wenn sie bei ihnen war; die Müden taten ihre Herzen auf, denn sie war Sonnenschein; die Jungen wurden froh und glaubten, alle Dinge seien möglich. Wer kann die vielen Namen des Vögleins aufzählen? Sie ward genannt Sonnenschein, Sonnenstrahl, Windeshauch und mit vielen anderen anmutigen und zärtlichen Namen. Aber ein jeder kannte einen Namen, der allgemein verbreitet war – »das Vöglein«.

»Was hat sie getan, dass sie so berühmt geworden ist, durch Jan Mor und durch andere?«, ward in späteren Jahren oft von ihr gesagt, als schon die ersten vereinzelten grauen Fäden das schöne Haar durchzogen, das ihr Stolz war? Was hat sie getan, diese Eilidh, was nicht andere Frauen auch tun? Nun wohl, es ist nicht Eilidhs Geschichte, die ich erzähle; während sie noch lebt und weiter leben wird, bis endlich ihr junges Herz still steht. Das Erlöschen eines Sonnenstrahls wird es sein.

Aber so viel weiß man und darf man auch sagen. Sie liebte die grüne Welt mit tiefer, inniger Liebe. Erde, Meer und Himmel waren ihr vertraute Gefährten wie wenigen Männern und noch weniger Frauen. Und sie liebte Männer und Frauen und Kinder, gerade wie Jan Mor sie liebte, und das war eine Art, nicht fern von jener liebevollen Art, die des Menschen Sohn hatte, denn sie war zärtlich und wahrhaftig und wenig bekümmert um das Üble, sondern freute sich mit Lachen und Weinen über das Gute. Und ferner, Folgendes kommt dazu: Sie liebte den Mann, dem sie sich hingab, mit tiefer Leidenschaft, die ihre Glut bewahrte in aller Kälte des Wechsels und der Zeit und selbst des Todes. Wie wenige sind es, von denen so viel gesagt werden kann? Denn tiefe Leidenschaft ist selten, so selten, dass die Menschen das fleckenlose Bild erniedrigt haben zum Dienst gemeiner Würze. Sie gab ihm Liebe und Leidenschaft und die Sehnsucht ihres Frauenherzens; und sie war die Flamme, die in seinem Hirn loderte, denn auch er, gleich Jan Mor, war ein Dichter und Träumer. Dann, nachdem sie Freude und Kraft und ihres Lebens Blüte gegeben hatte, sodass er das Hirn und das Herz zweier Leben hatte, gab sie ihm die herrlichste Gabe, die sie zu geben hatte, und das war ihr Kind, das Aluinn genannt ward wegen seiner Schönheit und jetzt der Dichter einer neuen Zeit ist.

Als sie mit dem Mann vermählt ward, dessen Liebe für sie fast Anbetung war, sagte Jan Mor Folgendes zu ihm: »Sei stolz, denn sie, die dich mit tiefem Sinn und neuen Kräften erfüllt hat, ist selbst eine stolze Königin, in deren Dienst du mit Freuden, sei es leben oder sterben musst.«

Und zu Eilidh selbst sagte er, in einer Niederschrift, die er ihr mitgab als Andenken: »Rhythmen der Liebesmelodie für dein Hirn, weiß beschwingte Gedanken für die Hallen deines Herzens, und der Sang der Weißen Amsel sei dort!« Und das Vöglein war froh darüber, denn sie verstand Jan und alles, was er meinte, und dieses Wort war ihr eine liebere Gabe als irgendein irdischer Schatz.

Lange Jahre danach sagte er dieses zu mir: »Ich habe zwei Frauen gekannt, die von dem alten Stamm der Tuatha-de-Danann waren. Sie waren wie eine einzige, wiewohl die, mit welcher mein Leben stieg und mein Leben dahinging, Ethlenn war, und die andere war Eilidh, das Vöglein, bei deren Geburt ich zugegen war und die mir Gefährte und Freund ist, mehr als irgendein Mann oder irgendeine Frau je gewesen ist. Dies ist, was ich von beiden sage: Ein Weib, schön und wert, geliebt, geehrt, angebetet zu werden, fürwahr, bis zum Götzendienst; aber nicht schwächlich; bereitet aus heldenhaftem Stoff, aus elementaren Leidenschaften; stark im Dulden, aber stark auch, zu erobern und zu behaupten.«

Von dem, was einer, der ungenannt bleiben muss, an sie schrieb, habe ich kein Recht zu reden, aber hier ist eine Strophe aus seinem »Lied meines Herzens«, die ich unvollkommen in dieses kalte Englisch gekleidet habe aus dem zarten Gälisch, dem er den Namen »Honigmund« verdankt. In Prosa muss ich sie wiedergeben, denn ich kann keinen Rhythmus finden oder ersinnen, der jenen seltsamen, dem Meeresrauschen gleichen Tonfall wiedergibt:

Komm zu dem Leben mein, das dir gehört, und
    sich anschmiegt an dich.
Komm zu dem Blute mein, das hüpft um dich,
Komm zu dem Herzen mein, das festhält dich, Eilidh,
Komm zu dem Herzen mein, das festhält dich, so wie
    die Erde grün festhält das Sonnenlicht,
Komm zu mir! Komm zu mir, Eilidh!

Und doch … und doch … »Was hat sie getan, diese Eilidh, was nicht andere Frauen auch tun?«

Fürwahr, danach muss man einen anderen fragen, nicht mich. Ich weiß keinen anderen Grund dafür, als das, was ich gesagt habe. Sie war und ist »das Vöglein«. »Grünes Leben ihr, grünes Lied ihr, grüne Freude ihr«, der alte Wunsch Jans an ihrem Namenstag, ist in der Tat in Erfüllung gegangen. Und warum sollte sie deswegen »das Vöglein« genannt werden? Es gibt andere Frauen, die ebenso lieblich anzusehen, ebenso süß und treu, Männern und Frauen ebenso teuer sind. Warum? Fürwahr, wenn man so fragen will, warum war Helena Helena; oder Kleopatra Kleopatra; oder Deirdre Deirdre? Und ferner, warum entzückt uns der altvertraute Bogen, der in den Himmeln sich wölbt, bei jeder neuen Erscheinung, als wäre er eine plötzlich erbaute Treppe zu allen verlorenen oder erträumten Paradiesen? Während ich schreibe, blicke ich seewärts, und über Innisdun, der düsteren, abschüssigen Insel, die in diesen weiten Wassern liegt, als wäre sie der Leviathan selbst, erhebt sich ein Regenbogen in ungeheurer ununterbrochener Wölbung, eine Himmelsblume, gespeist aus den zahllosen Farben des Sonnenuntergangs, die hin und her gewoben werden auf den Webstühlen des Meeres. Und ich weiß, dass ich nie zuvor einen Regenbogen so gesehen habe und von allen, die ich noch sehen werde, wohl nie wieder einen anderen so sehen werde, wie ich diesen gesehen habe. Doch ist es ein Regenbogen, wie andere es sind und gewesen sind und sein werden, in aller Vergangenheit und in aller Zukunft.

Eilidh, die »das Vöglein« war, als sie an der Brust lachte, und »das Vöglein« war, als ihr eigener Aluinn zuerst mit seines Vaters Augen sie ansah, und noch jetzt »das Vöglein« ist, da die jugendlichen Augen und das junge, junge Herz das Blütenweiß des Alters Lügen strafen – Eilidh, die ich liebe, Eilidh, die des Lebens Melodie in ihrer Seele hat wie kein Weib, das ich gekannt oder von dem ich je gehört habe, sie jemals in gleichem Maße hatte, Eilidh ist mein Regenbogen.

Das Abendmahl

»…… Und dort soll dann
Das Schöne werden neu …«
(Hyperion)

Zum letzten Mal wurde der Menschenfischer in Strath-Nair gesehen nicht von Alasdair Macleod, sondern von dem kleinen Kind, Arthur Macarthur, ihm, der geboren war von der Frau Mary Gilchrist, die das Leid der Frauen gefühlt hatte.

Ein kleines Kind war er in der Tat, als er, wegen seiner Einsamkeit und weil er seinen Weg verloren hatte, schluchzend im Farnkraut lag, am Ufer des Gießbachs in der Schattigen Schlucht.

Als er ein Mann war und die Jahre des Zwielichts erreicht hatte, ward er geliebt von Männern und Frauen, denn seine Lieder waren zahlreich und süß, und sein Herz war treu, und er war ein guter Mann und führte nichts Böses im Schilde wider irgendjemand.

Er ist es, der den Menschenfischer sah, als er noch ein kleiner Knabe war; und einige sagen, dass es am Abend des

Tages war, an dem Alasdair Og starb, obwohl ich davon nichts weiß. Und was er sah und was er hörte, war ein Mondstrahl, der auf das düstere Meer seiner Seele fiel und darin versank und es mit Licht erfüllte für alle Tage seines Lebens. Eine mondhelle Seele war die des Macarthur, der am besten bekannt ist als Jan Mor, Jan Mor von den Hügeln, obwohl den Grund, weshalb er den Namen Jan Camerons annahm, niemand mehr weiß als nur eine Person, und das braucht hier nicht erzählt zu werden. Immer hatte er Musik in seiner Seele. Ich fragte ihn einmal, warum er hörte, was so wenige hörten, aber er lächelte und sagte nur: »Wenn das Herz erfüllt ist von Liebe, so steigt kühler Tau des Friedens daraus auf und fällt nieder auf die Seele; und dann geschieht es, dass das Lied der Freude gehört wird.«

Es muss wegen dieses Leuchtens seiner Seele gewesen sein, dass einige, die ihn liebten, ihn für einen Erleuchteten hielten. Sein Geist war eine Muschel, die das berückende Echo der Tiefsee festhielt; und ihn zu kennen, hieß einen Hauch auffangen von dem unendlichen Ozean des Wunders und Geheimnisses und der Schönheit, dessen ruhiges Orakel er war. Er hat jetzt Frieden, dort wo er unter dem Heidekraut liegt, auf einem Hügelhang in weiter Ferne; aber der Menschenfischer wird ihn von Neuem hierhersenden, ein Leuchten auf die Woge zu legen und einen Glanz auf die braune Erde.

Dieses Sgeul[42] will ich erzählen, wie Jan Mor, der das kleine Kind Art Macarthur war, es mir erzählte.

Oft und oft ist es mir ganz wie ein Traum, der unversehens kommt. Oft und oft habe ich versucht, in die grünen Schluchten der Seele zu schauen, aus denen es kommt, und in die es enteilt wie ein Blitz, wie der Schimmer eines Regenbogens. Wenn ich versuche, ihm nahezukommen, um zu erkennen, ob es ein beschwingter Glorienschein aus der Seele ist oder in der Tat ein Ereignis war, das mir in meiner zarten Jugend zustieß –

siehe, so ist es eine Dämmerung, die im Tag versinkt, ein Stern, der in der Sonne sich verliert, das Fallen des Taus.

Aber ich werde es nicht vergessen; nein, niemals; nein, nicht eher als bis das Schweigen des Grases über meinen Augen ist, werde ich jenes Zwielicht vergessen.

Bittre Tränen sind es, die Kinder vergießen. Alles, was wir mit leeren Worten sagen, wird von ihnen gesagt mit diesem quellenden Sprühwasser des Leides. Ich hatte die Bangigkeit an jenem Tag. Seltsam feindselige Mächte lauerten in dem vertrauten Farnkraut. Das Pfeifen des Windes in den Bäumen, das Spülen des braunen Wassers an meiner Seite, sie, die so befreundet gewesen waren, waren Stimmen des Schreckens. Das ruhige Licht auf dem Gras loderte.

Das Wilde Volk, das im Schatten lauerte, hatte Augen für meine Hilflosigkeit. Wenn die Dunkelheit käme, so dachte ich, würde ich des Todes sein, verschlungen von ich weiß nicht welchem wilden Ungeheuer. Wollte Mutter denn gar nicht kommen, gar nicht kommen mit hilfreichen Armen, mit Augen gleich sanften Heimatskerzen?

Dann verstummte mein Schluchzen, denn ich hörte einen Schritt. Armes winziges Bürschlein, das ich war, blickte ich in banger Furcht um mich, um zu sehen, wer aus der Wildnis herankam. Es war ein Mann, hoch und hager und matt, mit langem Haar, das über sein Antlitz herabhing. Blass war er wie eine mondbestrahlte Hütte auf dem dunklen Moor, und seine Stimme war leise und süß. Als ich seine Augen sah, hatte ich gar keine Furcht mehr. Ich sah den Mutterblick in ihrem grauen Schatten.

»Und bist du es, Art lennavan-mo?«, sagte er, als er sich niederbeugte und mich aufhob.

Ich hatte keine Furcht. Es war kein Nass mehr in meinen Augen.

»Was ist es, worauf du jetzt lauschest, mein kleiner Bursche?«, flüsterte er, als er sah, dass ich mich gespannt vorbeugte, um zu erhaschen, ich weiß nicht was.

»Fürwahr«, sagte ich. »Ich weiß es nicht, aber ich glaubte, ich hörte eine Melodie fern dort unten im Wald.«

Ich hörte es, sicherlich. Es war ein wundersam süßes Lied, wie von jemand, der die Feadan[43] spielt in einem Traum. Callum Dall, der Pfeifer, konnte keine vortrefflichere Melodie spielen als diese es war; und Callum war ein siebter Sohn und war im Mondschein geboren.

»Willst du mit mir kommen in dieser Nacht der Nächte, kleiner Art?«, fragte mich der Mann, und seine Lippen berührten meine Stirn und gaben mir Ruhe.

»Das will ich gewiss und gewiss«, sagte ich. Und dann fiel ich in Schlaf.

Als ich erwachte, waren wir in der Jägerhütte, die am äußersten Ende der Schattigen Schlucht ist.

Es war ein langer, roh behauener Tisch darin, und ich starrte, als ich Becher sah und einen großen Krug mit Milch und einen Teller gehäuft voll Haferkuchen und daneben einen braunen Laib Roggenbrot.

»Kleiner Art«, sagte er, der mich trug, »weißt du jetzt, wer ich bin?«

»Du bist ein Fürst, denke ich«, lautete das scheue Wort, das mir in den Mund kam.

»Gewiss lennav-aghray, so ist es. Und der Fürst des Friedens werde ich genannt.«

»Und wer soll all dieses essen?«, fragte ich.

»Dies ist das Abendmahl«, sagte der Fürst, so leise, dass ich es kaum hören konnte; und es schien mir, als flüsterte er: »Denn ich sterbe täglich, und immer, ehe ich sterbe, brechen die Zwölf Brot mit mir.«

Da sah ich, dass sechs Näpfe Suppe auf der einer Seite und sechs auf der anderen Seite standen.

»Welches ist dein Name, o Fürst?«

»Josa.«

»Und hast du keinen anderen Namen als diesen?«

»Ich werde Josa mac Dhe[44] genannt.«

»Und wohnst du in diesem Haus?«

»Ja. Aber Art, mein kleiner Bursche, ich will deine Augen küssen, und du sollst sehen, wer mit mir zu Abend isst.«

Und damit küsste der Fürst, der Josa genannt ward, mich auf die Augen, und ich sah.

»Du wirst nie wieder ganz blind sein«, flüsterte er, »und das ist der Grund, warum ich durch all die langen Jahre meiner Jahre fröhlich gewesen bin in meiner Seele.«

Was ich sah, war etwas Seltsames und Wunderbares. Zwölf Männer saßen an jenem Tisch, und alle richteten Augen der Liebe auf Josa. Aber sie glichen nicht irgendwelchen Männern, die ich jemals gesehen hatte. Hoch und schön und schrecklich waren sie, wie ein Morgen an einem öden Ort; alle außer einem, der dunkel war und einen Schatten auf sich und in seinen wilden Augen hatte.

Es schien mir, als sei ein jeder in einen leuchtenden Nebel gekleidet. Ihre Augen schienen wie Sterne durch jenen Nebel.

Und bevor er Brot brach oder den Löffel in die Suppe tauchte, die in dem Napf vor ihm war, legte ein jeder drei Weberschiffchen auf die Tischplatte nieder.

Lange blickte ich auf jene Tischgesellschaft, aber Josa hielt mich in seinen Armen, und ich hatte keine Furcht.

»Wer sind diese Männer?«, fragte er mich.

»Die Söhne Gottes«, sagte ich, ohne zu wissen, was ich sagte, denn ich war doch nur ein Kind.

Er lächelte darüber. »Sehet«, sprach er zu den zwölf Männern, die am Tisch saßen, »sehet, der Kleine ist weiser als der Weiseste von euch.« Da lächelten alle in Heiterkeit und Freude außer einem; ihm, der im Schatten war. Er schaute mich an, und ich gedachte zweier schwarzer einsamer Bergseen am Hügelhang, schwarz von Schrecknissen wegen des Wasserrades und des Ertränkers.

»Wer sind diese Männer?«, flüsterte ich, und ein Beben kam über mich infolge der Ehrfurcht, die mich erfüllte.

»Es sind die Zwölf Weber, Art, mein liebes Kind.«

»Und was ist es, das sie weben?«

»Sie weben für meinen Vater, und dessen Gespinst bin ich.«

Da blickte ich den Fürsten an, aber ich konnte kein Gewebe sehen.

»Bist du nicht Josa, der Fürst?«

»Ich bin das Gespinst des Lebens, Art lennavan-mo.«

»Und was bedeuten die drei Weberschiffchen, die neben jedem Weber liegen?«

Ich weiß jetzt, dass, als ich meine Kinderaugen auf diese Weberschiffchen richtete, ich sah, dass sie lebendig und wundervoll waren und niemals von dem gleichen Anblick.

»Sie werden genannt Schönheit und Wunder und Geheimnis.«

Und damit setzte Josa mac Dhe sich nieder und sprach mit den Zwölfen. Alle waren überaus schön, außer ihm, der schräge blickte aus dunklen Augen. Ich hielt jeden, wenn ich ihn anschaute, für schöner als irgendeinen seiner Gefährten; aber am meisten liebte ich die beiden zu betrachten, die zu beiden Seiten Josas saßen.

»Er wird ein Träumer sein unter den Menschen«, sagte der Fürst. »So sagt ihm, wer ihr seid.«

Da richtete er, der zu seiner Rechten war, seine Augen auf mich. Ich neigte mich zu ihm, leise lachend in dem frohen Wohlgefallen, das ich an seinen Augen und dem leuchtenden Haar hatte und an der himmelblauen Flamme, die sein Kleid war.

»Ich bin der Weber der Freude«, sagte er. Und damit nahm er seine drei Weberschiffchen, die Schönheit und Wunder und Geheimnis genannt waren, und er wob eine unsterbliche Gestalt, und sie ging hervor aus dem Zimmer und hinaus in die grüne Welt und sang ein hinreißend schönes Lied.

Dann schaute er, der links neben Josa, dem Leben, saß, mich an, und mein Herz hüpfte. Auch er hatte leuchtendes Haar, aber ich könnte die Farbe seiner Augen nicht nennen wegen des Glanzes, der in ihnen war. »Ich bin der Weber der Liebe«, sagte er, »und ich sitze zunächst dem Herzen Josas.« Und damit nahm er seine drei Weberschiffchen, die Schönheit und Wunder und Geheimnis genannt waren, und er wob eine unsterbliche Gestalt, und sie ging hervor aus dem Zimmer und hinaus in die grüne Welt und sang ein hinreißend schönes Lied.

Damals schon wünschte ich, obwohl ich ein Kind war, keinen anderen anzuschauen. Keiner konnte so überaus schön sein, dachte ich, als der Weber der Freude und der Weber der Liebe.

Aber eine wunderbar süße Stimme sang in meinen Ohren, und eine kühle, sanfte Hand legte sich auf mein Haupt, und der Schönheitprangende, Stolze, der gesprochen hatte, sagte: »Ich bin der Weber des Todes«, und der Liebliche, Flüsternde, der mich in Ruhe gewiegt hatte, sagte: »Ich bin der Weber des Schlafes.« Und jeder wob mit den Weberschiffchen der Schönheit und des Wunders und des Geheimnisses, und ich wusste nicht, wer von ihnen der Schönere war, und Tod schien mir wie Liebe, und in den Augen des Traums sah ich die Freude.

Mein Blick haftete noch auf den schönen, wundervollen Gestalten, die von diesen zweien hervorgingen – von dem Weber des Schlafes eine unsterbliche Gestalt sternenäugigen Schweigens, und von dem Weber des Todes ein liebliches

Dunkel mit einem Herzen von verborgener Glut –, als ich die Stimmen zweier anderen von den Zwölfen vernahm. Sie waren wie das Lachen des Windes im Korn und wie der goldene Glanz auf jenem Korn. Und der eine sagte: »Ich bin der Weber der Leidenschaft«, und als er sprach, dachte ich, er sei sowohl Liebe und Freude als Tod und Leben, und ich streckte meine Hände aus. »Kraft ist's, die ich gebe«, sagte er, und er nahm mich und küsste mich. Dann, als Josa mich wieder auf sein Knie nahm, sah ich, dass der Weber der Leidenschaft sich zu dem weißen Glanze an seiner Seite wandte, ihm, von dem Josa mir zuflüsterte, er sei das Geheimnis der Welt, und der genannt ward »der Weber der Tugend«. Ich weiß nicht, woher oder wie es kam, aber es erscholl ein Singen von Himmelsvögeln, als diese beiden die Weberschiffchen der Schönheit und des Wunders und des Geheimnisses ergriffen und jeder eine unsterbliche Gestalt wob und ihr gebot hinauszugehen aus dem Zimmer in die grüne Welt, um dort für immer und ewig in den Ohren der Menschen ein hinreißend schönes Lied zu singen.

»O Josa«, rief ich, »sind alle diese deine Brüder? Denn jeder ist holdselig wie du, und alle haben ihre Augen entzündet an dem weißen Feuer, das ich jetzt in deinem Herzen sehe.«

Aber bevor er sprach, erfüllte sich der Raum mit Musik. Ich zitterte vor Freude darüber, und immer ist sie in meinen Ohren erklungen und wird nie aus ihnen schwinden. Dann sah ich, dass es der Hauch des siebten und achten, des neunten und des zehnten dieser sternenäugigen Diener Josas war, die er die Zwölfe nannte; und ihre Namen waren der Weber des Lachens, der Weber der Tränen, der Weber des Gebets und der Weber des Friedens. Ein jeder stand auf und küsste mich dort. »Wir werden mit dir sein bis ans Ende, kleiner Art«, sagten sie; und ich ergriff die Hand des einen und rief: »O Schöner, sei desgleichen mit der Frau, meiner Mutter«, und als Antwort erscholl mir das Flüstern des Webers der Tränen: »Ich will bis ans Ende.«

Dann sah ich mit Staunen, wie er desgleichen die Weberschiffchen nahm, die immer dieselben und doch nimmer dieselben waren, und eine unsterbliche Gestalt webte. Und als diese Seele der Tränen aus dem Zimmer hinausging, dachte ich, es sei meiner Mutter Stimme, die jenes hinreißend schöne Lied sang, und ich weinte laut auf darüber.

Die schöne Unsterbliche wendete sich um und winkte mir zu. »Ich werde nimmer fern von dir sein, kleiner Art«, seufzte sie, wie Sommerregen, der auf Blätter fällt; »aber ich gehe jetzt zu meinem Heim in dem Herzen der Frauen.«

Jetzt waren nur noch zwei von den Zwölfen übrig. O die Heiterkeit und die Freude, als ich ihn anschaute, der seine Augen auf das Antlitz Josas geheftet hielt, der das Leben war! Er hob die drei Weberschiffchen der Schönheit und des Wunders und des Geheimnisses empor und wob einen Nebel von Regenbogen in jenem Raum; und in dem Glanz sah ich, dass selbst der düstere Zwölfte seine Augen aufhob und lächelte.

»O, welches mag dein Name sein?«, rief ich und reckte meine Arme aus nach dem Schönheitprangenden, Stolzen. Aber er hörte nicht, denn er wirkte Regenbogen um Regenbogen aus dem Nebel von Glanz, den er machte, und sandte einen jeden hinaus in die grüne Welt, dass er auf immer vor den Augen der Menschen sei.

»Er ist der Weber der Hoffnung«, flüsterte Josa mac Dhe, »und er ist die Seele eines jeden, der hier ist.«

Dann wendete ich mich zu dem Zwölften und sagte: »Wer bist du, o Stolzer mit dem Schatten in den Augen?«

Aber er antwortete nicht, und es herrschte Schweigen in dem Zimmer. Und alle dort, von dem Weber der Freude bis zum Weber des Friedens, senkten die Blicke und sagten nichts. Nur der Weber der Hoffnung wirkte einen Regenbogen, und er trieb in das Herz des einsamen Webers, welcher zwölfter war.

»Und wer mag dieser Mann sein, o Josa mac Dhe?«, flüsterte ich.

»Antworte dem kleinen Kind«, sagte Josa, und seine Stimme klang traurig.

Da antwortete der Weber:

»Ich bin der Weber der Herrlichkeit –«, begann er, aber Josa blickte ihn an, und er sprach nicht weiter.

»Art, kleiner Knabe«, sagte der Fürst des Friedens, »er ist der eine, der mich für immer verrät. Es ist Judas, der Weber der Furcht.«

Und da nahm der kummervolle, schattenäugige Mann, welcher der Zwölfte war, die drei Weberschiffchen auf, die vor ihm lagen.

»Und was bedeuten diese, o Judas?«, rief ich eifrig, denn ich sah, dass sie schwarz waren.

Als er nicht antwortete, neigte einer der Zwölfe sich vorwärts und sah ihn an. Es war der Weber des Todes, der das tat.

»Die drei Weberschiffchen Judas', des Furchtwebers, o kleiner Art«, sagte der Weber des Todes, »werden genannt Geheimnis und Verzweiflung und das Grab.«

Und da stand Judas auf und verließ das Zimmer. Aber die Gestalt, die er gewoben hatte, folgte ihm wie sein Schatten; und beide fuhren hinaus in die trübe Welt, und der Schatten glitt in die Seelen und in die Herzen der Menschen und verriet Josa, welcher der Fürst des Friedens war.

Darauf stand Josa auf und nahm mich bei der Hand und führte mich aus jenem Zimmer. Als ich einmal zurückschaute, sah ich keinen von den Zwölfen als nur den Weber der Hoffnung, und er saß und sang ein wildes, süßes Lied, das er vom Weber der Freude gelernt hatte, saß und sang inmitten eines

Nebels von Regenbogen und webte einen strahlenden Glorienschein, der blendend war wie die Sonne.

Und da erwachte ich und lag an meiner Mutter Herz, und ihre Tränen flossen auf mich herab und ihre Lippen bewegten sich in einem Gebet.

Muime Chriosd[45]

St. Bride von den Inseln.
Sloinneadh Brighde, Muime Chriosd.

Brighde nighean Dughaill Duinn,
'Ic Aoidth, ic Arta, ic Cuinn.
Gach la is gach oidhche
Ni mi cuirahneachadh air sloinneadh Brighde.
Cha mharbhar mi,
Cha ghuinear mi,
Cha gonar mi,
Cha mho dh' fhagas Criosd an dearmad mi;
Cha loisg teine gniomh Shatain mi;
'S cha bhath uisge no saile mi;
'S mi so chomraig Naoimh Moire –
'S mo chaomh mhuime, Brighde.

Der Stammbaum St. Bridgets oder St. Brides, der Pflegerin Christi.

St. Bridget, die Tochter des Dughall Donn,
Des Sohnes Hughs, des Sohnes Arts, des Sohnes
des Conn.

Jede Nacht und jeden Tag
Will über St. Bridgets Stammbaum ich sinnen nach.
Nicht werd ich (dann) getötet,
Nicht werd ich verwundet,
Nicht werd ich verzaubert,
Noch wird Christ mich verlassen;
Noch wird Satans Feuer mich brennen;
Nicht Wasser noch See wird mich ertränken.
Denn ich steh im Schutze der Jungfrau Maria
Und meiner trauten Pflegerin, St. Bridget.

I

Lange bevor St. Colum über den Moyle nach dem Eiland Jona kam, das damals von Fremden Innis-nan-Dhruidhneach, die Insel der Druiden, und von den Eingeborenen Joua genannt ward, da lebte auf dem südöstlichen Hange von Dun-I ein armer Hirte namens Duvach. Arm war er, gewisslich, doch nicht aus diesem Grund geschah es, dass er nicht zurückkehren konnte nach Irland, dem grünen Banba, wie er es nannte; sondern weil er von dort verbannt war und wohl niemals wieder den Duft des Heidekrauts einsaugen durfte, das auf Sliabh-Gorm blühte, in dem Land, das in der Vorzeit das Reich Aoimag war.

Er war ein Fürst in seinem eigenen Land, obschon auf Jona niemand außer dem Ober-Druiden wusste, welches sein Name war. Der Hoheriester jedoch wusste, dass Duvach der erlauchte Dughall war, der Dughall Donn genannt wurde, der Sohn Hughs des Königs, des Sohnes Arts, des Sohnes Conns.[46] In seiner Jugend war er angeklagt worden, an einer Jungfrau von vornehmem Geblüt unrecht gehandelt zu haben. Als ihr Kind geboren war, musste er über ihrer Leiche schwören, dass er der

Tochter Treue erweisen wollte, für die sie ihr Leben hingegeben hatte, dass er sie aufziehen würde an einem heiligen Ort, aber fern von Eire, und dass er niemals wieder seinen Fuß in dieses Land setzen würde. Es war bitter genug für Dughall Donn, dies zu tun; umso mehr, als er, vor dem König und den Priestern und dem Volk, bei dem Wind und beim Mond und bei der Sonne schwor, dass er unschuldig sei an dem, dessen er angeklagt war. Es waren viele dort, die ihm wegen dieses heiligen Eides glaubten, andere glaubten es im Hinblick darauf, dass Morna, die Prinzessin, in demselben Sinne geschworen hatte. Überdies, da war Aodh mit dem Goldenen Haar, ein Dichter und Seher, der erklärte, Morna habe ein unsterbliches Wesen geboren, dessen Name eines Tages an Herrlichkeit sein würde wie der Mond inmitten der Sterne. Aber der König ließ sich nicht besänftigen, wenngleich er das Leben seines jüngsten Sohnes schonte. So geschah es, dass, nach dem Rate Aodhs des Druiden, Dughall Donn nordwärts ging durch das Reich Clanadon und weiter bis zu dem See-Loch, der damals Loc Feobal genannt ward. Dort bestieg er mit einigen Wanderern ein Boot, das nach Alba bestimmt war. Aber auf dem Moyle erhob sich ein Unwetter, und die schwanke Galeere wurde nordwärts getrieben und bei Sonnenaufgang wie ein Fisch, erschöpft und leblos, auf das Südende von Joua geworfen, das jetzt Jona ist. Nur zwei von den Seefahrern blieben am Leben, Dughall Donn und das kleine Kind. Dies geschah an dem Ort, wo, an einem Tag der Tage in einem Jahr, das noch nicht gekommen war, St. Colum in seinem Lederboot landete und auf den Knien liegend sein Dankgebet sprach.

Als sie, von der Sonne erwärmt, sich erhoben, fanden sie sich an einem öden Ort. Bekümmert war Dughall in seinem Sinn wegen der Unheilzeichen, und zu seinem Schrecken und Staunen kniete jetzt das Kind Bridget auf den Steinen nieder, und die Hände faltend, die klein und rosig waren, wie die Seemuscheln rings um sie, sang sie ein Lied in Worten, die ihm unbekannt waren. Dies war umso wunderbarer, als sie noch ein kleines Kind war und noch kein Wort sprechen konnte, selbst im Ersischen, der einzigen Zunge, die sie gehört hatte.

An diesem Wunderzeichen erkannte er, dass Aodh als Wissender gesprochen hatte. Fürwahr, dies Kind war nicht von menschlicher Herkunft. So kniete auch er nieder, und vor ihr sich verneigend, fragte er, ob sie vom Stamm der Tuatha-de-Danann oder von den älteren Göttern sei und was ihr Wille wäre, damit er ihr Diener sein möchte. Da geschah es, dass das kniende Kindlein ihn anblickte und mit einer leisen, süßen Stimme in Ersisch sang.

Ich bin nur ein kleines Kind,
Dughall, Sohn des Hugh, Sohn des Art,
Doch gelegt wird mein Gewand
Um den Herrn der Welt,
Ja, gewisslich geschieht's, dass Er selbst,
Der König der Elemente,
An meinen Busen sich schmiegt,
Und ich ihm Frieden gebe;
Und Frieden gewähr ich allen, die bitten
Um dieses mächtigen Fürsten willen
Und wegen seiner Mutter, der Tochter des Friedens.

Und während Dughall Donn noch hierüber staunte, nahte der Ober-Druide von Jona heran mit seinen weißgekleideten Priestern. Ein ernster Willkommengruß ward dem Fremdling zuteil. Während dem jüngsten der Diener Gottes das Kind anvertraut ward, nahm der Ober-Druide Dughall beiseite und befragte ihn. Nicht vor dem dritten Tag geschah es, dass der Greis seine Entscheidung kundgab. Dughall Donn sollte auf Jona verweilen, wenn es sein Wille war; aber das Kind musste bleiben. Sein Leben sollte geschont werden, und er sollte in keiner Art ein Gefangener sein, auch ein wenig Ackerland sollte ihm gegeben werden und alles, was er brauchen würde. Aber von seiner Vergangenheit durfte er kein Wort sagen. Sein Name sollte werden wie ein Nichts, und er sollte lediglich als Duvach bekannt sein. Auch das Kind sollte Bride genannt werden, denn das war die Form, die der Name Bridget im Ersisch der Inseln erhielt.

Auf die Frage Dughalls, der fortan Duvach war, warum er denn so großen Wert auf das Kind lege, das ein Mädchen war und überdies als die Frucht der Sünde galt, erwiderte Cathal der Ober-Druide Folgendes: »Mein Verwandter Aodh mit dem Goldenen Haar, der dich hierhersandte, war weiser als Hugh der König und alle die Druiden von Aoimag. Fürwahr, dies Kind ist eine Unsterbliche. Es gibt eine uralte Prophezeiung, die sie betrifft, sicherlich sie, die jetzt hier ist, und keine andere. Einst, so sagt sie, wird eine makellose Maid geboren werden von einer Jungfrau aus dem alten, uralten Stamme in Innisfail. Und wenn zum siebten Mal das heilige Jahr gekommen ist, wird sie die Ewigkeit in ihrem Schoß halten als eine weiße Blume. Ihre jungfräuliche Brust soll schwellen mit Milch für den Fürsten der Welt. Sie soll den König der Elemente stillen. Darum sage ich dir, Duvach, gehe hin in Frieden. Nimm dir ein Weib, und lebe an dem Ort, den ich dir geben werde, auf der Ostseite von Joua. Verfahre mit Bride, als wäre sie deine Seele, aber lass sie viel allein, und lass sie lernen von der Sonne und dem Wind. In der Zeiten Fülle wird die Prophezeiung erfüllt werden.

Und so geschah es seit jenem Tag der Tage. Duvach nahm sich ein Weib, das die kleine Bride entwöhnte, und diese wuchs heran in Schönheit und Anmut, sodass alle Leute staunten. Jahr für Jahr in sieben Jahren gebar das Weib Duvachs ihm einen Sohn, und diese wuchsen zusehends an

Kraft, sodass zu Beginn des dritten Jahres des siebten Zyklus von Brides Leben drei mutige Jünglinge da waren, um ihr brüderlich zu dienen, und drei anmutige und kräftige Burschen und ein junger Knabe von schöner Gestalt. Und niemand, nicht einmal Bride selbst, sondern nur Cathal der Ober-Druide wusste, dass Duvach der Hirte Dughall Donn war, von einem Fürstengeschlecht in Innisfail.

Überdies begann Duvach schließlich zu denken, er habe geträumt oder zum mindesten habe Cathal die Prophezeiung nicht richtig gedeutet. Denn wiewohl Bride von außerordentlicher Schönheit war und von einer seltsamen Frömmigkeit, welche bewirkte, dass die jungen Druiden sich vor ihr verneigten, als wäre sie eine Bandia[47], so ging doch die Welt weiter wie zuvor, und die Tage brachten keine Veränderung. Als sie noch ein Kind war, hatte er sie oft über die Worte befragt, die sie als Kindlein gesprochen hatte, aber sie erinnerte sich derselben nicht. Einmal, in ihrem neunten Jahr, traf er sie am Hügelhang von Dun-Jan, wie sie ganz dieselben Worte sang. Ihre Augen träumten weit in die Ferne. Er neigte sein Haupt, und, zum Spender des Lichtes betend, eilte er zu Cathal. Der alte Mann gebot ihm, nicht mehr zu dem Kind über die Geheimnisse zu sprechen.

Bride verlebte die Stunden ihrer Tage auf den Halden von Dun-I, die Schafe hütend, oder sie folgte den Kühen über die grünen Hügel und grasbedeckten Dünen des Landstrichs, der damals wie jetzt Machar genannt ward. Die Schönheit der Welt war ihre tägliche Nahrung. Die Seele in ihr war wie Sonnenlicht hinter einer weißen Blume. Die Vöglein in den Büschen sangen vor Freude, wenn sie ihre blauen Augen sahen. Die zarten Gebete, die in ihrem Herzen waren für all die Tiere und Vögel, für hilflose Kinder und müde Frauen und für alle, die alt waren, sah man oft über ihrem Haupt fliegen in der Gestalt weißer Tauben aus Sonnenlicht.

Aber als die Mitte des Jahres herankam, welches, wiewohl Duvach es vergessen hatte, das Jahr der Prophezeiung war, begann sein ältester Sohn, Conn, der jetzt ein Mann war, zu murren wider die Reinheit Brides, wegen ihrer Schönheit und weil ein Häuptling des Festlands erpicht darauf war, sie zum Weib zu nehmen. »Ich werde Bride zum Weib nehmen oder Joua verwüsten«, war die Botschaft, die er gesandt hatte.

So erhoben eines Tages, vor dem großen Feuer des Sommerfestes, Conn und seine Brüder Vorwürfe gegen Bride.

»Unnütz sind diese klaren Augen, o Bride, da sie nicht als Leuchten dienen an deinem Hochzeitsbett.«

»Fürwahr, nicht die Augen sind es, durch die wir leben«, entgegnete die Jungfrau sanft, und zu ihrem Schrecken und Staunen fuhr sie mit der Hand über ihr Gesicht und ließ sie sehen, dass die Augenhöhlen leer waren.

Vor Ehrfurcht erbebend bei diesem Wunderzeichen, trat Duvach dazwischen.

»Bei der Sonne schwöre ich, o Bride, dass du dich vermählen sollst, mit wem du nur willst und mit keinem anderen, und wenn du willst, oder überhaupt nicht, wenn das dein Wille ist.«

Und als er ausgeredet hatte, lächelte Bride und fuhr wieder mit ihrer Hand über ihr Gesicht und alle dort waren beschämt wegen des blauen morgenhellen Lichtes, das in ihren strahlenden Augen war.

II

Die stillen Tage waren gekommen, und alle die Inseln lagen da in Schönheit. Fern im Süden, den Blicken unerreichbar, zogen sich die Küsten von Eire hin; im Westen träumten meilenweite Flächen ruhigen Meeres hinüber in die von keinem Segel belebten Einöden, deren Wogen endlich die Gestade

Tir-na'n-Ogs umspülten, des Landes Ewiger Jugend; nordwärts funkelten die im Zauberbann liegenden Wasser im Sonnenlicht, hier und dort durchbrochen von purpurnen Schatten, welches die Inseln Staffa, Ulva und Lunga waren und die Inseln der Säulen, das neblige Coll und Tiree, welche das Land unter der Woge ist; blassblau im Glutnebel lagen die Berge von Rum, Haleval, Haskeval und Oreval genannt, und der klare Scuir-na-Gillian und die Spitzen der Cuchullins auf dem fernen Skye.

All die süße Lieblichkeit eines entschwundenen Frühlings war zurückgeblieben, um der Herrlichkeit des Sommers Frische zu verleihen. Noch sangen die Vögel ihre Lieder.

Es war, als der Tau noch nass auf dem Gras lag, da kam Bride aus ihres Vaters Haus und schritt den steilen Hang von Dun-I hinauf. Das Schreien der Lämmer und der Mutterschafe auf den Weiden scholl kläglich dem grauenden Morgen entgegen. Das Brüllen der Kühe stieg empor aus den sandigen Senken am Gestade und von den Wiesen der unteren Halden. Über das ganze Eiland tönte ein rascher, rieselnder Laut, gar süß anzuhören; die zahllosen Stimmen zwitschernder Vögel, von der Mornelle im Seekraut bis zu den Lerchen, welche in die blauen Himmelshöhen emporklommen.

Dies war der Morgen ihrer Geburt, und sie war in Weiß gekleidet. Um ihren Leib war ein Gürtel von heiliger Eberesche, deren gefiederte grüne Blätter dämmerige Schatten über ihr Kleid flackern ließen, während sie dahinschritt. Das Licht auf ihrem gelben Haar war wie wenn, vor Freude leise lachend, inmitten des hohen Kornes der Morgen erwacht. Während sie dahinschritt, ertönte ihr Gesang, sanft wie das Girren einer Taube. Wäre irgendjemand da gewesen, es zu hören, er wäre verlegen geworden, denn die Worte waren nicht Ersisch, und die Augen des schönen Mädchens waren wie die einer Verzückten.

Als sie endlich, eine kurze Zeit vor Sonnenaufgang, den Gipfel des Scuir erreichte, der ein so kleiner Hügel ist und doch in Jona, wo er die einzige Bergkuppe ist, so groß scheint, fand sie drei junge Druiden dort, bereit, das heilige Feuer zu nähren, in dem Augenblick, wo die Sonnenstrahlen es anzünden würden. Jeder war in ein weißes Gewand gehüllt, das mit Eichenlaub verziert war; und jeder trug ein goldenes Armband. Sie verneigten sich gelassen, als sie sich näherte. Einer trat vor, und ein Erröten war auf seinem Antlitz wegen ihrer Schönheit, welche einer Meereswoge glich an Anmut und einer Blume an Reinheit und dem Sonnenschein an Fröhlichkeit und dem Mondlicht an Ruhe und dem Wind an Duft.

»Du darfst näher treten, wenn du willst, Bride, Tochter Duvachs«, sagte er, mit einem Anflug von Ehrerbietung sowohl wie von ernster Höflichkeit in seiner Stimme. »Denn der heilige Cathal hat gesagt, dass der Hauch des Urquells des All auf dir ist. Es ist nicht recht für Frauen, hier zu sein in diesem Augenblick, aber du trägst das Recht dazu leuchtend auf deinem Angesicht und in deinen Augen. Bist du gekommen, um zu beten?«

Aber in diesem Augenblick erscholl ein leiser Ruf vor einem seiner Gefährten. Er wandte sich um und trat wieder zu seinen Genossen. Dann sanken alle drei auf ihre Knie nieder und begrüßten mit ausgestreckten Armen das Emporsteigen Gottes.

Als die Sonne aufging, scholl von ihren Lippen ein feierlicher Gesang, der wie Weihrauch durch die stille Luft emporstieg. Lautlos kam die Herrlichkeit des neuen Tages. Friede war in dem blauen Himmel, auf der blaugrünen See, auf dem grünen Land. Es wehte kein Wind, nicht einmal dort, wo die Strömungen der Tiefe in schattigem Purpur dahinglitten. Das Meer selbst war stumm, kaum ertönte ein Seufzen gleich dem Atem eines Schlummernden rings auf dem weißen Sand der

Insel oder ein gedämpftes Flüstern, wo die Flut das lange Schlingkraut emporhob, das an den Felsen hing.

In welcher seltsamen, geheimnisvollen Weise es geschah, sah Bride nicht; aber als die drei Druiden ihre Hände vor das heilige Feuer hielten, ertönte ein scharfes Knistern, dann stiegen drei dünne Säulen blauen Rauches auf, und bald zuckten dämmrige rote und blassgelbe Flammenzungen hin und her. Das Opfer des Gottes war dargebracht. Aus dem unermesslichen Himmel war Er gekommen, in seinem goldenen Wagen. In dem Wunder und Geheimnis seiner Liebe war Er jetzt wiedergeboren auf der Welt, wiedergeboren als eine kleine flüchtige Flamme auf einem niederen Hügel in einer entlegenen Insel. Groß musste Seine Liebe sein, dass Er so täglich sterben konnte an tausend Orten; so groß war Seine Liebe, dass Er Seinen eigenen Leib zu täglichem Tod hingeben und dulden konnte, dass die heilige Flamme, die in der Asche war, welche er beleuchtete, angezündet und verehrt und dann zerstreut wurde in die vier Teile der Welt.

Bride vermochte das Geheimnis dieser großen Liebe nicht länger zu ertragen. Es erschütterte sie bis zur Verzückung. Welche Innigkeit göttlicher Liebe, die so die Welt täglich erlösen konnte; welche Langmut gegen alle Bosheit und Grausamkeit, die stündlich verübt ward auf der weinenden Erde; welche Geduld mit der Strenge der blinden Parzen! Die Schönheit der Anbetung Beals lag auf ihr wie ein goldener Glorienschein. Ihr Herz hüpfte zu einem Lied, das nicht gesungen werden konnte. Die unerschöpfliche Liebe und das Mitleid in ihrer Seele jauchzten einen Hymnus, der von keinem Druiden noch von einem Sterblichen irgendwo gehört ward, sondern nur den weißen Geistern des Lebens bekannt war.

Ihr Haupt neigend, sodass die frohen Tränen warm wie Gewitterregen auf ihre Hände fielen, stand sie auf und ging davon.

Nicht weit von dem Gipfel von Dun-I ist ein verborgener Weiher, der bis auf diesen Tag der Born der Jugend genannt wird. Dorthin ging sie, wie es ihre Gewohnheit war, wenn sie auf dem Hügel sich befand, bei Anbruch des Tages, in der Mittagszeit oder gegen Sonnenuntergang. Dicht neben dem ungeheuren Felsblock, der über ihn hinragt, hörte sie ein klägliches Blöken, und bald fiel der heilende Blick ihrer Augen auf ein Lamm, das sich in einer Spalte des Felsens gefangen hatte. Auf einer Klippe über ihm saß, wild schreiend, ein Falke, den nach warmem Blut gelüstete. Mit raschem Schritt trat Bride näher. Sie fand das Lämmchen unverletzt, als sie es in ihre Arme nahm. Sanft und warm lag es dort, wie ein junges Kindlein an dem Busen, der es hegt. Dann schaute sie mit sanften Augen den Falken an, der seinen blutgierigen Blick senkte.

»Es ist nichts Unrechtes an dir, Seobhag[48]«, sagte sie milde, »aber das Blutgesetz soll nicht auf ewig gelten. Lass heute morgen Friede sein.«

Und als sie dieses Wort gesprochen hatte, flog der wilde Falke der Hügel auf ihre Schulter herab, und das Herz des Lämmchens schlug deshalb nicht rascher, während es mit schläfrigen Augen sich anschmiegte wie an seine Mutter. Als sie vor dem Weiher stand, legte sie das kleine wollige Geschöpf in das Farnkraut. Schon erklang sein Blöken süß an das verlassene Herz eines Mutterschafes. Der Falke schwang sich empor, kreiste über ihrem Haupt und eilte in schnellem Flug durch die blaue Luft. Eine Zeit lang beobachtete Bride seinen fortziehenden Schatten; als er selbst nicht mehr war als ein Punkt in dem goldenen Nebel, wendete sie sich um und beugte sich über den Born der Jugend.

Vor ihm standen damals, obwohl seit Menschenaltern keine Spur mehr von ihnen vorhanden ist, zwei Ebereschen. Damals erschienen sie goldiggrün in dem Morgenlicht, und die bräunlichgrünen Beeren, die sich noch nicht gerötet hatten, waren noch klein. Schön anzusehen war das Flackern der langen Schattenfinger auf den granitenen Felsen und Blöcken.

Oft hatte Bride träumend durch ihr Laub geblickt; jetzt aber starrte sie staunend hinein. Sie hatte ihre Lippen an das Wasser gelegt und war zurückgefahren, denn sie hatte, hinter ihrem eigenen Bild, das einer Frau gesehen, die so schön war, dass ihre Seele unruhig ward in ihr und anbetend ihren unhörbaren Ruf erschallen ließ. Als sie zitternd von Neuem hinblickte, war niemand da als sie selbst. Doch was war geschehen? Denn als sie staunend nach den Ebereschen blickte, sah sie, dass ihre Zweige sich verschlungen hatten und dass sie jetzt zu einer grünen Wölbung wurden. Und, was noch seltsamer war, die Dolden der Vogelbeeren hingen in blutroten Massen, obwohl es noch eine lange Zeit war bis zu den Spätsommergluten.

Als Bride sich erhob, erschauerte ihr Leib von dem kühlen, süßen Trunk aus dem Born der Jugend, sodass sie fast glaubte, das Wasser sei für sie an jenem Tag, was es einmal in jedem Jahre für jeden sein konnte, der dorthin kam, ein Hauch neuen Lebens und die Kraft und Fröhlichkeit der Jugend. Mit langsamen Schritten trat sie vor zu der Wölbung der Ebereschen. Ihr Herz schlug, als sie sah, dass die Zweige der Wipfel sich zu der Gestalt eines Kreuzes oder einer Krone geformt hatten und dass die scharlachroten Beeren von dort herabfielen wie ein beständiger Regen roter Blutstropfen. Ein leiser Seufzer der Freude drang über ihre Lippen, als sie, tief in dem Rot und Grün, die weiße Amsel sah, von welcher die Dichter der Vorzeit sangen, und dem herrlichen Wunder ihrer Verzückung lauschte, die bald das Leid der Freude und bald die Freude des Leides war.

Das Lied des geheimnisvollen Vogels wurde milder und süßer, ale sie näher trat. Eine kurze Zeit zögerte sie. Dann, als eine weiße Taube langsam vor ihr unter und durch die Zweige der Ebereschen trieb, eine Taube, weiß wie Schnee, doch strahlend von Sonnenglut, schritt sie vorwärts, um ihr zu folgen, ein träumerisches Lächeln auf dem Antlitz und die Augen erfüllt von dem Glanz des Wunders und des Geheimnisses, gleich schattigen Wassern, überflutet von Mondschein.

Und so entschwand Bride, die von Duvach oder ihren Pflegebrüdern nicht wieder gesehen ward für die Dauer eines Jahres und eines Tages. Nur Cathal, der bejahrte Ober-Druide, der sieben Tage darauf starb, sah sie in einem Gesicht und weinte vor Freude.

III

Als der Sang der weißen Amsel verstummte, wiewohl er ihr kaum länger erschienen war als das flüchtige Zwitschern der Schwalbe im Flug, sah Bride, dass der Abend herangekommen war. Durch das veilchenfarbene Dunkel der Dämmerung schritt sie dahin, geräuschlos, abgesehen von dem Knirschen ihrer Füße im heißen Sand. So weit sie nur sehen konnte zur Rechten oder Linken waren Senken und Grate von Sand; wo, hier und dort, Bäume oder Sträucher aus dem versengten Boden wuchsen, waren sie ihr fremd. Sie hatte die Druiden von den Sonnenlanden in einem fernen, fast unerreichbaren Osten reden hören, wo es Bäume gab, die Palmen genannt wurden, Bäume, die in einer fortwährenden Sonnenflut standen und doch nicht verdorrten, desgleichen hohe, dunkle Zypressen, schwarzgrün wie der heilige Eibenbaum. Dies waren die Bäume, die sie jetzt sah. Träumte sie etwa?, so fragte sie sich verwundert. Tief unten in ihrer Seele war irgendeine Erinnerung, vielleicht nur ein Trugbild, von einer kleinen grünen Insel fern in den nordischen Meeren. Stimmen, Worte, Gesichter, vertraut, und doch unbekannt, wenn sie versuchte, sich dieselben nahezubringen, umdrängten sie.

Die Hitze brütete über dem Land. Das Seufzen der versengten Erde rief: »Wasser, Wasser.«

Als sie weiter durch das Zwielicht schritt, bemerkte sie vor sich weiße Wände; weiße Wände und viereckige weiße Gebäude, die gespenstisch durch die Finsternis schimmerten und doch süß und heimatlich schienen, wie die Glocken der Kühe auf den See-Triften, wegen der gelben Lichter, die bald hier, bald dort aufblitzten.

Eine hohe Gestalt näherte sich ihr, in Weiß gekleidet, ganz so wie jene Gestalten, die ihre verworrene Erinnerung erfüllten. Als er herankam, stieß sie einen leisen Schrei der Freude aus. Das Antlitz ihres Vaters war ihr ein süßer Anblick.

»Wo mag der Krug sein, Brighid?«, sagte er, doch die Worte waren nicht jene Worte, die ihr nahe waren, wenn sie allein war. Trotzdem verstand sie dieselben, und dieselbe Art von Worten war auf ihren Lippen.

»Mein Krug, Vater?«

»Ach, du Träumerin, wann wirst du achtgeben! Du wirst deinen Krug zurückgelassen haben, und ohne Zweifel an der Quelle der Kamele; doch darauf wird wenig ankommen, da jetzt kein Wasser da ist und die Dürre schwer auf dem Land liegt. Aber … Brighid …«

»Ja, mein Vater?«

»Gewisslich, es ist nicht sicher für dich, in der Wüste zu sein zur Nachtzeit. Wilde Tiere kommen aus der Finsternis, und es gibt Räuber und wilde Männer, die im Schatten lauern. Brighid … Brighid … träumst du denn immer noch?«

»Ich träumte von einer kühlen grünen Insel in nordischen Meeren, wo …«

»Wo du niemals gewesen bist, törichtes Mädchen, und wohl niemals sein wirst. Gewiss, wenn irgendein Wanderer uns begegnen würde, du wärest kaum imstande ihm zu sagen, dass jenes Dorf Bethlehem ist und dass ich Dughall Donn, der Herbergswirt, bin, Dughall, der Sohn des Hugh, des Sohnes Arts, des Sohnes Conns. Gewiss, gewiss, ich werde alt, und man sagt, dass die Alten Wunder schauen. Aber ich wünsche nicht dieses Wunder zu schauen, dass meine Tochter Brighid ihre eigene Stadt vergisst und die gute Herberge, die dort ist, und das starke, süße Ale, das kühl ist für den Durst der Müden. Fürwahr, wenn der Tag meiner Tage nahe ist, so ist er nahe. ›Grün sei die Stätte meiner Ruhe‹, rufe ich, gerade wie Oisin, der Sohn Fionns, von dem Heldenstamm von Trenmor in seinem Greisenalter rief; freilich wenn Oisin und die Fiann hier wären, nicht einen grünen Platz würden sie jetzt finden, denn das Land ist trockengebrannt wie die Heide nach einem Hügelbrand. Aber jetzt, Brighid, lass uns zurückgehen nach Bethlehem, denn ich habe das zu sagen, was sofort gesagt werden muss.«

Schweigend wandelten die beiden durch das Zwielicht, das bereits tiefe Finsternis war, bis sie an das weiße Tor kamen, wo die Esel und Kamele müde schnauften in dem schwülen Dunkel, trockene Zungen um ausgedörrte Mäuler bewegend. Von dort schritten sie durch schmale Gassen, in denen einige weißgekleidete Hebräer und Söhne der Wüste stumm einherschlenderten oder in Nischen saßen. Endlich kamen sie zu einem großen Hof, in dem mehr als zwanzig Kamele hingekauert lagen und in ihrem Schlaf knurrten. Hinter diesem war die Herberge, die allen Gönnern und Freunden des Dughall Donn bekannt war unter dem Namen »Raste und Sei dankbar«, früher aber die Rast des Clan-Ailpean hieß, denn war er nicht selbst durch seine Mutter ein Mac Alpine von den Inseln ebenso wohl wie Blutsverwandter des großen Cormac, des Ard-Righ, unter dem sein Vater, Hugh, ein Lehensfürst war.

Als Dughall und Bride auf den Steinfliesen eines Durchgangs entlangschritten, der nach den inneren Räumen führte, blieb er stehen und lenkte ihre Aufmerksamkeit auf die Wasserbehälter.

»Sieh her, mein Mädchen«, sagte er bekümmert, »von diesen Behältern und Fässern sind fast alle leer. Bald wird gar kein Wasser mehr da sein, und das ist ein schlimmes Ding, obwohl ich es ruhig dir zuraune, bei den Steinen sei es gesagt. Schon jetzt murren die Leute, die hierherkommen. Kein Mensch kann den ganzen Tag Ale trinken, und diejenigen Wanderer, die wünschen, den Staub ihrer Reise von ihren Füßen und Händen zu waschen, beklagen sich bitterlich. Und … was ist es, das du sagen willst? Die Kühe? Ja, gewiss, die Kühe sind da; aber die armen Tiere sind überwältigt von der Hitze, und es ist keine Cailliach[49] auf den Hügeln, die von ihnen einen Tropfen Milch mehr gewinnen würde, als wir jetzt aus ihren Eutern pressen, und auch das nur mit Rune um Rune, bis all die Kehlen der melkenden Dirnen so trocken sind wie das Salzgras an der See.

Nun, was ich sagen will, ist dieses: Es sind jetzt schon Monate, seit der letzte Regen gefallen ist und man jeden Topf mit Wasser hat aufsparen müssen, als wäre es der Honig von Moy-Mell selbst gewesen. Der Mond hat sich zweimal gefüllt, seit wir das gute Wasser von den Gebirgsquellen holen ließen, und jetzt beginnen auch sie auszutrocknen. Die Seher sagen, dass die Dürre anhalten wird. Wenn das ein wahres Wort ist und es keinen Regen gibt, bis der Winter kommt, so wird in Bethlehem keine Herberge mehr sein, die ›Raste und Sei dankbar‹ genannt wird; denn schon ist nicht mehr genug gutes Wasser da, um auch nur deinen geringen Durst zu stillen, mein Vöglein. Was das Ale angeht, so ist es jetzt ein armseliger Trank für Mann und Maid, und gar die Kamele und Esel, die armen Tiere, sie verstehen es gar nicht zu trinken.«

»Das ist wahr, Vater; aber was soll man tun?«

»Das ist's, was ich dir sagen will, mein Schwälbchen. Nun, von einem Oganach[50] aus Jerusalem, der an einem anderen Ort nahe bei der großen Stadt wohnt, habe ich gehört, dass dort eine nie versiegende Quelle klaren Wassers ist, kalt wie die See, wenn ein Nordwind darüber weht – auf einem Hügel, welcher der Berg der Ölbäume genannt wird. Nun, dieser Hügel ist es, zu dem ich gehen will. Ich bin willens, all die Kamele mitzunehmen und all die Pferde und all die Esel, und will jeden beladen mit einer Last von Wasserschläuchen und wieder nach Hause zurückkehren mit so viel Wasser, dass es für uns reicht, bis die Dürre nachlässt.«

Das war alles, was in jener Nacht gesagt wurde. Aber bei Morgengrauen war man geschäftig in der Herberge, und alle Leute in Bethlehem waren unterwegs, um zu sehen, wie Dughall Donn in die Fremde zog mit Ronald Mc Jan, seinem Hirten, und einigen Macleans und Macallums, die damals an jenem Ort waren. Es war ein schöner Anblick, als sie hinauszogen durch das weiße Tor, welches das Tor von Nazareth genannt wird. Ein Sackpfeifer schritt voran und spielte das Sammeln der Schwerter; dann kam Dughall Donn auf einem Kamel, und Mc Jan auf einem Pferd, und die Hirten auf Eseln, und endlich folgten die Schäferhunde, die vor Freude bellten.

Bevor er davonzog, nahm Dughall Bride beiseite, wo die anderen sie nicht hörten. Es sei nur ein wenig abgestandenes Wasser da, sagte er; und was das Ale betraf, so war nicht mehr als eine Flasche übrig, von dem, welches gut war. Diese Flasche und den einen Krug klaren Wassers ließ er bei ihr zurück. Unter keiner Bedingung sollte sie irgendeinem Wanderer auch nur einen Tropfen geben, wie ungestüm er auch in sie dringen mochte; denn er, Dughall, konnte nicht sagen, wann er zurückkommen würde, und er wünschte nicht, eine tote Tochter zu finden, die ihn bei seiner Rückkehr begrüßte, abgesehen davon, dass keine

Magd in der Herberge war, um den Gästen aufzuwarten. Und überdies ließ er sie einen Eid schwören, dass sie niemanden, nein, nicht einmal einem Fremden, während seiner Abwesenheit in der Herberge Nachtquartier geben wollte.

Nachmittag und Abend kamen heran, und Morgengrauen und wieder Abend, und so nochmals. Es war am Nachmittag des dritten Tages, als selbst die Heimchen vor Durst starben, da hörte Bride ein Rasseln an der Tür der Herberge.

Als sie zu der Tür ging, sah sie einen müden grauhaarigen Mann, staubig und erschöpft. An seiner Seite stand mit gesenktem Kopf ein Esel, und auf dem Esel saß ein Weib, jung und von einer Schönheit, die war wie der kühle Schatten grüner Blätter und das kalte Rauschen rinnender Wasser. Aber so schön sie war, nicht das war es, wovor Bride zurückfuhr; nein, auch nicht der schwere Schoß, der zeigte, dass die Frau mit einem Kinde ging. Denn sie fühlte sich an einen Traum erinnert – es war ein Traum, sicherlich –, da sie hineingeschaut hatte in einen Weiher an einem Bergeshang und hinter ihrem eigenen Bild gerade dieses milde und schöne Antlitz sah, das schönste, das jemals ein Mensch erblickte, seit Nais, einer der Söhne Usnas, im Forste Deirdre erschaute – ja, und noch weit lieblicher als sie, die Unvergleichliche unter den Frauen.

»Gu'm beannaicheadh Dia an tigh«, sagte der grauhaarige Mann mit einer müden Stimme, »der Segen Gottes komme über dieses Haus.«

»Soraidh leat[51]«, erwiderte Bride sanft, »und auf dich desgleichen.«

»Kannst du uns Speise und Trank geben und danach gute Rast in dieser Herberge? Gewisslich, dankbar werden wir sein. Dies ist mein Weib Maria, auf der ein Geheimnis ist; und ich bin Joseph, ein Zimmermann in Arimathia.«

»Sei willkommen, und auch du, Maria; und Friede sei mit dir. Aber es ist weder Speise noch Trank hier, und mein Vater hat mir geboten, niemand Obdach zu gewähren, der hierherkommt vor seiner Rückkehr.«

Der Zimmermann seufzte, aber die schöne Frau auf dem Esel richtete ihre schattigen Augen auf Bride, sodass die Jungfrau erbebte vor Freude und Furcht.

»Und willst du wirklich mein vergessen, Brighid-Alona?«, murmelte sie in dem guten, süßen Gälisch der Inseln; und ihre Stimme war wie das Rauschen von Blättern, wenn in einem Wald ein sanfter Regen fällt.

»Gewiss, ich erinnere mich«, flüsterte Bride, von tiefer Ehrfurcht erfüllt. Dann wendete sie sich wortlos um und winkte ihnen, zu folgen; und das taten sie, indem sie den Esel am Torweg zurückließen.

»Hier ist alles Ale, das ich habe«, sagte sie, als sie die Flasche Joseph gab; »und hier, Maria, ist alles Wasser, das da ist. Wenig ist es, doch möge es dir Erquickung spenden.«

Dann, als sie ihren Durst gelöscht hatten, brachte sie Haferkuchen und Fladen und braunes Brot hervor, und gern hätte sie Milch dazugefügt, doch es war keine da.

»Geh in den Kuhstall, Brighid«, sagte Maria, »und die erste der Kühe wird Milch geben.«

So ging Bride, aber sie kam zurück und sagte, das Geschöpf würde nicht Milch geben ohne einen Sian oder Sang und ihre Kehle sei zu trocken zum Singen.

»Sage diesen Sian«, sprach Maria:

»Gib deine Milch für sie, die ruft
Auf sanften, grünen Himmelshöhn
Und kühler Paradiesestrift.«

Und das ist sicher, als Bride das tat, kam die Milch; und sie stillte ihren Durst und ging fröhlich zurück zu ihren Gästen. Es machte ihr Kummer, dass sie dieselben nicht verweilen lassen durfte, wo sie waren, aber das konnte sie nicht, um ihres Eides willen.

Der Mann Joseph war müde, und sagte, er sei zu erschöpft, um weit zu suchen in jener Nacht, und fragte, ob kein leerer Kuhstall oder Schuppen da sei, in dem er und Maria bis zum Morgen schlafen könnten. Da war Bride froh; denn sie wusste, dass eine saubere, kühle Scheune da war, dicht neben dem Kuhstall, in dem sich ihre Kühe befanden; und dorthin führte sie jene und kehrte zurück mit Frieden im Herzen.

Als sie wieder in der Herberge war, erschrak sie nochmals; denn siehe, obgleich Maria und Joseph einen tiefen Trunk getan hatten aus dem Krug und der Flasche, waren beide noch ebenso voll, wie sie gewesen waren. Auch schien es, als ob von der Speise nichts fortgenommen worden wäre, wiewohl sie selbst gesehen hatte, dass sie den Fladen und die Haferkuchen brachen.

Es war Dämmerung, als ihr Träumen unterbrochen ward durch den Laut des Dudelsacks. Bald darauf ritt Dughall Donn mit seinem Gefolge zur Herberge hinauf, und alle waren froh wegen des kühlen Wassers und der Weintrauben und der grünen Früchte der Erde, die sie mit sich brachten.

Während ihr Vater aß und trank, über das Ale scherzend, das noch in der Flasche war, erzählte ihm Bride von den Reisenden. Noch als sie sprach, gab er ihr ein Zeichen, zu schweigen, wegen eines seltsamen, ungewohnten Lautes, den er gehört hatte.

»Was mag das bedeuten?«, fragte er, mit leiser, gedämpfter Stimme.

»Fürwahr, es ist endlich der Regen, Vater. Das ist ein frohes Ereignis. Die Erde wird wieder grün werden, dis Tiere werden nicht verschmachten. Horch, auch ich höre sein Rauschen von den Hügeln herabkommen.« Aber Dughall saß in tiefem Brüten.

»Ah«, sagte er endlich, »ist es nicht prophezeit, dass der Fürst der Welt in diesem Land geboren werden soll, während eines schweren Regenfalls, nach einer langen Dürre? Und wer will es wissen, dass nicht Bethlehem der Ort und dass dies nicht der Abend jenes Tages der Tage ist? Brighid, Brighid, die Frau Maria muss die Mutter des Fürsten sein, der die ganze Menschheit erlösen soll von Übel und Leid und Tod!«

Und damit stand er auf und winkte ihr, zu folgen. Sie nahmen eine Laterne und schritten zwischen den schlummernden Kamelen und Eseln und Pferden hindurch, und an den Kuhställen vorbei, wo die Kühe friedlich brüllten, und so nach der Scheune.

»Fürwahr, es ist ein helles Licht, das sie haben«, murmelte Dughall unruhig; denn, wahrlich, es war, als wäre die Hütte eine Muschel, gefüllt mit den Gluten des Sonnenaufgangs.

Leise schoben sie die Tür zurück. Als sie sahen, was sie sahen, fielen sie auf ihre Knie. Maria saß da, und ihre himmlische Schönheit lag auf ihr, wie Sonnenschein auf einem dunklen Land; auf ihrem Schoß war ein Kindlein, das süß und leise lachte.

Niemals hatten sie ein so holdes Kind gesehen. Es war wie aus Licht gebildet.

»Wer ist es?«, murmelte Dughall Donn, zu Joseph gewandt, der mit verzückten Augen in der Nähe stand.

»Es ist der Fürst des Friedens.«

Und da lächelte Maria, und das Kind schlummerte ein.

»Brighid, meine liebe Schwester –« und, als sie dies flüsterte, hielt Maria das Kleine der Bride hin.

Das schöne Mädchen nahm das Kindlein in ihre Arme und hüllte es in ihren Mantel. Daher rührt es, dass sie bis auf den heutigen Tag bekannt ist als Brighde-nam-Brat, St. Bride mit dem Mantel.

Und jene ganze Nacht hindurch, während die Mutter schlief, hegte Bride das Kind mit zarten Händen und summte kosende Liedchen. Und dies war eines der Lieder, die sie sang.

Ach Christkindlein, so teuer mir,
Sang Bridget Bride:
Hold Knäblein klein,
Wie bist du süß,
Lieb Herze mein!

Sie brachte im Schoße dich uns herbei,
Maria, geliebt von einem der Drei,
Sang Bridget Bride:
Maria gebar dich, du Knabe fein,
Doch leicht war ihr Herze, froh und rein,
Voll Gottes Lieb allein.

Sitz auf meinem Knie,
Sang Bridget Bride:
Sitz hier,
Lieb Knäblein, lang,
Dicht an dem Herzen, am Herzen mir;
Denn deine Pfleg'rin will ich sein,
Zart Lämmchen mein!
O sei nicht bang,
Sang die gute St. Bride.

Nein, nein,
Nicht bang bin ich:
Zu dir mich's zieht,
An deine Seit,
Wenn klingt dein Lied,
O Bridget Bride!

Dir sing ich, Knäblein fein.
O Fürst, O König mein,
  Sang Bridget Bride.

Dies war die Nacht, in der, fern auf Jona, der Ober-Druide Cathal starb. Aber bevor sein letzter Hauch entfloh, hatte er eine Vision der Freude, und seine letzten Worte waren:

»Brighde 'dol air a glun,
Righ nan dul a shuidh 'na h'uchd!«
(Bridget Bride auf ihrem Knie,
Der König der Elemente schlummernd an ihrer Brust.)

Als der Morgen kam, erwachte Maria und nahm das Kind. Sie küsste Bride auf die Stirn und sagte dieses zu ihr: »Brighid, meine liebe Schwester, du sollst bekannt sein für alle Zeit als Muime Chriosd.«

IV

Kaum hatte Maria gesprochen, da fiel Bride in einen tiefen Schlaf. So fest war dieser Schlummer, dass Dughall Donn, als er kam, um nach den Wanderern zu sehen und ihnen zu sagen, dass die Milch und die Suppe zum Frühstück bereit seien, keine Antwort von ihr erlangen konnte. Sie lag auf dem reinlichen, gelben Stroh unter der Krippe, in die Maria das Kind gelegt hatte. Dughall starrte bestürzt. Da war keine Spur von der Mutter, noch von dem Kindlein, das der Fürst des Friedens war, noch von dem ruhigen, stillen Mann, welcher Joseph der Zimmermann war. Und Bride – sie schlief nicht nur so gesund, dass keines seiner Worte an ihre Ohren drang, sondern sie flößte ihm Ehrfurcht ein. Denn als er sie anblickte, sah er, dass sie umgeben war von einem strahlenden Licht. Irgendetwas in seinem Herzen gestaltete sich zu einem Gebet, und er kniete neben ihr nieder, leise schluchzend. Als er aufstand, kam Frieden über ihn. Vielleicht hatte ein Engel seine Seele getröstet in ihrem düsteren, schattigen Versteck in seinem Leib.

Es war spät, als Bride erwachte, doch öffnete sie ihre Augen nicht, sondern lag träumend da. Lange Zeit dachte sie, sie sei in Tir-Tairngire, dem Land der Verheißung, oder sie wandere auf der honigsüßen Au von Magh-Mell; denn der Wind des Traumlands trug ihr herrliche Düfte zu, und in ihren Ohren war ein gar wundersam süßes Klingen.

Rings um sie ertönten Melodien der Freude. Stimmen erschollen, lieblicher als irgendeine, die sie je gehört; frohe Stimmen voll Lob und Preis. Ein angenehmes Getümmel von Harfen und Trompeten erklang, und wie von blauen Hügeln und über stille Wasser kam der Laut des Dudelsacks. Sie lauschte mit Tränen in den Augen. Laut und froh klangen zuweilen die Pfeifen, voller Triumph, wie wenn die Helden der Vorzeit mit Cuculain einherzogen oder mit Fionn zum Kampf ausrückten; dann wieder klangen sie leise und süß, wie das Summen der Bienen, wenn das Heidekraut schwer ist von Honigseim. Die Lieder und seltsamen Weisen der Engel wiegten sie in Frieden; eine Zeit lang kam ihr kein Gedanke an die Frau Maria noch an das Kind, das ihr Pflegekind war.

Plötzlich war ihr zu Sinn, als spiele der Dudelsack das Lied, das genannt wird »Aoibhneas a Shlighe«, »die Freude seines Weges«, ein Marsch, der vor dem Bräutigam gespielt wird, wenn er zu seiner Braut geht.

Aus dieser fröhlichen Musik erklang eine vereinzelte Stimme, gleich der eines singenden Kindes am Hügelhang.

»Der Weg des Wunders soll dein sein, O Brighid Naomha!«[52]

Dies war es, was die Kinderstimme sang. Dann war es, als spielten alle Harfner des Westens »air clarsach«[53]; und der Sang einer Menge von Stimmen erscholl:

»Gesegnet bist du, o Brighid, die den König der Elemente an ihrem Busen hegte, gesegnet du, die Jungfräuliche Schwester der Jungfräulichen Mutter, denn für alle Zeit sollst du genannt werden Muime Chriosd, die Pflegerin Jesu, welcher der Christ ist.«

Da erinnerte sich Bride an alles und öffnete ihre Augen. Nichts Seltsames war zu sehen, als dass sie in der Scheune lag. Dann, als sie bemerkte, dass das Zwielicht gekommen war, verwunderte sie sich über das sanfte Licht, das den Schuppen erfüllte, wiewohl keine Lampe und keine Kerze dort brannte. Dazu war noch in ihren Ohren der Nachklang einer milden und schönen Musik.

Es war seltsam. War es alles ein Traum, sagte sie sich sinnend. Aber gerade, als sie dieses dachte, sah sie die Hälfte ihres Mantels aus dem Stroh in der Krippe liegen. Darüber erstaunte sie sehr, aber noch mehr verwunderte sie sich, als sie das Gewand in ihre Hand nahm. Denn wiewohl es nicht mehr als eine Hälfte des ärmlichen Mantels war, in den sie das Kind gehüllt hatte, so war es doch ganz durchwirkt mit mystischen goldenen Linien und mit kostbaren Steinen, herrlicher als jemals ein Ober-Druide oder Inselfürst sie gesehen hatte. Zuletzt flößte ihr das Wunder Ehrfurcht ein, als sie das Gewand um ihre Schultern legte und es sie vollständig bedeckte.

Sie wusste jetzt, dass sie nicht geträumt hatte und dass ein Wunder geschehen war. So ging sie fröhlich aus der Scheune und in die Herberge. Dughall Donn war bestürzt, als er sie sah, und dann außerordentlich erfreut.

»Warum bist du so fröhlich, mein Vater?«, fragte sie.

»Gewisslich bin ich froh. Denn jetzt werden die Leute Unrecht behalten mit ihrem Lachen. Heute Morgen war ich so voller Freude, dass ich, während der Topf auf dem Torffeuer kochte, hinausging und jedermann, den ich antraf, erzählte, dass der Fürst des Friedens gekommen wäre und dass er soeben geboren worden sei in dem Stall hinter der ›Raste und Sei dankbar‹. Nun, diese Kunde war ganz wie ein Wiesel unter den Kaninchen, nur war es ein altes, zahnloses Wiesel; denn ganz Bethlehem verspottete mich, einige mit Hohngelächter, andere mit harten Worten und einige mit Drohungen. Zwar fluchte ich zur Linken und zur Rechten. Doch nein, trotz all meines Fluchens – und beim Blut meiner Väter, ich schonte niemand unter ihnen, sondern wünschte ihnen Feuer und Schwert, die schwarze Seuche und den grauen Tod –, sie wollten nicht glauben. So geschah's, dass ich zurückkehrte, und als ich durch die Herberge ging, kam ich auch zum Stall. Kummer liegt auf mir wie ein grauer Nebel, sagte Oisin, da er um Oscur klagte, und fürwahr, es war ein grauer Nebel, der auf mir lag, als nicht eine Spur von Mann, Weib oder Kind zu sehen war und du so gesund schliefst, dass ein Märzsturm auf dem Moyle dich nicht erweckt hätte. Nun, ich ging zurück und erzählte das, und alle Leute in Bethlehem spotteten über mich. Und zuletzt kamen die Ältesten des Volkes und legten mir eine Geldbuße auf; und sie verurteilten mich, zu zahlen drei Fässer guten Ales, und einen Sack Mehl und drei dünne Ketten aus Gold, jede drei Ellen lang; und das dafür, dass ich ein falsches Gerücht verursacht, und noch mehr dafür, dass ich die guten Leute von Bethlehem zum Gespött gemacht hätte. Es war ein Mann da, namens Murdoch-Dhu, welcher der oberste Schmied in Nazareth ist, und ich denke, er wird es sein, der durch sein Lachen die Ältesten bewogen hat, so hart zu verfahren.«

Da geschah es, dass Bride eines Wunders gewahr wurde, das auf ihr lag, denn sie blies eine Zauberformel von der Fläche ihrer Hand und durch diesen Frith[54] wusste sie, wo das Geschuldete zu finden war.

»Nach dem, was ich in der Luft sehe, die von der Fläche meiner Hand geblasen wird, Vater, heiße ich dich in den Keller der Herberge gehen. Dort wirst du drei Fässer voll guten Ales finden und neben ihnen einen Sack mit Mehl, und der Sack ist zugebunden mit drei Ketten von Gold, jede drei Ellen lang.«

Aber während Dughall Donn erfreut von dannen ging und das fand, was Bride vordergesagt hatte, trat diese hinaus auf die Straße. Niemand sah sie in dem Zwielicht, oder als sie weiterschritt nach dem Tor des Ostens. Als sie an dem Haus der Kranken vorüberging, nahm sie ihren Mantel von ihren Schultern und legte ihn an den Ort der Opfergaben. All die Juwelen und das feine Gold verwandelten sich in unsichtbare Vögel mit heilkräftigen Schwingen; und diese Vögel flogen die ganze Nacht um die Häupter der Kranken, sodass beim Morgengrauen ein jeder sich erhob, ohne ein Leid zu verspüren, und seines Weges ging mit Freuden. Und als sie aus Bethlehem davonzogen an jenem Morgen der Morgen, fand ein jeder ein reines, weißes Kleid und neue Sandalen nach der ersten Meile; und nach der zweiten Speise und kühles Wasser; und nach der dritten ein Goldstück und einen Wanderstab.

Der Wächter, der an dem östlichen Tor war, begrüßte Bride nicht. Seine ganze Aufmerksamkeit war gefesselt durch eine Gruppe von fremden Männern, Hirtenkönigen, die sagten, sie seien aus dem Osten gekommen, geleitet von einem Stern. Sie führten seltene Gaben mit sich, als sie das erste Mal nach Bethlehem kamen, aber niemand wusste, von wannen sie kamen, was sie begehrten oder wohin sie gingen.

Eine Zeit lang wandelte Bride die Straße entlang, die nach Nazareth führt. Furcht war in ihrem sanften Herzen, als sie tief in den düsteren Höhlen das Heulen von Hyänen hörte, und sie war froh, als der Mond hervorkam und friedlich auf sie herabschien.

Im Mondlicht sah sie, dass vor ihr in dem Tau Schritte waren. Sie konnte die schwarzen Spuren von Füßen in dem Silberglanz sehen, der auf dem nassen Gras lag, denn ein grasbewachsener Hügel war es, auf dem sie jetzt dahinschritt, wiewohl einen Tag vorher jedes Blatt und jeder Halm braun und welk dagelegen hatte. Die Fußspuren, denen sie folgte, waren die einer Frau und eines Kindes.

Die ganze Nacht hindurch ging sie im Tau diesen wandernden Füßen nach. Die Spuren waren immer frisch vor ihr und führten sie abseits von den Dörfern und zugleich dort, wo keine wilden Tiere in der Finsternis auf Raub ausgingen. Keine Müdigkeit überkam sie, obschon sie sich oft verwundert fragte, wann sie das schöne, wundersame Antlitz erblicken würde, das sie suchte. Auch hinter ihr waren Fußspuren im Tau, wiewohl sie nichts von diesen wusste. Es waren die der folgenden Liebe. Und dies war die Lorgadh-Brighde, von der die Leute reden bis auf diesen Tag: Die Wanderung der heiligen St. Bride.

Die ganze Nacht wandelte sie dahin; zuletzt über die hohen Hänge eines Hügels. Nicht ein einziges Mal erhaschte sie den flüchtigen Anblick irgendeiner Gestalt im Mondschein, wiewohl die Spuren im Tau vor ihr frisch waren und in dem Schimmer eine kurze Strecke voraus führten.

Plötzlich blieb sie stehen. Es waren keine Fußspuren mehr da. Gespannt blickte sie nach vorne. Auf einem Hügel jenseits des Tales, das unter ihr lag, sah sie gelbe Sterne schimmern. Das waren die Lichter einer Stadt. »Siehe, es ist Jerusalem«, murmelte sie, von Ehrfurcht erfüllt, denn sie hatte die große Stadt niemals gesehen.

Süß war der Hauch des Windes, der sich in den Ölbäumen des Berges regte, auf dem sie stand. Er hatte den Duft des Heidekrauts, und sie konnte sein Rauschen im Farnkraut auf einem nahen Hügel hören.

»Fürwahr, dies muss der Berg der Ölbäume sein«, flüsterte sie. »Der Berg, von dem ich meinen Vater reden hörte, und das muss der Hügel sein, der da Golgatha heißt.«

Aber während sie noch verwundert hinschaute, seufzte sie auf in neuem Staunen; denn jetzt sah sie, dass die gelben Sterne wie das Funkeln der Sonnengluten über dem Kamm eines Hügels waren, der im Osten liegt. Lebhafte Freude erfüllte die Morgendämmerung. In ihren Ohren erklang mit süßem Laut das Blöken von Lämmern und Mutterschafen. Aus den Höhlungen, die im Schatten lagen, drang das rasche, singende Rauschen der Strömenden Flut. Schwache Schreie der Heringsmöwen erfüllten die Luft; von den mit Unkraut bedeckten Felsblöcken an der See riefen klagend die braunen Möwen.

Befremdet stand sie in gespannter Erwartung. Wenn sie nur die Fußspuren wieder seden könnte, dachte sie. Wohin sollte sie sich wenden, wohin gehen? Zu ihren Füßen wuchs eine gelbe Blume. Sie beugte sich nieder und pflückte sie.

»Sage mir, o kleine Sonnenblume, welchen Weg soll ich gehen?«, und während sie sprach, flog eine kleine goldene Biene aus dem Herzen der Blume und den Hügel zu ihrer Linken empor. Daher kommt es, dass seit jenem Tag der Löwenzahn am-Bearnan – Bhrighde – genannt wird.

Noch zögerte sie. Da flog ein Seevogel an ihr vorüber mit einem lauten, pfeifenden Schrei.

»Sage mir, o Eisireun[55]«, rief sie, »welchen Weg soll ich gehen?«

Und da bog der Eisireun auf seinem Flug ab und folgte der goldenen Biene, indem er rief: »Diesen Weg, o Bride, Bride, Bride, Bride, Bri-i-i-ide!«

Daher kommt es, dass seit jenem Tag der Austervogel der Gille-Bhrighde, der Diener der St. Bridget genannt worden ist.

Dann geschah es, dass Bride diesen Sian sagte:

Dia romham;
Moire am dheaghuidh;
'S am Mac a thug Rhigh nan Dul!
Mis' air do shlioe, a Dhia,
Is Dia raa'm luirg.
Mac' 'oire, a's Righ nan Dul,
A shoillseachadh gach ni dheth so,
Le a ghras, mu'm choinneamh.

Gott vor mir;
Die Jungfrau Maria hinter mir;
Und der Sohn gesandt vom König der Elemente.
Windwärts von dir bin ich, o Gott!
Und Gott in meinen Fußstapfen.
Mag Marias Sohn, der Elemente König,
Enthüllen den Sinn von all diesen Dingen
Vor mir, durch seine Gnade.

Und als sie endete, sah sie vor sich zwei Ebereschen, deren Zweige ineinander verflochten waren, sodass sie einen Bogen bildeten. Tief in dem grünen Laub saß eine weiße Amsel, die ein wundersam süßes Lied sang. Über ihr waren die kleinen Zweige verschlungen zur Gestalt eines Kranzes oder einer Krone, die anmutig verziert war mit von der Sonne bestrahlten Dolden der Eberesche, aus deren scharlachroten Beeren rote Tropfen fielen wie von Blut.

Vor ihr flog eine weiße Taube, ganz übergossen wie mit goldenem Licht. Sie folgte und schritt hindurch unter der Wölbung der Ebereschen.

Süß war das Lied der Amsel, das dann nicht mehr ertönte; süß der grüne Schatten der Ebereschen, die jetzt schnurgerade emporwuchsen, wie junge Fichten. Süß der ferne Sang im Himmel, wo die weiße Taube der Sonne entgegenflog.

Bride schaute sich um, und ihre Augen waren froh. Schön ist die blühende Heide auf den Hängen von Dun-I. Jona lag grün und golden da, umgeben von seinen blauen Wassern. Von der Schäferhütte Duvachs, ihres Vaters, stieg eine dünne Säule blassblauen Rauches auf. Die Schäferhunde erblickten sie und bellten laut ein freudiges Willkommen.

Das Blöken der Schafe, das Brüllen der Kühe, der Hauch des Salzwindes vom offenen Meer dort hinten, der Sang der Strömenden Flut in dem Sund drunten: teuer ist die Heimat.

Mit einem seltsamen Leuchten in ihren Augen schritt sie hinab durch das Heidekraut und durch die grünen Farne; weiß, wundersam, holdselig anzuschauen.

Die Annir-Choille[56]

Als Cathal mac Art, der Cathal Gille-Nuire, Cathal, der Diener Marias, genannt ward, in einer Nacht der Nächte in einem grünen Mai am Meer wandelte, da war Unruhe in seinem Herzen.

Nicht lange war es her, dass er Jona verlassen hatte. Als der gute St. Colum den Jüngling nach der Insel A-rinn sendete, wie sie damals genannt ward, gab er ihm ein Schreiben an St. Molios mit, den heiligen Mann, der in der Meereshöhle auf der kleinen Insel der Kuppe lebte, die in der östlichen Bucht am Südende von Arran liegt. Ein Kummer war es für ihn, die schöne Insel im Westen zu verlassen. Er hatte frohe Jahre dort verlebt – seit er auf einer der fernen Inseln im Norden gesehen hatte, wie sein Vater von einem Mann von Lochlin erschlagen und seine Mutter fortgeführt ward in einer Galeere, die von wilden, gelbhaarigen Männern gerudert wurde. Keinen Sippen oder Magen hatte er, außer dem alten Priester, welcher der Bruder seines Vaters war, Cathal Gille-Chriosd, Cathal dem Diener Christi.

Auf Jona hatte er den Weg Christi erlernt. Er hatte ein weißes Gewand, und konnte, mit einem abgeschabten Stäbchen und einem kleinen Quast aus Seehundsfell oder mit dem Federkiel eines Wildschwans oder einer Solandgans die heiligen Worte auf ausgespanntes Lammfell oder Pergament schreiben und die großen Buchstaben, die hier und da sich befanden, mit Erdbraun und Himmelblau und leuchtendem Grün, mit dem Scharlachrot des Bluts und dem Gold des sonnenwarmen Sandes ausfüllen. Er konnte auch die langen heiligen Hymnen singen, die Colum so gerne hörte; und es war seine Stimme, die am süßesten und klarsten von allen auf dem Eiland erklang. Es war im neunzehnten Jahre seiner Jahre, als ein fränkischer Prinz, der wegen des Segens des Heiligen nach Jona gekommen war, wünschte, dass er mit ihm zurückginge nach den Südlanden. Er versprach ihm viele Dinge wegen jener Stimme. An den heißen, schläfrigen Nachmittagen des Monats, der darauf folgte, träumte Cathal oft von dem langen weißen Schwert, das so gut treffen würde; und von dem weißen Geld, das ihm gehören würde, schönes Gewand davon zu kaufen, und einen großen schwarzen Hengst, aufgeputzt mit golddurchwirktem Sattelzeug und ein Bett von Daunen; und von weißen Händen und von weißen Brüsten und dem weißen Lied der Jugend.

Er war nicht mit dem fränkischen Prinzen gegangen noch hatte er gewünscht zu gehen. Aber er träumte oft davon. Es war an einem Tag des Traumes, da lag er auf seinem Rücken in dem heißen Gras einer Düne, nahe dem Ort, wo die Zellen der Mönche waren. Die Sonnenglut badete die Insel in einen goldenen Nebel. Die Meerenge lag in schimmerndem Glanz, und die blauen Wellchen, die auf dem weichen weißen Sand Kurven beschrieben, schienen goldene Funken zu verschütten und sie sogleich in kleine Schaumstreifen oder regenbogenfarbene Wasserblasen zu verwandeln. Cathal hatte ein Lied gedichtet in seinem Entzücken. Sein Leid ward geringer, als er es gemacht hatte. Jetzt, wie er dort lag, und bald von den Worten des fränkischen Prinzen träumte, und bald der noch seltsameren Worte des alten heidnischen Heloten Neis gedachte, der mit ihm aus dem Norden gekommen war, fühlte er Feuer in seinen Adern glühen; und er sang:

O, wo im Nord oder wo im Süd oder wo
in der Sonne Bereich
Ist sie mit den Händen blumenweiß und
dem Busen schwanenweich?
O, ob sie im West oder Osten sei, ob im Nord
oder Süd zur Stund,
Es blitzt ein Schwert, es sprengt ein Ross, und ich
eile zu Honigmund.
Sie hat Augen groß, gleich des Berges Reh, und
ist so süß und warm,
O, küsse mich, Honigmund, neig dich zu mir,
o komm in meinen Arm!
Ihr Nam ist Weißhand, wo sie herrscht
in stolzer Fürsten Schar:
Die Weißhand gleitet wie schwimmender Schwan
durch ihr dunkel wogend Haar;
Die Weißhand legt sie auf mein Herz,
wo heiße Flamme loht;
Die Weißhand nimmt mein Herze mir, gibt Leben
oder Tod!
Die Weißhand jung spielt Lieder süß, kein Hymnus
so erfreut,
Ein Schwert für mich, o Honigmund, und
ein flinkes Ross zum Streit!
O Augen wild! O Augen froh! O Mund, so süß
und warm!
O küsse mich, Honigmund, neig dich zu mir,
o komm in meinen Arm!

Als er geendet hatte, sah er, dass auf den weißen Sand vor der Düne ein Schatten fiel. Er blickte auf und sah Colum den Heiligen.

»Wer lehrte dich dieses Lied?«, sagte der weiße Heilige mit einer harten und strengen Stimme.

»Niemand, o Colum.«

»Dann ist in der Tat der Böse hier. Cathal, ich versprach, dass du bald einen heiligen Namen tragen würdest, aber jenen Namen will ich dir jetzt nicht geben. Du musst zu mir kommen im Sacktuch und mit Staub auf deinem Haupt, mit Leid auf dir und mit tiefem Gram in deinem Herzen. Dann nur werde ich dich segnen vor den Brüdern und dich Cathal Gille-Muire nennen, Cathal den Diener Marias.«

Ein bitteres, trauriges Harren war es für ihn, der Feuer in seinem jungen Blut hatte und nun geheißen ward, dort Frost zu weben und Schweigen zu legen auf das quellende Lied in seinem Herzen. Aber am Ende der Woche war Cathal wieder ein heiliger Mönch und sang die Hymnen, die Colum ihn gelehrt hatte.

Es war am Abend des Tages, an dem Colum ihn vor den Brüdern gesegnet und ihn Gille-Muire genannt hatte, da wandelte er allein, brütete über das Übel der Frauen und über den Fluch, den sie brachten, und betete zu Maria, ihn zu bewahren vor den Sünden, deren Bedeutung er kaum kannte. Auf dem Rückweg nach seiner Zelle ging er an Alt-Neis, dem Heloten, vorüber, der spottend zu ihm sagte:

»Es ist ein gut Ding, diese Betrübnis, Cathal mac Art – und doch, fürwahr, das ist sicher, dass ohne die heiße Liebe, die der erschlagene Mann, dein Vater, zu ›Schaum‹ hatte, die deine Mutter war, du nicht hier sein würdest, um deinen Gott zu preisen oder dem Weib zu dienen, von dem der Ober-Druide dort sagt, dass sie die Mutter Gottes ist.«

Cathal gebot dem Mann, Schweigen zu seiner Speise zu machen, sonst würde es ihm schlimm ergehen. Aber die Worte brannten. In jener Nacht erwachte er in seiner Zelle, und auf seinen Lippen waren seine eigenen sündigen Worte:

Die Weißhand jung spielt Lieder süß,
kein Hymnus so erfreut;
Ein Schwert für mich, o Honigmund,
und ein flinkes Ross zum Streit!

Am Morgen ging er zu Colum und sagte ihm, dass der Böse ihm nicht Frieden geben wolle. In jener Nacht gebot ihm der Heilige, er solle sich bereit machen, ostwärts nach der Insel Arran zu gehen – damals der einzigen Insel, auf welcher das Piktenvolk die weißen Kutten der Kuldeer unbehelligt ihres Weges gehen ließ. Zu dem heiligen Molios sollte er gehen, ihm, der in der Meereshöhle auf der Insel der Kuppe wohnte, welche die Leute die Heilige Insel nannten wegen der Predigten und der Wundertaten des Molios.

»Er ist ein weiser Mann«, sagte Colum zu sich selbst, »und er war einst ein heidnischer Cruithne[57] und ein Fürst dazu, und er kennt die Süßigkeit der Sünde und wird Cathal fernhalten von den Schlingen, die ihm gelegt werden. Über Fasten und viel Gefahr bei Tag und Ermüdung bei Nacht wird das Blut des Jünglings die Lieder vergessen, die der Böse ihm in den Sinn gegeben hat, und es wird heilige Hymnen singen. Groß wird die Herrlichkeit sein. Cathal Gille-Muire wird ein heiliger Mann sein, während noch seine Jugend auf ihm ist; und er wird ein Märtyrer sein nach dem Fleisch bei Tag und bei Nacht und bei Nacht und bei Tag, bis die Heiden ihn töten wegen des Glaubens, der sein ist.«

So geschah es, dass Cathal von Colum gesegnet und ostwärts unter die wilden Pikten gesandt ward.

Mit Freuden diente er Molios. Vier Monate hindurch gab er ihm alles, was er zu geben hatte. Der alte Heilige gab Colum Nachricht, dass Cathal ein Heiliger sei und nach der Krone des Martyriums strebe, und liebevoll drang er darauf, dass der Jüngling nach der Insel des Nebels im Norden gesandt werden sollte, der großen Insel, die von Scathach der Königin beherrscht wurde. Dort hatten auf der letzten Sommerfahrt die Heiden einen Mönch lebendig geschunden. Ein schönes, seliges Ende, und Cathal war jetzt würdig – und übrigens konnte er triumphieren und vielleicht sogar die heidnische Königin bekehren. »Sie ist wunderbar schön anzusehen«, fügte er hinzu, »und Cathal ist ein anmutiger Jüngling.«

Aber Colum hatte geantwortet, der junge Mönch sollte bleiben, wo er war, und versuchen, auf der heidnischen Insel Arran Seelen zu gewinnen, wo das Kreuz noch gefürchtet war.

Aber als der Mai kam und goldenes Wetter mit ihm, da wurde Cathals Blut warm. Zu Zeiten träumte er sogar von dem fränkischen Prinzen und den schlimmen, süßen Worten, die er gesagt hatte.

Dann kam ein Tag der Tage. Molios und Cathal gingen zu einem Berg-dun, wo der piktische Häuptling wohnte, und bekehrten ihn und alle Leute in den dun und alle in dem Weiler, der vor dem dun lag. An jenem Abend traf die Tochter des Kriegsmanns auf Cathal, wie er an einem einsamen Ort lustwandelte unter den grünen Fichten vor dem Weiler. Sie war sehr süß anzusehen; hoch und schön, mit Augen gleich der See an einem wolkenlosen Mittag und Haar gleich westwärts sich lagerndem Weizen.

»Welches ist der Name, mit dem die Leute dich nennen, junger Druide?«, sagte sie. »Ich bin Ardanna, die Tochter Ectas.«

»Deine Schönheit ist süß anzuschauen, Ardanna. Ich bin Cathal, der Sohn des Art, des Sohnes Aodhs, vom Stamm Alpeins, von den Inseln der See. Aber ich bin nicht ein Druide. Ich bin ein Priester Christi, ein Diener Mariä, der Mutter Gottes, und ein Sohn Gottes.«

Ardanna schaute ihn an. Ein Erröten trat in sein Antlitz. In seinen Augen erglomm dasselbe Licht, das in ihnen war, als der fränkische Prinz ihm von den Genüssen der Welt erzählte.

»Ist es wahr, o Cathal, dass die Druiden, dass die Priester Christi und der beiden anderen Götter, die weißröckigen Männer, die wir Kuldeer nennen, und zu denen du gehörst – ist es wahr, dass sie nichts mit Frauen zu tun haben wollen?«

Cathal sah nicht mehr das Weib an, sondern den Boden zu seinen Füßen.

»Es ist wahr, Ardanna.«

Das Mädchen lachte. Es war ein leises, süßes, spottendes Lachen, aber es lief durch Cathals Blut wie Wolkenglut über den Himmel. Es war ihm, als würde etwas offenbart, das er nicht gesehen hatte.

»Und ist es die Wahrheit, dass ihr heiligen Männer die Frauen schräg anseht und sie für Fallstricke der Gefahr und des Übels haltet?«

»Es ist wahr, Ardanna; aber es gilt nicht so von denen, die Schwestern Christi und deren Augen auf himmlische Dinge gerichtet sind.«

»Aber wie steht es mit denen, die nicht Schwestern deines Gottes sind, sondern nur Frauen sind, schön anzusehen, schön zu umwerben, schön zu lieben?«

Cathal errötete wieder. Seine Augen hafteten noch auf dem Erdboden. Er gab keine Antwort.

Ardanna lachte leise.

»Cathal!«

»Ja, schöne Tochter Ectas?«

»Geschieht es niemals, dass dich nach Liebe verlangt?«

»Es gibt nur eine Liebe für uns, die wir die Gelübde der Keuschheit auf uns genommen haben.«

»Was ist Keuschheit?«

Cathal erhob seine Augen und blickte Ardanna an. Ihre dunkelblauen Augen schauten rein und süß auf ihn, obwohl ein Lächeln um ihren Mund spielte. Er seufzte.

»Es ist die Heuligkeit des Leibes, Ardanna.«

»Das verstehe ich nicht«, sagte sie einfach. »Aber sage mir dieses, armer Cathal –«

»Warum nennst du mich den armen Cathal?«

»Weil du deine Mannheit von dir getan hast – du, der so jung und stark und anmutig ist, und nicht ein Krieger bist und weder das Schwert noch die Jagd noch die Harfe noch die Frauen liebst.«

Cathal ward unruhig. Er blickte wieder und wieder Ardanna an. Die Glut des Sonnenuntergangs lag in ihrem gelben Haar, das sie umgab wie ein Glorienschein. Er hatte den Mond so wundersam blass gesehen wie ihr schönes Antlitz. Wie Lilien waren ihre weißen Hände. Er hatte geträumt von jener Flammenglut in ihren Augen.

»Ich liebe«, sagte er.

Sie trat näher, neigte sich ein wenig vor und sah ihn an.

»Du bist gut anzuschauen, Cathal – der anmutigste Jüngling, den ich je gesehen habe.«

Der Mönch errötete. Dies war die Teufelszunge, vor der Colum ihn gewarnt hatte. Aber wie süß die Worte waren; wie eine Harfe war jene leise Stimme. Fürwahr, süßer ist ein wachender Traum als ein Traum im Schlaf.

»Ich liebe«, wiederholte er dumpf.

»Sieh, Cathal!«

Langsam erhob er seine Augen. Als sein Blick sich emporrichtete, ruhte er auf der weißen Brust, die wie Meeresschaum war, der aus braunem Seekraut quillt, denn sie hatte eines

Rehkälbchens Fell mit Gürtel und goldenen Schnallen über dem weißen Gewand, das sie trug, und dieses hatte sich geöffnet, sodass die warme Luft um ihren Busen spielte.

Es verwirrte ihn. Er ließ seinen Blick wieder sinken. Tiefe Röte war auf seinem Angesicht.

»Cathal!«

»Ja, Ardanna!«

»Und du willst niemals deinen Kuss auf eines Weibes Lippen drücken? Niemals dein Herz an eines Weibes Herz legen? Ist es kaltes Seewasser, aus dem du gebildet bist – denn selbst das rinnende Wasser in den Strömen wird von der Sonne erwärmt? Sage mir, Cathal, würdest du Molios, den Kuldeer, verlassen, wenn –«

Der Mönch Christi erhob seine jäh aufleuchtenden Augen zu dem Weib.

»Wenn was geschieht, Ardanna?«, fragte er schroff. »Wenn was geschieht, Ardanna, die so bezaubernd schön ist?«

»Wenn ich dich liebte, Cathal? Wenn ich, die Tochter Ectas, des Häuptlings, dich liebte und dich nähme, dass du mein Mann wärest, und du mich nähmest, dass ich dein Weib wäre, würdest du dann zufrieden sein?«

Er starrte sie an wie ein Träumender. Dann fiel plötzlich all der närrische Unsinn, den Colum auf ihn gelegt hatte, von ihm ab. Was wussten diese alten Männer, Colum und Molios? Nur die Jungen sind es, die wissen, was Leben ist. Sie waren alt, und ihr Blut war kalt wie Eis.

Er hob seine Arme empor wie im Gebet. Dann lächelte er. Ardanna sah eine Glut in seinen Augen, die in ihr Herz sprang und dort ein Lied sang, das in ihren Ohren brauste und ihre Augen blendete und ihr das Gefühl gab, als sei sie von einer großen Höhe herabgefallen und fiele immer noch.

Cathal war nicht mehr blass. Eine rote Flamme brannte in beiden Wangen. Der Glanz des Sonnenuntergangs hinter ihm erfüllte sein Haar mit Glut. Wie Leuchtfeuer waren seine Augen.

»Cathal, Cathal!«

»Komm, Ardanna!«

Das war alles. Was brauchten sie mehr zu sagen. Sie lag in seinen Armen, und ihr Herz schlug gegen das seine, das in seinem Leib sprang wie ein Wolf, der in eine Schlinge gefallen ist.

Er bückte sich und küsste sie. Sie erhob ihre Augen und sein Hirn taumelte. Sie küsste ihn und er küsste sie, bis sie einen leisen Schrei ausstieß und ihn sanft zurückschob. Er lachte.

»Warum lachst du, Cathal?«

»Ich? Ja, ich lache jetzt. Die Greise legten einen Zauber auf mich. Ich bin nicht mehr Cathal Gille-Muire, sondern Cathal mac Art. Ja, ich bin Cathal Gille-Ardanna.«

Dabei pflückte er den Zweig einer Eberesche, die in der Nähe wuchs. Er streifte die Blätter ab und warf sie von sich nach Norden, Süden, Osten und Westen.

»Warum tust du das, Cathal-aluinn?«, fragte Ardanna, und sah ihn an mit Augen der Liebe, und sie glich in dem Augenblick einem Sommermorgen, wegen des Sonnenscheines in ihrem Haar und der wilden Rosen auf ihrem Antlitz und dem Bergsee-Blau ihrer Augen.

»Dies sind alle die Hymnen, die Colum mich lehrte. Ich gebe sie zurück. Ich kenne sie nicht mehr. Es sind müßige, närrische Lieder.«

Dann nahm der Mönch den Zweig und zerbrach ihn und warf die Stücke auf den Boden und trat auf sie.

»Warum tust du das Cathal-aluinn?«, fragte Ardanna, ihn verwundert anschauend mit Augen, die ihn heimriefen.

»Das ist der Zweig all der Weisheit, die Colum mich lehrte. Alt-Neis, der Helot, der war weise. Es ist Wahnsinn, all das. Sieh, es ist dahin; es ist unter meinen Füßen. Jetzt bin ich ein Mann.«

»Aber o Cathal, Cathal! Gerade an diesem Tag der Tage ist Ecta, mein Vater, ein Mann des Christusglaubens geworden, er und die Seinigen; und er würde jetzt tun, was Molios von ihm forderte. Und Molios würde deinen Tod fordern.«

»Tod ist ein Traum.«

Damit neigte Cathal sich vor und küsste Ardanna zweimal auf die Lippen. »Ein Kuss für das Leben ist das«, sagte er; »und das ein Kuss für den Tod.«

Ardanna lachte mit leisem Lachen. »Der Mönch kann küssen«, flüsterte sie; »kann der Mönch lieben?«

Er legte seinen Arm um sie, und sie gingen in das mattgrüne Dunkel.

Der Mond ging langsam auf, eine Kugel aus blassgoldenem Feuer, die unaufhörlich ein gelbes Licht über die erstarrten Wogen des Forstes goss. Stern um Stern trat hervor. Tiefes Schweigen erfüllte die Wälder, abgesehen von dem seltsamen, leidenschaftlichen Schnarren eines Nachtraben, wo er sich von einem Fichtenzweig tief herabneigte und seinem Weibchen rief, dessen Herz nicht weit davon inmitten der tauigen Schatten pochte.

Der Wind schwieg. Die weißen Strahlen der Sterne wanderten über die regungslosen, über die schatten- und atemlosen grünen Triften der Baumwipfel.

»Was ist das für ein Laut?«, sagte Ardanna, ein matter Umriss in der Dunkelheit, wo sie in Cathals Armen lag.

»Ich weiß nicht«, sagte der Jüngling; denn das fieberheiße Blut in seinen Adern sang ein Lied, das seine Ohren füllte.

»Lausche!«

Cathal lauschte. Er hörte nichts. Seine Augen schweiften wieder träumend in die Stille.

»Was ist das für ein Laut?«, flüsterte sie wiederum an seinem Herzen. »Er kommt nicht aus der See noch kommt er aus den Wäldern.«

»Es ist die Klage des Himmels«, antwortete Cathal müde; »an acam Pharais.«

II

Man fand sie dort im Dämmerlicht des grauenden Morgens. Lange Zeit betrachtete Ecta sie sinnend. Dann blickte er Molios an. Tränen waren im Herzen des heiligen Mannes, aber in seinen Augen ein tiefer Grimm.

»Bindet ihn«, sagte Ecta.

Cathal ewachte vom Druck der Riemen. Sein Blick fiel auf Molios. Er machte kein Zeichen noch sprach er ein Wort; aber er lächelte.

»Was nun, o Molios?«, fragte Ecta.

»Führt das Weib fort. Mach mit ihr, was du willst – schone sie oder töte sie. Es macht nichts aus. Sie ist nur ein Weib, und sie hat diesem Mann Übles angetan. Sie zu töten wäre gut.«

»Sie ist meine Tochter.«

»Dann schone sie, wenn du willst; aber lass sie fortführen. Gib sie einem Mann. Sie soll diesen Abtrünnigen niemals wiedersehen.«

Da leiteten zwei Männer Ardanna fort. Sie warf einen Blick auf Cathal, welcher lächelte. Keine Tränen waren in ihren Augen, sondern ein stolzes Feuer war in ihnen, und sie duldete nicht, dass eines Mannes Hand sie berührte und ging ungefesselt.

Als sie fort war, sprach Molios:

»Cachai, der Cathal Gille-Muire genannt ward, warum hast du dies getan?«

»Weil ich eitler Einbildungen müde war und ich jung bin; und Ardanna ist schön, und wir liebten.«

»Solche Liebe ist Tod?«

»So sei es, Molios. Solcher Tod ist süß wie Liebe.«

»Keines gewöhnlichen Todes sollst du sterben, Gotteslästerer. Doch jetzt selbst noch würde ich gnädig sein, wenn ich es könnte. Rufst du zu Gott?«

»Ich rufe zu den Göttern meiner Väter.«

»Narr, sie werden dich nicht erretten.«

»Trotzdem, ich rufe. Ich habe nichts zu schaffen mit deinen drei Göttern, o Christ.«

»Hast du keine Furcht vor der Hölle?«

»Ich bin ein Krieger und meines Vaters Sohn und von einem Stamm von Helden. Warum sollte ich mich fürchten?«

Molios brütete eine Zeit lang.

»Nehmt ihn«, sagte er endlich, »und begrabt ihn lebendig, wo seine Götter vielleicht seine Schreie hören und kommen und ihn erretten werden! Sucht mir einen hohlen Baum.«

»Es ist eine große Eiche in der Nähe«, sagte Ecta verwundert, »eine große hohle Eiche, deren Bauch fünf Männer fassen könnte, einer auf dem anderen stehend.«

Damit führte er sie zu einem alten Baum.

»Bereust du, Cathal?«, fragte Molios.

»Ja«, antwortete der junge Mann ingrimmig. »Ich bereue. Ich bereue, dass ich die guten Tage vergeudete, indem ich dir diente und deinen drei falschen Göttern.«

»Lästere nicht länger. Du weißt, dass diese Drei ein Gott sind.

Cathal lachte spöttisch.

»Hör ihm zu, Ecta«, rief er, »dieser alte Druide möchte dich glauben machen, dass zwei Männer und ein Weib eine Person bilden! Glaube das, wenn du willst! Was mich betrifft, ich lache.«

Aber in dem Augenblick hob man ihn, auf ein Zeichen des Molios, empor, zog ihn hinauf in die Zweige der Eiche und ließ ihn, die Füße voran, hinabgleiten in das tiefe hohle Herz des Baumes.

Als das Gebot erfüllt war, hieß Molios alle, die in der Nähe waren, in einem Kreis rund um die Eiche niederknien, dann betete er für die Seele des Verurteilten. Als er sein Gebet beendigte, flog hoch in den wild bewegten Blättern ein Lachen auf. Es war, als wäre ein unsichtbarer Vogel dort, spottend wie ein Häher.

Einer nach dem anderen, mit gesenkten Häuptern, zogen Molios und Ecta und die mit ihm waren, sich zurück, alle außer zwei jungen Männern, die Befehl erhielten zu bleiben. Diesen ward die Pflicht auferlegt, dass sie sich von jenem Ort drei Tage lang nicht entfernen sollten. Sie sollten niemanden in die Nähe kommen lassen; und keine Nahrung sollte dem Opfer gereicht werden; und wenn er ihnen zuriefe, sollten sie nicht darauf achten – nein, auch dann nicht, wenn er sie bei Gott oder der Mutter Gottes oder beim Weißen Christus anriefe.

Jenen ganzen Tag über erscholl kein Laut aus dem hohlen Baum. Als die Sonne unterging, ließ eine Amsel sich auf einen kleinen Zweig nieder, der über die Öffnung herabhing, und sang ein trefflich Lied. Dann kam das Dunkel, und der Mond ging auf, und die Sterne funkelten durch den Tau.

Um Mitternacht stand der Mond zu Häupten. Eine Flut blassgoldener Strahlen erhellte die Zweige der Eiche und verwandelte die Blätter in glänzende Bronze. Die Wächter hörten in der Stille der Nacht eine Stimme singen – eine Stimme, erstickt und undeutlich, wie von einem, der in einer Höhle ist, oder wie die eines Hirten, der in einer engen Schlucht herumstreift. Worte fingen sie auf, wiewohl nicht alle; und dies war's, was sie hörten:[58]

O gelbe Lampe Jouas, die dort scheint
mit kalt bleichem Licht,
Triff mich mit süßem Glanz, der ich lieg
in der Höhle zum Tode:
Nichts erschaue ich jetzt, der ich sah zu viel
und zu wenig:
O Mond, deine Brust ist sanfter und weißer
als jene Brust, die den Tag versengt.

Gieß dein weißes Licht auf das Grab, wo tot
mein Vater liegt,
Und erweck ihn, erweck ihn, erwecke!
Und gieß deinen sanften Glanz auf des Weibes Brust,
die meine Mutter,
Dass sie, sich regend, spricht zu dem Wikinger
an ihrer Seite:
Nimm auf dein Schwert, gib ihm Blut zu lecken,
es dürstet schon lange.

Und o Joua, leg dich wie Meeresstille auf
das heiße Herz Ardannas, des Mädchens,
Sag ihr, dass Cathal sie liebt, dass Erinnerung
süßer als Leben.
Ich hör ihr Herz hier pochen im Dunkel
und in der Stille,
Und bin nicht einsam mehr, denn das hab ich
und die Erinn'rung.

O gelbe Flamme Jouas, treib das Blut
aus dem Herzen Ectas,
Dass er stirbt ohne Ruhm, erschlagen von innen,
als wär er ein Graubart;
Und ein Feuer entzünde in Molios' Hirn,

dass er wandle in Mondsucht,
Und die Menschen ihn höhnen und endlich
er stirbt mit blödem Lachen.

Denn sieh, ich verehre dich, Joua, und kannst
Botschaft du bringen zu Neis –
Neis, dem Heloten aus Aoidu,
der auf Joua Sklave Columbas,
Sag ihm, dass ich dich grüße als Bandia,
als mächtige Göttin,
Und dass er weise war, ich ein Narr
mit moosverstopftem Ohr.

Doch dies gewähre mir, Göttin,
einen bitteren Mondtrank für Colum!
Sei das Mondlied in seinem Hirn und
die Mondglut in seinem Herzen:
Glühende Flamme verseng ihn, er schwinde
wie Wachs im Ofen,
Seine Seele ertrinke in Tränen, sein Leib sei
ein Nichts auf dem Sand!

Die Wächter sahen einander an, aber sie sprachen kein Wort. Auf dem blassen Gesicht eines jeden lag Furcht und Scheu. Wie, wenn diese neue Lehre von Gott falsch war und Cathal recht hatte und die alten Götter die Herren waren über Leben und Tod? Das Mondlicht fiel auf sie, und jeder sah den Zweifel in den Augen des anderen. Keiner blickte nach dem weißen Feuer. Aus seinen Strahlen mochten kalte Augen auf sie herabstarren: und dann, gewiss, dann würden sie mit wildem Lachen in die Wälder springen und sein wie die Tiere des Forstes.

Als es noch dunkel war, eine Stunde vor Morgengrauen, erwachte einer der beiden aus einem kurzen Schlummer. Sein

Blick wanderte von einem unbestimmt hervortretenden Baum zum anderen. Dreimal dachte er, er sähe matte Gestalten von Stamm zu Stamm oder von Dickicht zu Dickicht gleiten. Plötzlich bemerkte er eine hohe Erscheinung, die stumm, wie ein Schatten, am Rand der Lichtung stand.

Sein leiser Schrei erweckte seinen Gefährten.

»Was ist es, Murta?«, fragte der junge Mann im Flüsterton.

»Ein Weib.«

Als sie wieder hinblickten, war sie fort.

»Es war eine von dem Verborgenen Volk«, sagte Murta, während seine ruhelosen Augen von Dunkel zu Dunkel schweiften.

»Wie willst du das wissen, Murta?«

»Sie war ganz in Grün, gerade so wie ein grüner Schatten war sie, und ich sah das grüne Feuer in ihren Augen.«

»Hast du nicht an eine gedacht, die es sein könnte?«

»Wer?«

»Ardanna.«

Damit sprang der junge Mann auf und lief schnell nach der Stelle, wo er die Gestalt gesehen hatte. Aber er konnte niemand mehr sehen. Als er auf den Erdboden blickte, ward er verwirrt; denn im Mondscheintau entdeckte er den Abdruck kleiner Füße.

Danach sahen und hörten sie nichts als die Bilder und Laute des Waldlands.

Bei Sonnenaufgang erhoben sich die beiden Jünglinge. Murta reckte seine Arme empor, dann sank er mit geneigtem Haupt auf die Knie.

»Warum tust du das, was doch verboten ist?«, sagte Diarmid, der sein Gefährte war. »Hast du Cathal den Mönch vergessen, der dort oben ist, allein mit dem Tod? Wenn Molios der Heilige sähe, dass du das Licht anbetest, er würde dir tun, wie er Cathal getan hat.«

Aber ehe noch Murta antwortete, hörten sie von Neuem Cathals Stimme – heiser und trocken war sie, aber kaum schwächer wie zuvor, als sie beim Aufgang des Mondes von ihrem Klang erbebten.

Dies war es, was er mit erstickter Stimme sang aus seinem Grab dort in der hohlen Eiche:

O heiß-gelbes Feuer, das strömt aus dem Himmel,
 schwertweiß und golden,
Sei Flamme den betenden Mönchen in ihren Zellen
 auf Joua!
Sei Glut in den Adern Colums, und die Hölle sei sein,
 die er predigt,
Sei Fackel den Männern von Lochlin, dass die Insel
 sie finden und plündern!
Denn ich seh's, die alten Götter sind die Götter,
 die nimmermehr sterben,
Alles andre ist Schein, Traum, Wahnsinn, eine Flut,
 die immerdar ebbt.
Ehre dir, Grian[59], du erster der Götter, Allvater,
 Herr des Lebens,
Schwerter und Speere sind deine Strahlen,
 dein Atem verzehrendes Feuer.
Und auf diese Insel Arran send Kummer und Tod
 und Unheil,
So einem wie allen, außer Ardanna, die ihren Busen
 mir gab,
So einem wie allen sende Tod, einen Fluchestod
 langsam und schwertlos,
Von dem Höhlen-Molios zu Murta und Diarmid,
 meinen Henkern!

Da trat Murta dicht an die Eiche.

»Glück auf, o Cathal!«, rief er. Es blieb still.

»Bist du noch ein lebender Mann, oder ist es dein Tod, der dort in der hohlen Eiche singt?«

»Meine Glieder lösen sich, aber ich sterbe noch nicht«, antwortete die erstickte Stimme, welche die Sonne begrüßt hatte.

»Ich bin Murta mac Murta mac Neisa, und mein Herz ist bekümmert um dich, Cathal!«

Keine Antwort erfolgte darauf. Eine Drossel auf einem Zweig zu Häupten erhob ihre Schwingen, sang ein wildes, süßes Lied und glitt wie ein Pfeil durch das grüne Dunkel der Blätter.

»Cathal, der du ein Mönch warst, was ist das Wahre? Ist es Christus oder sind es die Götter unserer Väter?«

Schweigen. Drei Eichen entfernt stieß ein Specht seinen Schnabel in die weiche Rinde, tapp-tapp, tapp-tapp.

»Cathal, liegt schon der Tod auf dir, dort in dem Dunkel und dem Schweigen?«

Murta lauschte gespannt, aber er konnte keinen Laut hören. Über die Waldung flutete eine Stimme, schläfrigwarm und busenhell – die Stimme eines Kuckucks, der einen Liebeslaut rief aus dem einen kühl-grünen Schatten in den anderen, über eine Strecke windloser Helle hin.

Dann ging Murta, der ein Sänger war, dorthin, wo an einem kleinen Bergsee, der einen Pfeilschuß abseits im Moos lag, die Teichbinsen wuchsen. Er brach ein Schilfrohr vom vergangenen Jahre, gerade und braun, und schnitt mit seinem Messer sieben Löcher hinein. Mit einem dünnen Rohr höhlte er es innen sauber aus.

Darauf kehrte er zu der Eiche zurück. Diarmid, der begonnen hatte, von der Speise zu essen, die man bei ihnen zurückgelassen hatte, saß still, die Augen auf ihn gerichtet.

Murta legte sein hohles Rohr an seine Lippen und spielte. Es war eine verlorene, süße Weise, die er von einem schafhütenden Weib auf dem Hügel gehört hatte. Dann spielte er einen Grabgesang der Inselleute, in dem man das Spülen der See und das Plätschern der Wellen am Strand vernahm. Dann spielte er das Lied der Liebe, und man hörte das Schlagen von Herzen und Seufzer, und eine Stimme stieg und fiel wie ein ferner Vogelsang.

Als er aufhörte, scholl eine Stimme aus der hohlen Eiche:

»Spiele mir ein Sterbelied, Murta mac
Murta mac Neisa.«

Murta lächelte, und er spielte wieder das Lied der Liebe.

Danach herrschte eine kurze Zeit Stille. Dann spielte Murta auf seinem Schilfrohr so lange, wie ein Reiher dazu braucht, aufwärts kreisend die siebte Schneckenwindung zurückzulegen. Dann brach er ab, warf die Rohrflöte fort und stand aufrecht da, in das Grün starrend. In seinen Augen war ein seltsames Leuchten. Er sang:

Aus den wilden Bergen vernehm ich eine Stimme,
o Cathal!
Und mich dünkt, es ist die Stimme
eines blutenden Schwerts.
Wes ist das Schwert? Ich weiß es wohl;
es ist das Schwert des Mörders –
Sein, der Tod heißt, und wohl kenne ich das Lied,
das es singt: –
O, wo ist Cathal mac Art, der Becher für den Durst
meiner Lippen?

Aus dem kalten Grau des Meeres vernehm ich,
o Cathal,
Eine fluterstickte Stimme, wie von einem,

den die Wellen verschlangen:
Wes ist die Stimme? Ich weiß es wohl:
es ist die Stimme des Schattens –
Sein, der Grab heißt, und wohl kenne ich das Lied,
das sie singt:
O, wo ist Cathal mac Art, er hat Wärme
für die Kühle in mir?

Aus dem heißen Grün des Waldes vernehm ich,
o Cathal,
Einen raschelnden Schritt, wie von einem,
der blindlings strauchelt.
Wes ist der raschelnde Schritt? Ich weiß es wohl:
's ist der raschelnde Schritt der Blinden –
Sie, die Ruhe heißt; wohl kenne ich das Lied,
das sie singt:
O, wo ist Cathal mac Art, er hat Tränen,
zu benetzen meine Stille?

Danach herrschte Schweigen. Murta trat beiseite. Als er sich neben Diarmid setzte und aß, ward kein Wort gesprochen. Diarmid sah ihn nicht an, denn er hatte ein Todeslied gesungen, und der Schatten war auf ihm. Sein Blick haftete auf dem Moos: Wenn er seine Augen erhob, konnte er nicht den Mörder oder den Schatten oder die Blinde sehen?

Mittag kam heran. Niemand nahte: Nicht ein Antlitz ließ sich schattenhaft in weiter Ferne sehen. Zuweilen raschelten die Hufe des Rotwildes im Farnkraut. Das Knurren junger Füchse in der Wurzelhöhlung eines Eichbaums klang wie ein roter Pulsschlag in der Hitze. Zeitweise schwebte in dem klaren Abgrund blauen Himmels im Norden ein Habicht; in der weißen Lohe im Süden erschien in langen Pausen auf einen Augenblick ein Fleck, wie hingewirbelter Schaum; eine Bassansgans schwang sich von unsichtbaren Zinnen in hoher Luft hinab zur unsichtbaren See.

Der Nachmittag schlummerte in flutendem Sonnenschein. Die grünen Blätter wurden golden, gesättigt mit Licht. Bei Sonnenuntergang stieg ein Schwarm wilder Tauben aus den Fichten auf, wendete sich dem Glanz im Westen zu und entschwand blitzschnell den Blicken – purpurne und rosige, schaumweiße und nelkenfarbene Flammen.

Silberfarben kam das Zwielicht. Der Tau glitzerte auf den Palmblättern der Farne, in den Kelchen des Mooses. Von Lichtung zu Lichtung riefen die Kuckucke. Die Sterne tauchten hervor, so zart wie die Augen von Rehkälbchen, die durch das grüne Dunkel des Forstes leuchten. Wiederum tauchte der Mond das östliche Gezweige der Fichten und Eichen in schneeiges Licht.

Niemand nahte. Nicht ein Laut war seufzend aus der Eiche gedrungen, seit beim Erglühen des Tages Murta gesungen hatte. Bei Sonnenuntergang hatte Murta sich erhoben und sich gespannt gegen den ungeheuren Stamm gelehnt. Seine scharfen Ohren vernahmen das Bohren eines Käfers, der unter der Rinde wühlte. Kein anderer Laut war zu hören.

Beim Anbruch der Dunkelheit hörten die Wächter den verworrenen, fernen Lärm eines Festes. Er verhallte, wie ein verlorener Windhauch. Dunkle Wolkenschleier verhüllten den Mond; regenschwere Finsternis hing tief über der Erde.

So verging der zweite Tag und die zweite Nacht.

Als nach der ermüdenden Wacht der Stunden endlich das Morgengrauen kam, erhob sich Murta und schlug mit einem Stein gegen die Eiche.

»Cathal!«, schrie er, »Cathal!«

Man vernahm keinen Laut; nicht eine Regung, nicht einen Seufzer.

»Cathal! Cathal!«

Murta blickte Diarmid an. Dann, da er seinen eigenen Gedanken in seines Freundes Augen las, kehrte er an seine Seite zurück.

»Die Blinde ist hier gewesen«, sagte Diarmid mit leiser Stimme.

Gegen Mittag war Gewitter und große Hitze. Der Schall rauschender Schwingen füllte das Unterholz.

Diarmid fiel in einen tiefen Schlaf. Als das Gewitter fortgezogen war in die Hügel und ein sanfter Regen fiel, klomm Murta in die Zweige der Eiche. Er starrte in die Höhlung hinab, konnte aber nichts sehen außer einer grünen Dämmerung, die zu braunem Schatten, und braunen Schatten, der zu tiefem Schwarz wurde.

»Cathal!«, flüsterte er.

Kein Laut! Nicht ein Hauch stieg rauchgleich empor.

»Cathal! Cathal!«

Der langsam träufelnde Regen floss und plätscherte in den Blättern. Der Schrei eines Seevogels, der landeinwärts flog, scholl klagend durch die Wälder. Ein ferner Klang, wie vom Schlag auf einen Amboss, hallte von dem kahlen Berg hinter dem Wald wider.

»Cathal! Cathal!«

Murta brach einen geraden Zweig, streifte die Blätter ab und ließ ihn, das dickere Ende hinabzwängend, frei niederfallen.

Er stieß mit einem dumpfen, weichen Schall auf. Er lauschte; nicht ein Laut!

»Einen ruhigen Schlaf dir, Mönch«, flüsterte er und glitt durch die Zweige hinab und war wieder an Diarmids Seite.

In der Dämmerung hörte der Regen auf. Eine kühle grüne Frische erfüllte die Luft. Die Sterne glichen windgewirbelten Früchten, emporgeweht von den Wipfeln der Bäume. Der Mond, eine volle Scheibe mit feurigem Pulsschlag, ergoss eine Flut sanften Lichtes über die braunen Gestade der Welt.

Die Wachen der Hüter waren vorüber. Murta und Diarmid standen auf. Ohne ein Wort schritten sie über die Lichtung; ihre Füße bewegten das Farnkraut mit leisem Rascheln: Dann verließen sie das Unterholz und traten unter die Fichten. Ihre Schatten glitten in die finstere Wildnis. Eine Hindin, trächtig mit ihrem Kälbchen, legte sich nieder im tauigen Farnkraut und blieb dort unbehelligt.

III

Um Mitternacht, als die ganze Insel in der vollen Flut des Mondlichts dalag, regte sich Cathal.

Drei Tage und drei Nächte hindurch war er in jener dunklen Höhlung gewesen, aufrecht stehend, eingekeilt wie ein Speer, der im Schlund eines toten Tieres steckt. Er war dreimal gestorben: vor Hunger, vor Durst, vor Erschöpfung. Dann, als der Hunger erschlagen war von seinem eigenen Schmerz und der Durst untergegangen war an seiner eigenen Qual und die Erschöpfung nicht länger andauern konnte, regte er sich in den Todeswehen.

»Ich sterbe«, klagte er.

»Stirb nicht, o Weißer«, erscholl ein verschwimmendes Flüstern, er wusste nicht woher, doch war es ihm, als hauchten die zwängenden Eichenwände den Laut.

»Ich sterbe«, keuchte er, und Schaumblasen standen auf seiner Unterlippe. Damit entwich seine letzte Kraft. Nicht mehr konnte er sein Haupt auf seiner Schulter halten noch wollten seine Füße ihn tragen. Wie ein gefällter Hirsch sank er hin. So schwach war er, so ermattet, dass er in eine enge Spalte glitt, in der welke Blätter gewesen waren, und dort lag, in der Finsternis versinkend.

War das der Tod oder ein kalter Luftzug um seine Füße,

fragte er sich verwundert? Mit einem dumpfen Schmerz bewegte er dieselben: Sie stießen gegen kein Eichenholz – die Kühle, die sie umgab, war die tauigen Mooses. Eine wilde Hoffnung blitzte in seiner Seele auf. Mit schwachen Händen bemühte er sich, tiefer in die Spalte zu sinken.

»Ich sterbe«, keuchte er, »jetzt endlich sterbe ich.«

»Stirb nicht, o Weißer«, hauchte dasselbe leise, süße Flüstern, gleich Blättern, die von einem nistenden Vogel bewegt werden.

»Rette, o rette mich«, murmelte der Mönch, heißer vom Tau des Todes.

Dann kam aus einer großen Höhe ein tiefes Schwarz auf ihn herab, und er schwebte in diesem öden Schlund wie eine Feder, die hin und her gewirbelt wird in der Leere eines Abgrunds.

Als das Dunkel sich wieder hob, lag Cathal auf seinem Rücken und holte Atem, langsam, aber ohne Schmerz. Eine süße, wundervolle Kühle und Ruhe, das empfand er jetzt! Wo war er, so fragte er sich staunend. War er in jenem Paras[60], von dem Colum und Molios gesprochen hatten? War er in Hy Brasil, von dem er Aodh den Harfner hatte singen hören? War er in Tir-na'n-Og, wo alle Männer und Frauen jung sind immerdar und wo Freude im Herzen ist und Friede in der Seele und Entzücken bei Tag und bei Nacht?

Warum war sein Mund so kühl, der gebrannt hatte, trocken wie Asche? Warum waren seine Lippen feucht und von einem bittersüßen Geschmack, als wäre der Saft einer Frucht noch auf ihnen?

Er sann nach, mit geschlossenen Augen. Endlich öffnete er dieselben und starrte empor. Der tiefe schwarzblaue Himmelsdom trug Gruppe um Gruppe der Sterne, die er kannte: war nicht jenes Schwert mit Wehrgehenk dort das Gewaffen Fionns? Jener schimmernde Schwarm, war das nicht der Staub der Füße Alldais? Jener hüpfende grün und blaue Wandelstern, was konnte es sein, als die Harfe Brigidhs, wo sie sang vor den Göttern?

Ein Schatten flog vor seinem Blick vorüber. Im nächsten Augenblick lag eine kühle Hand auf seinen Augen. Sie brachte Ruhe und Heilung. Er fühlte, wie das Blut durch seine Adern strömte; sein Herz schlug; es pochte in seiner Kehle.

Dann fühlte er, dass er die Kraft hatte, sich zu erheben. Mit großer Anstrengung schüttelte er seine Müdigkeit von sich ab und richtete sich taumelnd auf.

Cathal stieß ein leises Schluchzen hervor. Ein blendendschönes Weib stand neben ihm.

»Ardanna!«, rief er, doch schon, als das Wort von seinen Lippen sprang, wusste er, dass es kein piktisches Weib war, das er sah.

Sie lächelte. Sein ganzes Herz war froh darüber. Das Licht in ihren Augen war wie der Schein des Mondes, hell und wundervoll. Ihr zarter Leib war blassgrün und licht, wie ein Blatt, weiches erdbraunes Haar fiel herab auf ihre Schultern und über die schwellende Brust; ganz wie die kleinen grünen Hügel über den Toten waren die beiden Brüste. Sie war gekleidet nur in ihre eigene Lieblichkeit, doch umgab sie der Mondschein wie ein Gewand.

»Wie ein grünes Blatt; wie ein grünes Blatt«, murmelte Cathal mit leiser Stimme wieder und wieder.

»Bist du ein Traum?«, fragte er einfach, da er keine Worte fand für sein Staunen.

»Nein, Cathal, ich bin kein Traum, ich bin ein Weib.«

»Ein Weib? Aber … aber … du hast keinen Leib wie andere Frauen ihn haben; und ich sehe den Mondstrahl, der auf deiner Brust spielt, auf das Moos hinter dir scheinen!«

»Denkst du etwa, armer Cathal, dass es keine Frauen und keine Männer in der Welt gibt außer denen, die im groben Leib leben und herumwandern in der Sonnenflut?«

Cathal starrte verwundert.

»Ich gehöre zum Grünen Volk, Cathal. Wir sind Kinder der Wälder. Ich bin ein Weib der Wälder.«

»Hast du einen Namen, schönes Weib?«

»Ich werde Deoin[61] genannt.«

»Das ist schön. Fürwahr, ›Grünes Leben‹ ist ein guter Name für dich. Gibt es andere von deiner Sippe an diesem Ort?«

»Sieh!«, und dabei beugte sie sich nieder, hob den Tau aus einer weißen Blume im Mondschein und legte ihn auf seine Augen.

Cathal schaute um sich. Überall sah er schlanke, schöne blassgrüne Wesen sich hin und her bewegen: einige traten aus Bäumen hervor, flink und still wie Regen aus einer Wolke; einige verschwanden in Bäumen, still und flink wie Schatten. Alle waren schön anzusehen: schlank, schmiegsam, anmutig, hin und her sich regend im Mondschein, blassgrün wie die Blätter der Linde, sanft leuchtend, mit strahlenden Augen und zartem erdbraunem Haar.

»Wer sind diese, Deoin?«, fragte Cathal mit leisem, scheuen Flüstern.

»Sie sind mein Volk; die Wesen der Wälder; das Grüne Volk.«

»Aber sie kommen aus Bäumen; sie kommen und sie gehen wie Bienen in den Bienenstock und wieder heraus.«

»Bäume? Das ist euer Name für uns Wesen der Wälder. Wir sind die Bäume.«

»Ihr die Bäume, Deoin! Wie ist das möglich?«

»Es ist Leben in deinem Leib. Wohin geht es, wenn der Leib schläft oder wenn der Saft nicht mehr zu Herz oder Hirn emporsteigt und wenn Kälte im Blut ist und es ist wie gefrorenes Wasser? Ist ein Leben in deinem Leib?«

»Ja, gewiss. Ich weiß es.«

»Das Fleisch ist dein Leib; der Baum ist mein Leib.«

»Dann bist du das grüne Leben eines Baumes?«

»Ich bin das grüne Leben eines Baumes.«

»Und diese?«

»Sie sind, wie ich bin.«

»Ich sehe solche, die Männer sind, und solche, die Frauen sind, und auch ihren Nachwuchs sehe ich.«

»Sie sind, wie ich bin.«

»Und einige sind bekränzt mit blassen Blumen.«

»Sie lieben.«

»Und hast du keinen Kranz, Deoin, die du so schön bist?«

»Auch du hast keinen, Cathal, obwohl dein Antlitz schön ist. Deinen Leib kann ich nicht sehen, weil du eine Schale um dich hast.«

Mit einem leisen Lachen warf Cathal sein Gewand von sich. Sein weißer Leib war wie eine Blume dort im Mondschein.

»Das soll mir nicht im Weg sein«, sagte er. »Fürwahr, ich bin nicht länger ein Mensch, wenn du und die Deinen mich als einen vom Waldvolk haben wollen.«

Da rief Deoin. Viele grüne Phantome glitten aus den Bäumen, und andere, Hand in Hand, blumenbekränzt, schritten über die Lichtung.

»Schauet, grüne Wesen«, rief Deoin mit ihrem süßen Laubgeflüster, das jetzt anschwoll wie ein Windlied in Birkenzweigen. »Schauet, hier ist ein Mensch. Sein Leben ist mein, denn ich rettete ihn. Ich habe den Mondscheintau auf seine Augen gelegt. Er sieht, wie wir sehen. Er möchte einer von uns sein, trotzdem er keinen Baum zu seinem Leib hat, sondern Fleisch, weiß über rot.«

Einer, der aus einer uralten Eiche dorthin geschritten war, blickte Cathal an.

»Möchtest du zum Waldvolk gehören, Mensch?«

»Ja, gern möchte ich's; gewiss, gewiss, o Druide der Träume.«

»Willst du unsere Gesetze erlernen und innehalten, deren erstes ist, dass keiner aus seinem Baum sich regen darf, bis die Dämmerung gekommen ist, noch von ihm fernbleiben, wenn der Morgen graue Lippen öffnet und die Schatten auftrinkt?«

»Ich kenne jetzt kein Gesetz als das Gesetz grünen Lebens.«

»Gut. Du sollst mit uns leben. Dein Heim soll die hohle Eiche sein, wo deine Sippe dich ließ, damit du stürbest. Warum taten sie jene üble Tat?«

»Weil ich nicht an die neuen Götter glaubte.«

»Wer sind deine Götter, Mann, den diese Grüne hier Cathal nennt?«

»Sie sind die Sonne und der Mond und der Wind und andere, von denen ich dir erzählen will.«

»Hast du von Keithoir gehört?«

»Nein.«

»Er ist der Gott der grünen Welt. Er träumt, und seine Träume sind Frühlingszeit und Sommerzeit und Äpfelzeit. Wenn er schläft ohne Traum, so ist es Winter.«

»Habt ihr keinen anderen Gott als diesen Erdgott?«

»Keithoir ist unser Gott. Wir kennen keinen anderen.«

»Wenn er dein Gott ist, so ist er mein Gott.«

»Ich sehe in den Augen Deoins, dass sie dich liebt, Cathal den Menschen. Willst du ihre Liebe haben?«

Cathal blickte das Mädchen an. Sein Herz schwamm in Licht.

»Ja, wenn Deoin mir ihre Liebe schenken will, soll meine Liebe ihr gehören.«

Die Annir-Choille trat vor und schmiegte sich an ihn sanft, wie ein grüner Zweig.

Er schlang seine Arme um sie. Sie hatte einen Leib, der sich kühl und süß anfühlte. Er war froh, dass sie kein Mondschein-Phantom war. Das Pochen ihres Herzens an dem seinen machte eine Musik, die seine Ohren füllte.

Deoin beugte sich nieder und pflückte weiße tauige Blumen. Aus diesen wob sie einen Kranz für Cathal. Desgleichen pflückte er die weißen Blumen und machte eine Krone von Schaum für die braune Flut ihres Haares.

Dann wandelten sie, Hand in Hand, langsam weiter über die mondhelle Lichtung. Niemand kreuzte ihren Pfad, wiewohl überall zarte grüne Wesen von Baum zu Baum huschten. Sie hörten einen wunderbar süßen Gesang, lustig, mit einem Rauschen darin, wie von Blättern, die ein winderfülltes Lichtgestade küssen. Ein grüner Glanz war in Cathals Augen. Das grüne Feuer des Lebens flammte in seinen Adern.

IV

Molios, der Heilige Christi, der in der Meereshöhle auf der Insel der Kuppe wohnte, sodass dieselbe schon zu seiner eigenen Zeit die Heilige Insel genannt ward, lebte fort bis in ein hohes Alter.

Manche erzählen von ihm, bevor sein Haar so weiß gebleicht war wie Sumpfbaumwolle, sei er von den heidnischen Pikten erschlagen worden oder von den wilden Sommerseglern aus Lochlin. Aber das ist ein müßiges Gerede. Sein Ende war nicht so. Ein Kuldeer, der die Seele einer Fledermaus hatte, fürchtete die Wahrheit, obwohl Gott durch sie verherrlicht wurde, und zeichnete in Ogham[62] und auf Lammfell die unwahre Kunde auf, dass Molios mit dem Kreuz hinauszog und auf einer Insel des Nordens erschlagen ward.

An einem Tag der Tage in jedem Jahr begab sich Molios zu der hohlen Eiche, die in dem Bergwald hinter Ecta Mac Ectas Weiler war. Dort sprach er lange über den Jüngling, der sein Freund gewesen war, und darüber, wie der Böse über Cathal die Herrschaft gewonnen hatte und wie der Inselmann zu Tode gebracht worden sei dort in der Eiche. Dann sang er mit allen seinen Begleitern die Hymnen des Friedens, und es war große Freude über die Hinrichtung Cathals des Mönches, und viele hätten den großen Baum umhauen oder verbrennen mögen, damit der Staub des Sünders in die vier Winde verstreut werden könnte: doch dem wehrte Molios.

Es war gut für Cathal, der während der Stunden des Lichtes dort schlief! Tief war sein Schlummer, denn nimmer hörte er die Stimmen der Mittagszeit, noch erklang jemals in seinen Ohren das langsame Steigen und Fallen der heiligen Hymnen.

Aber als im zwanzigsten Jahr, nachdem Cathal in die hohle Eiche hinabgestoßen worden war, Molios dorthin kam, gegen Sonnenuntergang und ermattet von der Hitze, hörte der Heilige, dass ein leises, schwaches Lachen von dem Baum ausging, wie Duft von einer Blume.

Kein anderer hörte es. Er war fröhlich, als er das sah. Ruhig ging er mit den Inselleuten davon.

Als der Mond über den Fichten stand und alles im Weiler schlief, erhob sich Molios und ging stumm in den Forst zurück.

Als er zu dem Baum des Gerichts kam, presste er sein Ohr gegen die Rinde und lauschte lange. Kein Laut war zu hören.

Seine Stimme war alt und zittrig, aber sie klang frisch und jung in den Vorhöfen des Himmels, wenn sie dort anlangte, gleich einem flatternden Vogel, der ermüdet ist vom langen Flug. Er sang eine heilige Hymne.

Er lauschte. Es erscholl kein Lachen. Er war froh darüber. Alles war ein Traum gewesen, gewiss.

Dann geschah's, dass er wiederum das leise, spottende Lachen hörte. Zitternd fuhr er zurück.

»Cathal!«, schrie er, und seine Stimme war wie heulender Wind.

»Ich bin hier, o Molios«, sagte eine Stimme hinter ihm.

Der alte Kuldeer wandte sich um, wie von einem Pfeil getroffen. Vor ihm, weiß im Mondschein, stand ein nackter Mann.

Zuerst erkannte Molios ihn nicht. Er war so schlank und stark, so schön und wundervoll. Lange Locken rötlichen Haares hingen auf seine weißen Schultern herab; seine Augen waren glänzend und hatten das liebliche, sanfte Licht von Hirschaugen. Wenn er sich regte, geschah es flink und lautlos. Kein Edelhirsch in den Bergen war schöner anzusehen.

Dann verschwamm langsam das Bild Cathals des Mönches in den Cathal der Wälder. Molios sah ihn, den er von alters her kannte, wie eine blaue Flamme sichtbar ist in der Flamme von gelber Farbe.

»Ich bin hier, o Molios.«

Seltsam war die Stimme: schwach und fern ihr Klang, doch es war die eines lebenden Mannes.

»Bist du denn ein Gespenst, Cathal?«

»Ich bin kein Gespenst. Ich bin Cathal, der ein Mönch war, Cathal, der jetzt Mann ist.«

»Wie kamst du aus der Hölle, du, der du tot bist, und dessen zerfallene Gebeine ein Staub sind in der Höhlung dieser Eiche?«

»Es gibt keine Hölle, Kuldeer.«

»Keine Hölle!« Molios der Heilige starrte den Waldmann in blassem Schrecken an.

»Keine Hölle«, sagte er nochmals; »und gibt es auch keinen Himmel?«

»Eine Hölle gibt es, und einen Himmel gibt es; aber nicht wie Colum es lehrte und du es lehrtest.«

»Lebt Christus?«

»Ich weiß es nicht.«

»Und Maria?«

»Ich weiß nicht.«

»Und Gott der Vater?«

»Ich weiß nicht.«

»Eine Lüge ist, was du auf deinen Lippen hast. Gewiss, Cathal, du wirst bald in Wirklichkeit tot sein, zur Ehre Gottes. Denn ich werde befehlen, dass dein Staub in die vier Winde verstreut wird und deine Gebeine von Feuer verzehrt werden und dass ein Pfahl durch den Ort getrieben wird, wo du warst.«

Wieder lachte Cathal.

»Geh zurück zu deiner Meereshöhle, Molios. Du hast viel zu lernen. Brüte dort über die Wege deines Gottes, bevor du entscheidest, ob Er nicht mehr weiß als du. Und sieh, ich will dir ein Wunder zeigen. Nur, zuvor sage mir dieses eine. Was ward aus Ardanna, die ich liebte?«

»Sie ward verflucht. Sie wollte nicht glauben. Als Ecta das Kind von ihr nahm, das in Sünde geboren war, damit das Wasser mit dem Zeichen des Kreuzes auf dasselbe gesprengt würde, ging sie nordwärts hinter den Hügel der Zinnen. Dort sah sie den jungen König der Pikten von Argyll, und er liebte sie, und sie ging zu seinem dun. Er nahm sie nach seinem Weiler im Norden, und sie ward seine Königin. Er und sie und die beiden Söhne, die sie ihm gebar, liegen nun alle unter dem Hügelmoos; und ihre Seelen sind in der Hölle.«

Cathal lachte, leise und spöttisch.

»Es ist eine gute Hölle, denke ich, Molios. Aber komm … ich will dir ein Wunder zeigen.«

Damit beugte er sich nieder und nahm den Mondscheintau aus einer weißen Blume und legte ihn auf die Augen des alten Mannes.

Da sah Molios.

Und was er sah, war für ihn etwas Seltsames und ein Schrecknis. Denn überall waren grüne Wesen, licht und anmutig, mit sanften Augen, lieblich, mildleuchtend. Von Baum zu Baum huschten sie oder glitten hin und her aus den Baumstämmen, wie wilde Bienen aus ihren Stöcken.

Neben Cathal stand ein Weib. Schön war sie, mit Augen gleich Sternen im Zwielicht. Ganz von grünem Feuer schien sie, wiewohl der alte Mönch sah, dass ihr Busen sich hob und senkte und ihr erdbraunes Haar leicht gehoben ward von einem dort wirbelnden Windhauch und dass ihre Hand in der Cathals lag. Hinter ihr waren lichte und schöne Wesen, liebliche Gestalten, die Männern und Frauen glichen, doch ohne Seele, wenngleich sie das Leben liebten und den Tod hassten, was, in Wahrheit, alles ist, was der eitle Clan der Menschen tut.

»Wer ist dieses Weib, Cathal?«, fragte der Heilige erbebend.

»Es ist Deoin, die ich liebe und die mir Leben gegeben hat.«

»Und diese … die weder grüne Phantome aus Bäumen sind, noch auch Menschen wie wir?«

»Es sind die Kinder unserer Liebe.«

Molios trat entsetzt zurück.

Aber Cathal hob seine Arme empor und rief mit frohem Blick:

»O grüne Flamme des Lebens, pochendes Herz der Welt! O Liebe! O Jugend! O Traum der Träume!«

»O bitterer Gram«, schrie Molios, »o bitterer Gram, dass ich dich nicht völlig erschlug an jenem Tag der Tage! Feuer an dein Fleisch und einen Pfahl durch deinen Bauch – das hätte dein Schicksal sein müssen! Meinen Bann über dich, Cathal, der du ein Mönch warst und jetzt ein wilder Mann der Wälder bist: Auf dich und deine Annir-Choille und deine ganze Brut lege ich den Bann der Furcht und des Schreckens und des Leides, einen Fluch bei Tag und einen Fluch bei Nacht!«

Aber da stieg ein verschwimmendes Schwindelgefühl in das Hirn des Heiligen, und er fiel vornüber und lag in ganzer Länge auf dem Moos, und kein Gesicht war in seinen Augen noch Gehör in seinen Ohren noch überhaupt Bewusstsein in ihm bis zum Aufgang der Sonne.

Als das gelbe Licht auf sein Angesicht fiel, richtete er sich auf. Kein Antlitz war irgendwo zu sehen. Als er im Tau sich umschaute nach den Myriaden Füßen, die dort gewesen waren, sah er keine Spur.

Der alte Mann kniete nieder und betete.

Beim ersten Beten füllte Gott sein Herz mit Frieden. Beim zweiten Beten füllte Gott sein Herz mit Staunen. Beim dritten Beten flüsterte Gott geheimnisvoll, und er verstand. Demütig in seiner neuen Einsicht stand er auf. Die Tränen waren in seinen alten Augen. Er trat zu der Hohlen Eiche und segnete sie und den wilden Mann, der in ihr schlief, und die Annir-Choille, die Cathal liebte, und die Kinder ihrer Liebe. Er nahm den Fluch fort, und er segnete alles, was Gott gemacht hatte.

Den ganzen langen, mühseligen Weg zum Gestade ging er wie ein Träumender. Staunen und Geheimnis waren in seinen Augen.

Am Gestade stieg er in das kleine Lederboot, das ihn täglich von der heiligen Insel brachte, die drei Pfeilschüsse weit seewärts lag.

Ein Kind saß in ihm und spielte mit Kieseln. Es war Ardan, der Sohn Ardannas.

»Ardan mac Cathal«, begann der Heilige, der jetzt müde, doch froh war mit neuem seltsamen Frohsinn.

»Wer ist Cathal?«, sagte der Knabe.

»Er, der dein Vater war. Sage mir, Ardan, hast du jemals gesehen, dass irgendetwas in den Wäldern sich regte – grüne Wesen aus den Bäumen?«

»Ich habe ein grünes Leuchten aus den Bäumen kommen sehen.«

Molios neigte sein Haupt.

»Du sollst sein wie mein Sohn, Ardan; und wenn du ein Mann bist, sollst du deinen eigenen Weg wählen, und lass dich von niemand hindern.«

In jener Nacht konnte Molios nicht schlafen. Da er das laute Spülen der See hörte, so ging er zur Mündung der Höhle. Eine lange Zeit sah er den Robben zu, die in den silbernen Strahlen des Mondlichts plätscherten. Dann rief er sie.

»O Robben der See, kommt hierher!«

Da kamen all die Schwimmer im Pelzkleid näher.

»Geschieht's wegen des Fluchs, den du uns gibst in jedem Jahr der Jahre, o heiliger Molios?«, klagte eine große schwarze Robbe.

»O Ron dubh[63], es ist kein Fluch, den ich für dich oder die Deinen habe, sondern ein Segen und Frieden. Ich habe ein Wunder Gottes kennengelernt, von einer Annir-Choille in dem Forst, der auf dem Hügel ist. Aber jetzt will ich euch die weiße Geschichte von Christus erzählen.«

So predigte dort, im Mondschein, während die Strömende Flut von seinen Füßen zu seinen Knien sich emporstahl, der alte Heilige das Evangelium der Liebe. Die Robben kauerten auf den Felsen, und ihre großen braunen Augen füllten sich mit frohen Tränen.

Als Molios aufhörte, schlüpfte eine jede wieder in die schattige See. Jene ganze Nacht hindurch, während er über dem Geheimnis von Cathal und der Annir-Choille brütete, mit tiefer Erkenntnis verborgener Dinge und einem Herzen, voll von den Wundern und Geheimnissen der Welt, hörte er sie im Mondglanz hin und her plätschern und einander zurufen: »Auch wir sind die Söhne Gottes.«

Im Morgengrauen trat ein Schatten in die Höhle. Ein weißer Reif verbreitete sich über das Antlitz des Molios. Als Ardan, das Kind, erwachte, war er still und kalt. Nur die weißen Lippen bewegten sich. Ein Sonnenstrahl glitt quer über die See, von der großen Scheibe wirbelnden goldenen Feuers, die von Neuem emporgestiegen war. Er fiel sanft auf die murmelnden Lippen. Da wurden sie still, und Ardan küsste sie wegen des Lächelns, das auf ihnen lag.

Seidenhaar[64]

Was ich Ihnen jetzt erzählen will«, sagte Jan Mor einmal zu mir – und fürwahr, ich muss mich wohl jener Zeit genau erinnern; denn es war im letzten Jahr seines Lebens, als kaum irgendjemand außer mir Jan von den Hügeln zu Gesicht bekam –, »was ich Ihnen jetzt erzählen will, ist eine alte, verschollene Sage von einem Mann und einem Weib der grauen Heldenzeit. Der Name des Mannes war Isla, und der Name des Weibes war Eilidh.

Ach ja, gewiss«, fügte Jan hinzu, als ich ihn unterbrach. »Ich wusste, dass Sie das sagen würden; aber es ist nicht Eilidh, die Cormac liebte, von der ich jetzt rede. Noch meine ich heimlich Isla, der mein Freund war, noch Eilidh, mein Patenkind, die Sie kennen. Lassen wir das Vöglein, Gott segne ihr liebes Herz! Nein, was ich Ihnen erzählen will, ist Ihnen ganz ebenso neu wie das grüne Gras für ein Lämmchen; und niemand hat es von meinen müden Lippen hier gehört, seit ich ein Knabe war und es aus dem Mund der alten Barabal Mac Aodh vernahm, die meine Pflegemutter war.«

Von all den vielen Sagen aus der alten Zeit, die Jan Mor mir erzählte und die in keinem Buch zu finden sind, war dieses die letzte. Das ist der Grund, warum ich sie hier bringe, wo ich viel von ihm gesprochen habe.

Jan erzählte mir dies an einem Winterabend, als wir vor dem Torffeuer saßen, wo der Herdwinkel voll warmer Schatten war. Wir waren in der Hütte der kleinen Hügelfarm von Glenivore, die meiner Base, Silis Macfarlane, gehörte. Aber wir waren damals allein, denn Silis war hinüber nach dem äußersten Ende des Tales, weil dort ihre liebste Freundin, Giorsal Mac Diarmid mit dem Tod rang.

Es war warm dort vor dem Torffeuer, in dessen Mitte ein dicker Kloben Kienholz hineingestoßen war. Das Harz knisterte und sandte blaue Feuerfunken hinauf durch die roten und gelben Zungen, welche die rußigen Kaminwände beleckten, in denen wir unablässig den Wind sausen hörten wie in einer Muschel.

Draußen lag tief der Schnee. Er war an der Oberfiäche so hart, dass die weißen Hasen, die drüberhin hüpften, lautlos wie Schatten sich bewegten, und spurlos wie solche.

In den längst vergangenen Tagen, als Somhairle der Maormor der Inseln war, ward das schönste Weib ihrer Zeit Eilidh genannt.

Der König hatte geschworen, wer immer von seinen Mannen[65] der beste im Kampf wäre, wenn das nächste Mal die fomorischen Seeräuber aus dem Norden auf die Inseln herabkamen, der sollte Eilidh zum Weib haben.

Eilidh, die auch Seidenhaar genannt wurde – denn sie war von sanfter,weißer Schönheit, wiewohl Sonne und Wind sie braungebrannt hatten –, lachte leise, als sie das hörte. Denn sie liebte den Mann, der für sie der einzige in der ganzen Welt war, und das war Isla, der Sohn des Isla Mor, des blinden Häuptlings von Islay. Er liebte auch sie, so wie sie ihn liebte. Er war ein Dichter sowohl wie ein Krieger, und sie wusste kaum, ob sie mehr das Feuer in seinen Augen liebte, wenn er, mit seinen funkelnden Waffen gegürtet und das blonde Haar gelöst, zum Kampf hinauszog, oder das Leuchten in seinen Augen, wenn er, die Harfe in der Hand, von den Heldentaten der Vorzeit sang oder ein süßes Lied ersann für sie, seine Eilidh, die Königin der Frauen; oder die Glut in seinen Augen, wenn er sie traf im Sonnenuntergang und wortlos dastand, verstummend in seiner anbetenden Liebe zu ihr.

Eines Tages hieß sie ihn nach der Insel der Schwäne gehen und ihr so viel vom Brustflaum der jungen Wildschwäne holen, dass sie sich einen weißen Mantel davon machen konnte. Während er noch abwesend war – und die Fahrt dorthin und der Aufenthalt dort und die Rückkehr währten drei Tage –, kamen die Fomorier hinab auf das Lange Eiland.

Es war ein harter Kampf, der gekämpft ward, aber endlich wurden die Nordländer nach einem Blutbad zurückgeworfen. Somhairle, der Maormor, ward fast erschlagen in jener Nacht, und die Raben hätten seine Augen gehackt, wäre Osra mac Osra nicht gewesen, der mit seinem Wurfspieß den Speermann traf, welcher auf den König zielte, als dieser ausgeglitten war im Fomorierblut, das er reichlich vergossen hatte.

In jener Nacht, als das Ale aus den großen Hörnern getrunken wurde, rief Somhairle nach Eilidh.

Das Mädchen kam nach dem Weiler, wo der König mit seinen Kriegern schmauste; weiß und schön wie Mondlicht unter wilden schwarzen Wogen.

Ein Gemurmel erscholl von vielen bärtigen Lippen. Der König blickte finster. Da ward es still.

»Hier bin ich, o König«, sagte Eilidh. Ihre süße Stimme war wie sanfter Regen in den Wäldern zur Zeit des ersten Grün.

Somhairle blickte sie an. Gewiss, sie war schön anzusehen. Kein Wunder, dass die Leute sie Seidenhaar nannten. Sein Puls klopfte, eine Sturmflut wogte in seinen Adern. Dann fiel plötzlich sein Blick auf Osra. Das Herz seines Verwandten, der ihn beschirmt hatte, war sein eignes; und er lächelte; ihn gelüstete nicht mehr nach Eilidh.

»Eilidh, die Seidenhaar genannt wird, siehst du diesen Mann hier vor mir?«

»Ich sehe den Mann.«

»Dann lass seinen Namen auf deinen Lippen sein.«

»Es ist Osra mac Osra.«

»Es ist dieser Osra und kein anderer Mann, der dich winden soll, Schöne Seide der Kühe. Und weiter, ich habe ihm geschworen, dass er heute Nacht mit dir Brust an Brust liegen soll. So gehe von dannen dorthin, wo Osra sein Lager hat, und erwarte ihn dort auf den Hirschfellen. Von dieser Stunde an bist du sein Weib. Ich habe gesprochen.«

Doch ein Schweigen kam wieder über alle dort, als sie, nach einem lauten Gewoge verworrenen Gelächters und Gesprächs, sahen, dass Eilidh noch dort stand, wo sie gewesen war, unbekümmert um des Königs Wort.

Somhairle grollte. Die großen schwarzen Augen unter dem wolkigen Schwall seines Haares funkelten auf sie herab.

»Bist du etwa stumm, Eilidh«, sagte er endlich mit einer kalten, harten Stimme, »oder wartest du auf Osra, dass er dich davonführt?«

»Ich lausche«, antwortete sie; und dieses Flüstern ward von allen dort gehört. Es war wie der Wind im Heidekraut, leise und süß.

Da lauschten alle.

Das Spiel einer Harfe ward gehört. Keiner spielte so außer Isla mac Isla Mor.

Dann wurden die Hirschfelle beiseitegeschoben, und Isla trat unter jene, die dort schmausten.

»Willkommen, o du, der du fern warst, als der Feind kam«, begann Somhairle mit bitterem Spott.

Aber Isla achtete nicht darauf. Er schritt vorwärts, bis er dicht vor dem Maormor stand. Dann harrte er.

»Nun, Isla, der genannt wird Isla-Aluinn, Isla der Schöne, was ist's, das du von mir wünschest, dass du da stehst, nahe dem Tod, das sage ich dir?«

»Ich wünsche Eilidh, die da Seidenhaar genannt wird.«

»Eilidh ist das Weib eines anderen.«

»Es gibt keinen anderen, o König.«

»Ein kühnes Wort ist das! Und wer sagt es, o Isla, mein Lehnsherr?

»Ich sage es.«

Somhairle, der große Maormor, lachte, und sein Lachen war gleich einem schwarzen Unheilsvogel, der losgelassen wird in einer Sturmnacht.

»Und was ist's mit Eilidh?«

»Lass sie reden.«

Da wandte sich der Maormor zu dem Mädchen, das nicht zagte.

»Sprich, Seidenhaar!«

»Es gibt keinen anderen Mann, o König.«

»Närrin, soeben habe ich dich und Osra mac Osra vermahlt.«

»Ich bin das Weib des Isla-Aluinn.«

»Du kannst nicht zweier Männer Weib sein.«

»Das mag sein, o König. Ich weiß nicht. Aber ich bin Weib des Isla-Aluinn.«

Der König blickte finster und ingrimmig. Keiner am Tisch wagte auch nur ein Flüstern. Osra regte sich unruhig, die Hand am Schwertgriff. Isla stand da, und seine Augen leuchteten, während sie auf Eilidh ruhten. Er wusste, nichts in Leben oder Tod konnte zwischen sie treten.

»Bist du nicht mehr Maid, Eilidh?«, fragte Somhairle endlich.

»Nein.«

»Schande über dich, Lustdirne.«

Das Mädchen lächelte; aber in ihren Augen, die sich jetzt verdüstert hatten, loderte eine Flamme.

»Ist Isla-Aluinn der Mann?«

»Er ist der Mann.«

Da schlug der König eine bittere Lache an.

»Greift ihn!«, schrie er.

Aber Isla regte sich nicht. So blieben die, welche ihn binden wollten, stehen, kampfbereit mit nackten Schwertern.

»Nimm deine Harfe auf«, sagte Somhairle.

Isla bückte sich und hob die Harfe empor.

»Spiele jetzt das Hochzeitslied des Osra mac Osra und der Eilidh Seidenhaar.«

Isla lächelte; aber es war das ein grimmiges Lächeln, und nur Eilidh verstand es. Dann schlug er die Harfe, und er begann aus seines Herzens Tiefe diesen Sang an das Weib, das er mehr liebte als das Leben:

Eilidh, Eilidh, Herz meines Lebens, mein Puls,
meine Flamme,
Zwei Männer sind's, die dich lieben, und zwei,
die Weib dich nennen:
Doch nur einer ist Gatte dir, Eilidh, o du mein Weib,
meine Lust;
O ja, mich kennt dein Leib, und das Kind, das du trägst,
ist mein.
Du mir, ich dir, nichts sonst in der Welt,
Eilidh mit seidenem Haar;
Nichts sonst in der Welt, nein, kein Mann sonst
für dich, kein Weib für mich.

Aber da sprang Somhairle auf und stieß den Schaft seines langen Speeres auf den Grund.

»Lasst die beiden gehen«, brüllte er.

Da standen alle still oder traten zurück, als Isla und Eilidh langsam mitten hindurchschritten, Hand in Hand. Nicht einen gab's, der nicht wusste, dass sie in ihren Tod gingen.

»Diese Nacht soll ihnen gehören«, schrie der König mit grimmigem Spott, »dann, Osra, sollst du deine Lust büßen an Seidenhaar, die dein Weib ist; und sollst Isla-Aluinn zu deinem Sklaven haben; und das für das Kommen und Gehen von drei Monden von heute Nacht. Dann sollen sie beide geblendet und stumm gemacht werden, und das für den gleichen Zeitraum; und am Ende dieser Zeit sollen sie auf den Schnee zu den Wölfen geworfen werden.«

Dennoch stöhnte Osra in seinem Herzen wegen jener Nacht, die Isla bei Eilidh vergönnt war. Nicht all die Jahre der Jahre konnten ihm eine Freude geben gleich dieser.

In der Stille der Mitternacht ging er verstohlen dorthin, wo die beiden lagen.

Dort fand man ihn am Morgen an dem Ort, wo er lautlos gestorben war, Eilidhs Dolch bis zum Heft in seinem Herzen.

Aber niemand sah die beiden fortgehen außer einem, und das war Sorch, der Bruder Islas – Sorch, der in späteren Tagen Sorch Honigmund genannt wurde wegen seiner süßen Lieder. Von allen Liedern, die er sang, scholl keines so süß ans Ohr als das von der Liebe Eilidhs und Islas. Zwei Liebende waren es, die liebten, wie wenige lieben; und unsterblich dazu, wegen jener großen Liebe.

Und was Sorch sah, war dieses. Kurz bevor die Sonne aufging, kamen Isla und Eilidh Hand in Hand aus dem Weiler, wo sie die ganze Nacht wach gelegen hatten in ihrer tiefen Freude.

Stumm, doch ohne Hast, noch immer furchtlos wie ehemals, schritten sie über die niederen Dünen, welche die See vom Land trennten.

Die Wogen schäumten kaum, so niedrig waren sie. Ihr lautes frohes Lied erfüllte den Morgen. Eilidh und Isla blieben stehen, als die ersten Wellen ihre Füße bespülten. Sie warfen ihre Kleidung von sich. Eilidh schleuderte den goldenen Reif aus ihrem dunklen Haar weit hinaus in die See. Isla zerbrach sein Schwert und sah zu, wie die beiden Hälften durch das wogende Grün glitten. Dann wendeten sie sich und küssten einander auf die Lippen.

Und das Ende von Sorchs Lied ist dieses; dass weder er noch irgendein Mensch weiß, ob sie zum Leben oder zum Tod gingen; aber dass Isla und Eilidh zusammen hinausschwammen der Sonne entgegen und niemals wieder gesehen wurden von irgendeinem aus ihrer Sippschaft oder ihrem Stamm. Zwei rüstige Schwimmer waren es, die miteinander hinausschwammen ins Sonnenlicht – Eilidh und Isla.

Ula und Urla

»Du Weltenblume, Rose aller Rosen!
Auch du erschienst, wo trübe Fluten tosen,
Ans Sorgenufer, und vernahmst den Klang
Der Glocke, die uns ruft; so fern und bang.
Schönheit in ihrer ew'gen Dauer Weh
Schuf dich aus uns und aus der grauen See.«

Ula und Urla hatten sich gelobt, sich am Felsen der Sorge zu treffen. Aber Ula, der zuerst starb, stolperte blindlings, als er das Schattige Tor durchschritt, und als Urlas Stunde schlug, entsann sie sich nicht.

Dies waren die Namen, die man ihnen auf den Inseln des Nordens gegeben hatte, als die birlinn[66], welche die Kriegsgaleere der Wikinger in den Grund bohrte, sie vor den Maormor brachte.

Kein Wort hatten sie gesprochen an jenem Tag und keinen Namen genannt. Es waren Gälen, obwohl Ulas Haar gelb war und obwohl seine Augen blau waren wie die Tiefe einer Woge. Sie baten um nichts, denn beide verlangten nach dem Tod. Der Maormor von Siol Tormaid blickte Urla an, und die

Begierde nagte an seinem Herzen. Aber er wusste, was sie im Sinn trug, denn er sah in ihr Inneres durch ihre Augen, und er fürchtete einen jähen Tod in der Finsternis.

Dennoch brütete er Tag und Nacht über ihrer Schönheit. Ihre Haut war weißer als des Mondes Schaum; ihre Augen waren wie tauige Dämmerung im Sternenlicht. Wenn sie sich regte, erschien sie ihm wie eine Hindin im Farnkraut; neigte sie sich, so war es wie das Wogen windbewegten Wassers. In seinen Augen war ein Schimmer wie Sonnengefunkel auf ruhiger See. In dieser Verblendung ward er irregeführt.

»Geh«, sagte er zu Ula an einem Tag der Tage. »Geh, die Männer von Siol Torquil werden dich nach den Südinseln bringen, und so kannst du nach deinem eigenen Ort gelangen, sei es Eireann oder Manannan oder wo sonst der Südwind seine Hand auf deine Heimat legt.«

An jenem Tag war es das erste Mal, dass Ula sprach.

»Ich will gehen, Coll mac Torcall; aber ich gehe nicht allein. Urla, die ich liebe, geht, wohin ich gehe.«

»Sie ist meine Beute. Aber, Mann aus Eireann – denn an deiner Sprache erkenne ich, dass du von dort stammst –, sage mir Folgendes: Von welchem Clan und welchem Ort bist du, und von wannen ist Urla gekommen; und an welcher Küste war es, dass die Männer von Lochlin, die wir erschlugen, dich und sie aus der See nahmen, als ihr der Sonne entgegenschwammt, während Schwerter am Strand blitzten, als das Wikingerboot euch wegführte?«

»Wie weißt du diese Dinge?«, fragte Ula, der Isla gewesen war, Sohn des Königs von Islay.

»Einer der Seeräuber sprach, bevor er starb.«

»Dann lasst den Wikinger wieder sprechen. Ich habe nichts zu sagen.«

Da runzelte der Maomor die Stirn, aber er sprach nicht mehr. An jenem Abend ward Ula ergriffen, als er in der Dämmerung an der See wandelte und leise ein altes Lied vor sich hin sang.

»Ist es Tod?«, sagte er und gedachte eines anderen Tages, als er und Eilidh, die sie Urla nannten, dieselbe Frage auf ihren Lippen hatten.

»Es ist Tod.«

Ula blickte düster, doch sprach er eine Zeit lang kein Wort. Dann sprach er:

»Lasst mich ein Wort zu Urla sagen.«

»Kein Wort darf dir vergönnt werden. Auch sie muss sterben.«

Da lachte Ula leise.

»Ich bin bereit«, sagte er. Und sie erschlugen ihn mit einem Speer.

Als sie es Urla erzählten, erhob sie sich von den Hirschfellen und ging hinab nach dem Strand. Dann sprach sie kein Wort. Aber sie beugte sich nieder und legte ihre Lippen auf seine kalten Lippen und flüsterte in sein Ohr, das nichts davon vernahm.

In jener Nacht ging Coll mac Torcall heimlich dorthin, wo Urla war. Als er eintrat, drang ein Stöhnen zu seinen Lippen, und Schaum war auf ihnen; und das kam, weil der Speer, der Ula erschlagen hatte, zwischen seine Schultern gestoßen ward von einer, die im Schatten stand. Er lag dort bis zum Morgengrauen. Als man Coll den Maomor fand, glich er einer Robbe, die an einen Felsen gespießt ist, denn er hatte seine Hände ausgestreckt und sein Haupt lag zwischen ihnen und das Gesicht war nach unten gekehrt.

»Friss Staub, erschlagener Wolf«, war alles, was Eilidh, die man Urla nannte, sagte, ehe sie von jenem Ort sich entfernte im Dunkel der Nacht.

Als die Sonne aufging, war Urla in einer Schlucht inmitten der Hügel. Ein Mann, der dort Schafe hütete, brachte sie zu seiner Gattin. Sie gaben ihr Milch, und wegen ihrer Schönheit und der eisigen Stille in ihren Augen baten sie, sie möchte bei ihnen bleiben und in Frieden leben.

Mit der Zeit erkannten sie, dass sie sich den Tod wünschte. Aber zuerst ward das Kind geboren.

»Es war Islas Wille«, sagte sie zu der Frau. Ula war nur der Schatten einer Vogelschwinge; ein leerer Name. Und auch sie war wieder Eilidh.

»Tod war, was er dir gab, als er dir das Kind gab«, sagte einmal die Frau.

»Es war Leben«, antwortete Eilidh, und ihre Augen waren voll vom Schatten des Traumes. Und noch an einem anderen Tag sagte die Frau zu ihr, es würde gut sein, das Kind auszusetzen, dass es stürbe; denn ihre Schönheit war wie Sonnenlicht an einem Wolkentag, und wenn sie weiterziehen würde, jung und allein und so wunderbar schön, würde sie Liebe gewinnen, und Liebe ist das Beste.

»Wahrlich, Liebe ist das Beste«, antwortete Eilidh. »Und weil Isla mich liebte, wollte ich, dass ein anderer Isla in die Welt käme und seine Lieder sänge – die Lieder, die so süß waren, und die Lieder, die er niemals sang, weil ich ihm Tod gab, als ich ihm Leben gab. Aber jetzt soll er wieder leben, und er und ich sollen in einem Leib sein, in ihm, den ich jetzt trage.«

Da verstand die Frau und redete nicht mehr davon. Und so erwuchsen die Tage aus den Nächten, und der Staub der Füße des einen Monats war in den Augen dessen, der nachfolgte; und das, bis Eilidhs Zeit gekommen war.

Dämmerung um Dämmerung harrte Ula, der Isla der Sänger war, am Felsen der Sorge. Dann kam eine große Müdigkeit über ihn. Er dichtete dort ein Lied, wo er lag auf dem engen Raum; das letzte Lied, das er dichtete, denn danach hörte er kein Schreiten der Stunden mehr.

Manch schnelles Jahr den Hang herniederflieht,
Manch andres langsam schleicht; keins kehrt zurück.
Die wirren Jahre haben Augen tränenmüd,
Die lachen, jene klagen, die mit düstrem Blick,
Und die mit stolzer Lippe trotzen dem Geschick.

O Jahre, die mit Tränen reich betaut,
In euren Armen ward ich müd so sehr.
Bin todesmatt; verirrter Speere Laut
Schwirrt sanft, und Tränen fallen blutig schwer,
Kühl gleiten Jahre über mich, den traf die Wehr.

Mir ist, ich hörte leis auf schattigen Waldesgrund
Den Regen fallen; alte, alte Tränenflut.
In tiefem Dunkel blieb mir nur mein Leid jetzund.
Von aller Furcht und Hoffnung blieb nur dieses Gut,
Leid, das allem noch lebt, der Schattenjahre hagrer Hund.

Aber endlich, nach vielen Tagen, fuhr er empor. Ein Lied klang in seinen Ohren.

Er lauschte. Es war wie sanfter Regen in einem Wald im Juni. Es war wie der Wind, der durch die Blätter lacht.

Da hüpfte sein Herz. Gewiss, es war Eilidhs Stimme.

»Eilidh! Ellidh! Eilldh!«, rief er. Aber wieder kam eine große Müdigkeit über ihn. Er entschlief und fühlte nicht die kleine Hand, die in der seinen lag, und den kleinen, blumensüßen Leib, der sich warm an seine Seite schmiegte.

Da schaute das Kind, welches sein war, in des Sängers Herz und sah dort einen Nebel von Regenbogen, und mitten in jenem Nebel war das Antlitz Eilidhs, seiner Mutter.

Danach schaute der Kleine in sein Hirn, das so still war, und er sah die Harmonie, die dort war; und es war die Stimme Eilidhs, seiner Mutter.

Und wiederum schaute das Vöglein, welches das Blau von Islas Augen und den Traumglanz aus denen Eilidhs hatte, in Ulas schlummernde Seele; und er sah, dass sie nicht Isla noch auch Eilidh war, sondern dass sie ihm gleich war, der aus Eilidh und Isla gemacht war.

Eine lange Zeit träumte das Kind. Dann legte es sein Ohr an Islas Stirn und lauschte. Ach, die süßen Lieder, die es hörte. Ach, bittersüße Mondsaat des Liedes! In sein Leben zogen sie ein, Echo um Echo, Weise um Weise, wildes Lied um wild süßes Lied.

»Isla wird nimmer sterben«, flüsterte das Kind, »denn Eilidh liebte ihn. Und ich bin Isla und Eilidh.«

Dann legte der Kleine seine Hände auf Islas Herz. Es war eine Glut dort, die das Grab nicht erstickte.

»O Glut der Liebe!«, seufzte das Kind und drückte es an seine Brust; und heller Mondenglanz war um die beiden Herzen, die es hatte, das Herz Islas und das Herz der Eilidh, die forthin eines waren.

Als der Morgen graute, war der Knabe nicht mehr da. Schon fiel die aufgehende Sonne warm auf ihn, wo er, neugeboren, an Eilidhs Busen lag,

»Es ist das Ende«, murmelte Isla, als er erwachte. »Sie ist nimmer gekommen. Gewiss ist mir jetzt die Finsternis und das Schweigen.«

Dann erinnerte er sich der Worte Maols des Druiden, der ein Seher war und ihm erzählt hatte von Orchil, der düsteren Gottheit, die unter der braunen Erde ist, in einer ungeheuren Höhle, wo sie an zwei Webestühlen webt. Mit einer Hand webt sie Leben empor durch das Gras; mit der anderen webt sie Tod hinab durch den Erdboden; und der Schall des Webens ist Ewigkeit, und sein Name in der grünen Welt ist Zeit. Und durch alles webt Orchil den Einschlag Ewiger Schönheit, die nicht vergeht, obwohl ihre Seele der Wechsel ist.

Und dies waren Orchils Worte auf den Lippen Maols, des Druiden, der alt war und das Geheimnis des Grabes kannte.

Wenn du nach dem Schattigen Tore fährst, so nimm weder Furcht mit dir noch Hoffnung, denn beide sind verschüchterte Hunde des Schweigens an jenem Ort; sondern nimm nur den purpurnen Nachtschatten zum Schlaf und ein Fläschchen mit Tränen und Wein, Tränen, die dir bekannt sein müssen, und alten Wein der Liebe. Dann wirst du dein stummes Fest feiern, vor dem Ende.

So neigte denn Isla sein Haupt, denn in seiner Müdigkeit hatte er den Nachtschatten des Schlafes und in seinem Sinn den langsam träufelnden Regen vertrauter Tränen und tief in seinem Herzen den alten Wein der Liebe.

Es war schön, gelebt zu haben, da Leben Eilidh war. Es war schön, das Leben zu enden, da Eilidh nicht mehr kam.

Dann plötzlich erhob er sein Haupt. Eine Melodie erscholl in der grünen Welt droben. Ein Sonnenstrahl öffnete die Erde über ihm; aufschauend erblickte er Angus Ogue.

»Ah, schönes Antlitz des Gottes der Jugend«, seufzte er. Dann sah er die weißen Vögel, die um das Haupt des Angus Ogue stiegen, und er hörte die Melodie, die sein Hauch auf der Harfe des Windes machte.

»Steh auf«, sprach Angus; und als er lächelte, hoben die weißen Vögel ihre blitzenden Schwingen und schufen einen Nebel von Regenbogen.

»Steh auf«, sprach Angus Ogue nochmals, und als er sprach, zitterten die Spitzen des Grases nach einer wilden, süßen, ergreifenden Weise.

So stand Isla auf, und die Sonne schien auf ihn, und sein Schatten glitt in die Erde. Orchil verwob ihn in ihr Gewebe des Todes.

»Warum harrst du hier am Felsen der Sorge, Isla, der zuletzt Ula genannt ward?«

»Ich harrte auf Eilidh, die nicht kommt.«

Da neigte sich der Gott, der dem Wind lauscht, und legte sein Haupt auf das Gras.

»Ich höre die Füße eines Weibes nahen«, sagte er und richtete sich auf.

»Eilidh! Eilidh!«, rief Isla, und das Leid seines Rufes war ein Seufzer im Gewebe der Orchil.

Angus Ogue nahm einen Zweig und hielt das kühle Grün gegen seine Wange.

»Ich höre ein Herz schlagen«, sagte er.

»Eilidh! Eilidh! Eilidh!«, rief Isla, und die Tränen, die in seiner Stimme waren, wurden von Angus verwandelt in matten Tau der Erinnerung in dem Kinderhirn, welches das Hirn Islas und Eilidhs war.

»Ich höre ein Wort«, sagte Angus Ogue, »und dieses Wort ist eine Flamme der Freude.«

Isla lauschte. Er hörte Vogelsang. Dann plötzlich kam ein heller Glanz in das Sonnenlicht.

»Ich bin gekommen, Isla mein König.«

Es war Eilidhs Stimme. Er neigte sein Haupt und taumelte, denn es war sein eigenes Leben, das zu ihm kam.

»Eilidh!«, flüsterte er.

Und da kam endlich Isla in sein Königreich.

Aber sind sie dahin, diese beiden, die mit unsterblicher Liebe liebten? Oder ist dies ein Traum, den ich geträumt habe?

Fern in einem Inselheiligtum, das ich nie wieder sehen werde, wo der Wind die blinde Vergessenheitsrune der Zeit singt, habe ich die Gräser flüstern hören: Zeit war niemals, Zeit ist nicht.

Ulad der Träumer[67]

I

Drei Jahre lang, nachdem Ulad die Fand umworben hatte in dem Grianan im Hafen der Foray, schaute keiner von denen, die ihn seit Langem kannten, in seine leuchtenden Augen.

Einige sagten, er sei nach Tir-na'n-Og gegangen; andere, er sei hinausgesegelt nach den Inseln der Sehnsucht. Seine Galeere war im Norden gesehen worden, so ging das Gerücht; ihr Bug wies nach jenen Inseln, wo die fabelhaften Fomorier lebten, jenen Hebriden, die preisgegeben sind wilden Meeren, wilden Stürmen und wilden Männern. Andere hatten das weiße Segel mit dem gelben Stern an der Küste von Eri erkannt, auf dem Sonnenpfad, der im Westen unter dem Regenbogen liegt gen Hy Brasil hin. Mittlerweile sangen die Dichter von dem Einsamen König, von Fand, die er gewonnen und verloren hatte, und von der Schwermut Ulads. Unter diesen Liedern waren die süßesten und wunderbarsten die von Bel dem Harfner – ihm, dessen Spiel und Gesang Frauenherzen schmelzen ließ wie Wachs und in Männern entweder unbezwingliche Sehnsucht wirkte oder jähe, rasche Gluten in ihr Blut goss.

Bel der Harfner sang von Fand. Schön war sie und wundervoll; aber als Ulad in ihre Seele blickte, hatte er dort nur den Schatten seiner eigenen Leidenschaft und den Abglanz seiner eigenen Liebe und das Spiegelbild seiner Einsamkeit gesehen.

Jedermann kannte die Märe, denn Bel sang sie an Waldfeuern und in den Weilern, wo auch die Frauen ihm lauschten mit leuchtenden Augen.

War sie ein Weib, wie andere Weiber sind?, so fragten sie verwundert; sie, die Ulad in Hy Brasil bereitet hatte aus einem Gewinde weißer Blumen, die er gesammelt unter der diesseitigen Wölbung eines Regenbogens – gesammelt und an seiner Brust gewärmt hatte die ganze Nacht, bis im Morgengrauen daraus ein Weib ward, dort an seiner Seite.

Mittlerweile kamen dunkle Tage über all die Lande der Gälen, in Eri und in Alba. Kriege wogten hin und her. Das Schwert war wie ein Wandervogel. Die Wälder und Täler prangten reich in roten Flammenblüten.

Große Könige kamen um; die einen in der Schlacht, die anderen im Hinterhalt, die dritten in schmählicher Weise. Die Ollavs und die Barden verstummten in Furcht. Ein Klagelaut stieg auf aus den gequälten Landen. In den schattigen Schlupfwinkeln der uralten Wälder versammelte sich das fremde Volk, das keinen Tod kennt, im Dunkel des Zwielichts, in der Finsternis der Nacht. Alte vergessene Götter kamen und saßen an wüsten Sümpfen, in prophetisches Wasser starrend. Die hohen, todbringenden Frauen, die ihre Herzen in die Hände nehmen und die Schicksalsweise unstillbarer Sehnsucht spielen, diese glutäugigsten Dämonen durchstreiften die schwarzen Fichtenwälder. Unter den Eichen saßen übermenschliche Gestalten und brüteten. Seltsame Unheilszeichen sah man auf den Bergen in Westen, im Norden und im Osten; aus dem Süden kamen wilde Wolkenbrüche, Gewitterstürme, ein Wallen und Beben der Erde.

Am Ende des dritten Jahres war kein großer König übrig.

Unheil brütende Häuptlinge betrachteten einander eifersüchtig, aber es gab keine Schwertgenossenschaft.

Der Reiche und der Arme, der Adlige und der Unedle lebten in steter Furcht vor ihren Mitmenschen und in schlimmer Furcht vor den Dämonen, vor den Göttern, die aus vergessenen Orten sich zusammenscharten, vor dem Lachen eines schrecklichen Volkes mit Schwingen und Kämmen, das oft im Mondschein gehört wurde und auf das immer ein Laut folgte wie von Dolchstichen und ein wildes, verlorenes Kreischen. Wer waren sie, die im Mondschein lachten und aus Lust mordeten und sich nährten von den kreischenden Schrecken verirrter Menschen? Niemand wusste es; ebenso wenig als irgendjemand wusste, wer die plötzlich aufblitzenden Feuer auf baumlosen Hügeln entzündete oder wo die Echos herrührten, die furchtbar höhnten in den Höhlen der Gebirge. Ein König nur war noch am Leben; aber er regierte nicht. Colla war alt und müde. Er lebte allein in einer aus Weidenzweigen geflochtenen Hütte an dem bewaldeten Ende des großen Sees von Bandore, an dessen Spitze der Weiler des Königs des Nordens lag – ein Weiler, der damals verfallen und unbevölkert war, abgesehen von einigen schwächlichen, gierigen Menschen, denn es gab keinen König des Nordens noch irgendwelche Lehnskönige, außer Colla allein, und der war allzu müde von Alter und Leid.

Eines Abends saß Colla neben den fichtenen Blöcken und starrte durch die Glut in die Vergangenheit. Er hörte keinen Laut, aber plötzlich fühlte er, dass jemand neben ihm stand.

Als er bestürzt aufblickte, sah er ein hochgewachsenes Weib, höher als irgendein Weib, das er jemals gesehen hatte, und von einer furchtbaren und wundervollen Schönheit. Sie war in ein grünes Gewand gekleidet, das um sie hing gleich unzähligen kleinen Blättern; ihre Augen waren dunkel und schattig wie Waldseen; aber immer wenn sie sich bewegten, hatten sie eine Glut in sich wie von einer windumwehten Fackel.

»Friede sei mit dir!«, sagte Colla.

Der Dämon lachte.

»Es ist nicht Frieden, weswegen ich komme, o Colla«, sagte das Weib, »sondern um dir auf meinem Herzen zu spielen, damit dir Weisheit wird.«

Damit nahm sie ihr Herz aus ihrer Brust und blies das Rote aus ihm als einen blutigen Schaum, und dann spielte sie auf den sieben Saiten, die nun bloßgelegt waren.

Als sie eine kurze Zeit gespielt hatte, hielt sie inne. Ihre Augen waren auf Colla gerichtet gleich zwei windmüden Flammen. Er erhob sich.

»Ich weiß jetzt, was ich tun soll, o Weib aus den Wäldern«, sagte er. »Aber wo werde ich Bel den Harfner finden, und wo werde ich Ulad den Träumer finden, und wo werde ich Aithne finden, seinen Traum?«

»Du wirst das Harfenspiel Bels hören, wenn du nach drei Tagen beim Weiler von Bandore zu dem Volk sprichst. Und es wird ein Echo da sein nach Bels Spiel, welches ihm sagen wird, wo er Ulad finden kann. Aber von Aithne kann ich dir nichts erzählen, als dass sie unter dem Regenbogen im Westen wohnt.«

Damit wandte sich das Weib und ging zurück in die Nacht.

Bis zum Morgengrauen saß Colla und träumte von Leben und Tod. Er ging hinüber in jenes Schattenreich, wo Erinnerungen sich regen mit hehren und traurigen Augen. Herrschaft über Männer und Frauen, unabwendbarer Schicksalswechsel, unaufhaltsamer Verfall – in diesem Umkreis bewegten sich seine Gedanken. Er hatte des Glückes Rad gesehen – das Rad am Streitwagen eines fürchterlichen und augenlosen Gottes.

Als der Morgen kam, verließ er seine Zufluchtsstätte im Schilf von Bandore und ging nach dem Weiler. Dort befahl er, dass die Kriegshörner geblasen und alle Leute von fern und nah aufgeboten würden: jeder Fürst und jeder Krieger und jeder Mann, der ein Schwert trug oder Speer und Bogen führte. Alle sollten sich dort versammeln, um zu hören, was er zu sagen hatte, um die letzten Worte des letzten der Könige zu hören.

Es war eine gewaltige Menge, die an jenem dritten Tag um die Mittagszeit sich versammelte. Viele Söhne von Königen waren dort und mächtige Lords. Alle waren eines herrscherlosen Reiches müde; die Herzen aller waren schwer wegen der Unheilzeichen und wegen der Rückkehr der alten verbannten Götter und wegen des Aufflammens geheimnisvoller Feuer und der finstern Schar der Dämonen und des nächtlichen Gelächters, der Schreie und Prophezeiungen. So kam es, dass, als Colla sagte, was er zu sagen hatte, alle mit Spannung lauschten. Am Ende erhob sich ein lautes Jubelgeschrei. Auch diejenigen, welche der Offenbarung eines Dämons misstrauten, waren froh, dass ein großer König gefunden werden sollte, um über all die Nordlande der Gälen zu herrschen; und falls Ulad lebte, so war niemand besser als er, wiewohl niemand dort mehr von ihm wusste, als dass er einen großen Namen führte und als einer der Herren der Welt galt, wennschon niemand wusste, wo sein eigenes Königreich war und welches seine Untertanen.

»Aber wo ist er? Wo ist Ulad der Einsame? Wo ist Ulad unser König?«, schrie die ganze Versammlung wie mit einer Stimme, als Colla auf dem goldenen Stuhl zu Bandore sich zurücklehnte.

Da geschah es, dass ein wildes, süßes Harfenspiel gehört ward.

Alle wandten sich und blickten nach der schilfigen Ecke des Sees von Bandore, von wo der Laut der Musik herüberklang. Auf dem Pfad von Westen her wandelte ein Mann und spielte die Harfe, während er herankam.

Es war Bel der Harfner.

Er blieb stehen, als er zu der weißen Klippe an der Westseite des Weilers gelangte. Eine lange Zeit starrte er, denn er hatte keine solche Volksmenge noch eine solche Versammlung von Mächtigen gesehen, seit dem Tag, an welchem die Sieben Könige des Nordens alles verloren, in der großen Schlacht vor den Bergen von Doon.

Colla stand auf und rief Bel an.

»Heil dir, o König. Ich höre. Segen über unser gequältes Land!«

»Spiele uns, Bel.«

Da spielte Bel auf seiner Harfe, und er sang. Die Herzen aller waren wie rinnendes Wasser, als er spielte, und wie geschmolzenes Wachs, bevor sein Gesang beendet war.

In dem Schweigen, das auf seinen Gesang folgte und auf das wundersam süße Harfenspiel, dessen Geheimnis sein eigen war, vernahm man etwas Seltsames. Die Melodie der angeschlagenen Saiten stieg empor wie eine Taube, die ihren Weg heimwärts sucht; oder wie blauer Rauch über dem Wald, wenn kein Wind sich regt. Sie prallte gegen die Fläche der weißen Klippe und haftete dort unstet mit blassen, luftigen Tonschwingen oder den Atemzügen eines unsichtbaren Liedes.

Eine süße, wilde Weise, unmitteilbar, zart, wie fallender Tau, stahl sich von der Klippe her, der Duft jener Tonwindungen, die sich in den unsichtbaren Maschen verfangen hatten, die von Wind und Sonne gewirkt sind. Niemand wusste, was sie bedeutete noch mochte irgendeiner dort den süßen, fantastischen Rhythmus mit irgendwelchen seltsamen Lauten vergleichen, die von sterblichen Menschen hervorgebracht werden.

Alle sahen, dass Bel der Harfner dastand wie ein Verzückter; und doch war sein eigenes Harfenspiel das wundersamste, seit

Cravetheen Tod hineinspielte in die Liebe des Cormac Conlingas und der schönen Eilidh, die er so überaus innig liebte.

»Sprich, Bel!« rief Colla. »Sprich! Denn alle können es sehen, dass du in jenem Echo auf der Klippe von Bandore hörst, was wir nicht zu hören vermögen.«

Langsam schaute der Harfner sich um; langsam schritt er vorwärts. Er sprach kein Wort, bis er nahe dem goldenen Stuhl des Königs war. »O König ... und du bist es, Colla aus dem Hause Amergins, des Großen Königs, den ich tot glaubte, wie es nun alle anderen Könige in diesem müden Land sind, außer einem ... O König, was ein Echo scheint, dort oben auf der Klippe, das ist kein Echo. Ich kenne jenen seltsamen, süßen Gesang.«

»Wenn es nicht ein Echo ist, was ist das dann für ein Gesang und für ein verworrenes Murmeln wie von Schilfrohr im Wind? Und wo, o Bel, hast du jenen seltsamen, süßen Gesang gehört?«

»Ja, ich habe jenen Gesang gehört, und jenes verworrene Murmeln wie vom Schilfrohr im Wind, vor langer, langer Zeit, als ich ein Knabe war. Es war, als ich drei Tage und drei Nächte gesegelt war, ohne Speise oder Wasser, seewärts getrieben auf dem Kamm einer endlosen, windgepeitschten Woge. Ich wusste damals nicht, dass das Land, zu dem ich kam und in dem ich eine Zeit verweilte, die ein Tag oder ein Jahr oder ein Tag von manchen Jahres Dauer gewesen sein mag, Hy Brasil war«,

Da ging ein leises Flüstern von Mund zu Mund unter allen, die ihm lauschten. Endlich sprach Colla:

»Dann also, Bel, ist jene süße Melodie, die nun verstummt ist, gleich jener, die vor langen Jahren süß an deine Ohren klang in dem Land der Jugend, über See?«

»So ist es, o König. Es gibt keine, die ihr gleicht. Kein Mensch spielt sie, kein Mensch kennt sie. Nur die Helden in

Flatheanas vernehmen sie; sie ist wie der Tau auf dem Gras in Tir-na'n-Og, falls das in der Tat ein anderes Land ist als Hy Brasil selbst. Nur diejenigen vermögen sie zu hören, die ihr linkes Ohr gegen den Wind halten beim Aufgang des Mondes. Das Grüne Völkchen kennt sie, und die Schweigenden, die wir nicht mehr sehen, und die, welche im Schatten wohnen, und die vergessenen Götter und die Dämonen.«

»Und es gibt keinen, der sie spielt, keinen, der sie kennt?«

»Ich habe keinen gekannt außer zwei anderen und mir selbst. Was mich betrifft, ich spiele nur ein Echo von ihr. Aber ich kenne sie.

»Und die beiden anderen?«

»Einer war Cravetheen der Harfner, dessen Seele bei den Dämonen ist wegen des feurigen Todes, den er über Cormac Conlingas brachte und über die Schönheit der Eilidh. Seine Seele ist jetzt eine zertrümmerte Harfe, auf der Dämonen spielen, wenn sie Schönheit erniedrigt oder vernichtet sehen. Das ist die Sünde der Sünden, o König: Schönheit zu vernichten.«

»Und der andere?«

»Der andere ist Ulad der Träumer, er, von dem ich so oft gesungen habe, Ulad der Einsame. Und daraus geht hervor, dass es Ulad und kein anderer ist, von dem der Melodienschwarm auf der Klippe herrührte.«

»Sag uns das verborgene Wort. Sprich ohne Furcht. Was mich betrifft, ich herrsche hier nur, bis der Ardree, der Hohe König, kommen wird.«

»Der Gesang war etwa folgender; freilich meine Worte, o Colla, sind wie Fledermäuse hinter den braunen Vögeln, die in der Nacht singen …

In westlich wilden Landen
Des schaumgestreiften Alba
Harrt euer Hohe König,

Vorherbestimmt und würdig.
Ulad ist sein Name,
Ulad der Einsame.
Groß ist sein Ruhm, ist er doch
Ein König von Geburt an,
Ein König unter Kriegern.
Berufe ihn zur Herrschaft,
O Volk vom grünen Eri,
Damit der Leiden Unzahl
Dich fürder nicht verfolge,
Bis Lagerfeuer, Weiler,
Und Türm, an grünen Orten,
So wen'ge in ganz Eri,
Wie Könige und Helden.

Als Bel der Harfner schwieg, erhoben alle dort ein großes Jubelgeschrei.

Schwerter sprangen in die Luft.

»Ulad! Ulad!«, riefen alle. »Geh davon, o Bel, und bring Ulad den König zurück, über uns zu herrschen.«

Darauf trat Colla vor.

»Höret, o Bel und all ihr Krieger und du Volk. Ich, Colla, der König, erhalte Frieden hier bis zu jenem Tag, wenn Ulad der König zurückkehren wird mit Bel dem Harfner, um Ardree zu sein über all die Nordlande der Gälen von den beiden Meeren und der Mitte von Eri bis zu den Küsten Albas und den Inseln des Nordens.«

Und so geschah es.

Während der drei Jahre, die auf das Kommen Ulads nach Bandore folgten, herrschte Frieden in all den Landen des Nordens.

Die Unterkönige legten ihre Schwerter beiseite; der Speer und der Bogen stillten nicht mehr ihren roten Durst, außer bei fröhlichem Weidwerk. Überall stieg blauer Rauch empor, aus den großen Tälern, aus den Küstenschluchten, auf den Ebenen im Binnenland, über den Waldlanden. Das grüne Korn reifte zu gelber Ernte; die Nachmahd geschah in Frieden und ohne Gerücht von Kämpfen und Misshelligkeiten. Winter, Frühling, Sommer: weiß zu braun, braun zu gelb, gelb zu grün, grün zu rotbraun, jede Jahreszeit kam und ging, regelrecht, fröhlich, willkommen.

In den Waldgemeinden und den großen Weilern auf der Ebene reiften die Menschen langsam heran zu Ulads Vorbild. Die Ollavs[68] predigten ein Leben des Friedens und edler Taten; die Dichter sangen von der großen Vergangenheit, und von Helden und von schönen Frauen und der Freude am Leben, und in den Liedern aller war die Schönheit des Traumes.

Lange, lange danach ward diese Zeit besungen als das goldene Zeitalter.

Mit sehnsüchtigen Augen hat manch ein Träumer seinen rückwärtsschauenden Blick darauf gerichtet, entzückt von einer Zeit, in der Männer und Frauen liebten und Freude hatten in tiefem Frieden und nach den Zaubermelodien des Traumes.

Doch selbst zu jener Zeit wurde die Einsamkeit Ulads zum Sprichwort.

Alle Menschen waren fröhlich außer Ulad dem König.

Er lebte für sich allein, der seltsame Dichter. Vergebens priesen ihn die Leute wegen großer Taten; vergebens sangen die Barden von seinem eigenen süßen Harfenspiel, welches das des Bel selbst übertraf; vergebens boten ihm Frauen weiße Arme, das pochende Herz, sanfte Flammenaugen.

Von seinen großen Taten machte er wenig Aufhebens und war des müßigen Geredes von solchen Dingen müde; denn sein ganzes Herz verlangte nach der einen großen Liebe, von der er träumte. Und geringer Trost war für ihn irgendein Sang der Barden oder sanftes Spiel von Harfen und Rohrflöten;

hatte er doch bei Tag und bei Nacht eine lieblichere, eine wildere, eine ergreifendere Melodie in den einsamen Schluchten und weiten, öden, schattigen Tälern seiner Seele. Hohe Frauen, anmutig, süß und schön, mit ihnen hätte er Freude haben können; aber seit er Fand mit seinem Willen erschlagen hatte, konnte er nimmermehr irgendeines Weibes Liebe suchen. Es gab für ihn nur ein Weib in der Welt; und von ihr war ihm nur Schweigen geblieben und Erinnerung.

Bel der Harfner allein kannte die Geschichte der Liebe Ulads.

II

Und dies ist jene Märe.

Im Frühling des Jahres, welches auf das Hinschwinden der Fand folgte, erreichte Ulad der Einsame einen großen Fjord im fernen Norden von Alba. Dort traf er Aithne, das Weib, von dem er geträumt hatte. Sie war die Tochter eines Lords von den nördlichen Inseln, des Cormac von den Felsen, so genannt, weil er seinen dun[69] auf dem Gipfel der mittleren von drei steilen Höhen hatte, die am Südende eines grünen und anmutigen Eilands lagen.

Aithne liebte Ulad seit der Stunde, als er sie zuerst sah. Sie war schlank und flink wie ein Reh und lieblich wie der Sonnenglanz auf dem Meer. Ihr dunkles Haar wogte über ein Antlitz von so großer Schönheit, dass Ulad das Herz weh tat um ihretwillen. Dunkle gewölbte Augenbrauen schufen ein anmutiges Zwielicht über ihren Augen, die von glänzendem graugrünem Nussbraun waren, gleich der sonnenhellen grünen Wölbung einer Woge über Sand, wiewohl sie oft sich verdunkelten mit einem sanften, tauigen Dämmern, das wundervoll anzuschauen war. Ihr blumengleiches Antlitz war wie das der Deirdre oder Grainne oder Blanid, nur noch mehr erfüllt von Traum und Entzücken, als selbst das jener, deren Augen zum Tod des Naois leuchteten, schöner und weitaus süßer als das jener, für die Diarmid alles hingab, schwermutvoller im Überschwang der Freude, als das jener, vor der eines Mannes Leben in Gluten hinschwand. Ja, dachte Ulad, sie hatte die unerreichte Schönheit jener Eilidh, der Königin der Frauen, mit der Isla der Sänger hinausschwamm, in dem Morgengrauen, das auf einen Tag des Unheils folgte, hinausschwamm in die See, der aufgehenden Sonne entgegen. Und sie war schön und wild und traumgleich, wie Fand es war, die er bereitet hatte aus weißen und roten Blumen, die gesammelt waren unter der Wölbung eines Regenbogens in Hy Brasil.

Und Aithne? Sie liebte Ulad. Ihr ganzes Leben strömte ihm entgegen. Er war ihr Lord, ihr Fürst, der Sänger ihrer Lieder, der Träumer ihrer Träume, ihr Held, ihr König.

Die Stunde kam, in der er endlich sprach. Es war in der Dämmerung, an einer Lichtung, angesichts der Strömenden Woge. Worte schwammen an ihr Ohr und ertranken in leidenschaftlichem Schweigen. Sie kamen zueinander wie zwei Flammen, die zu einer werden.

Später erzählte er ihr von Fand. Dann sprach er von Eilidh, die sein Verwandter, Isla der Sänger, geliebt und gewonnen hatte und sie unsterblich gemacht hatte im Gedenken der Menschen wegen ihrer königlichen Schönheit und wegen der tiefen, gewaltigen Innigkeit und dem Wunder ihrer Liebe.

»Und siehe«, flüsterte er endlich, »Fand war in der Tat nur ein Traum – der eitle Schaum auf der rinnenden Woge eines Träumers. Aber du – du, Aithne, bist mein Traum selbst.«

Sie seufzte und presste ihr Herz an das seine. Er hörte ihre Stimme, wie man Wassertropfen durch das Moos sickern hört neben dem Wogen und Brüllen eines Bergstroms.

»Und du, Ulad, du bist Ulad!«

In dem tiefen, regungslosen Schweigen, das folgte, lebten sie, in einem schattenhaft vorübergleitenden Augenblick, ein ganzes Leben. Dann teilten sich plötzlich die Zweige einer niederen, sich ausbreitenden Eiche. Ein Mann trat hervor. Es war Olg, Brudersohn des Cormac von den Felsen.

Er richtete seine finsteren, drohenden Augen auf Aithne, aber Ulad blickte er nicht an, wiewohl die Worte, die er sprach, für ihn waren.

»Die gelbhaarigen Männer sind über uns«, sagte er einfach.

Ulad löste seine festgeschlossene Hand aus der Aithnes. Dann neigte er plötzlich sein Haupt und drückte seine Lippen auf die weiße Blume, die er gehalten hatte. Olg schritt lautlos vorwärts.

Mit der Spitze seines Speeres zog er Blut aus seinem Arm und ließ es in die Höhlung seiner rechten Hand träufeln. Dies goss er, immer noch ohne ein Wort zu sagen, zwischen Aithne und Ulad. Mit einem blutigen Finger berührte er Ulads Brust.

Aithne trat zurück, erblassend. Aber ihre Augen flammten.

Ulad stand einen Augenblick sinnend. Dann beugte er sich nieder und nahm Aithnes Hände in die seinen und küsste sie auf die Lippen.

»So sei es, Olg, Sohn des Olg«, sagte er.

Und so schieden Ulad und Aithne, wissend, dass Olg eine Fehde bis zum Tod zwischen sich und Ulad gelegt und Blut vergossen hatte, dass es für immer ein klaffender Abgrund sei zwischen ihm und Aithne. Am folgenden Morgen wollten die Männer sich entgegentreten. Jetzt war es Nacht, und die gelbhaarigen Männer waren gekommen.

Als der Mond aufging, sangen Schwerter und Speere ihr wildes Lied. Tief war ihr Durst, und keines ging ungesättigt hervor aus jener fürchterlichen Schlacht des Aufgehenden Mondes.

Ein grauer Morgen, durchzogen von roten Streifen, als flatterten zerfetzte Banner über unsichtbaren Himmelsheeren, die im Kampf sich begegneten, brachte das Ende eines Streites, der an Moor und Hügelhang und Gestade gewährt hatte bis die Sterne blass verschwammen und untersanken, in der Lichtflut ertrinkend.

Die gelbhaarigen Nordmänner waren überall; aber jetzt waren sie still. Auf dem Heidekraut, neben Granitblöcken, auf den wogenumspielten weißen Felsen lagen ihre regungslosen Leiber, keinen Schlachtgesang auf den Lippen, kein Feuer in den blauen Augen. Der Sonnenaufgang verwandelte ihre Locken in blasses Gold und legte ein schwaches Erröten auf das Weiß ihrer Gesichter. Weder Gedanken noch Wünsche waren hinter diesen stillen Stirnen, sondern nur das Eisen der Speerspitze oder die Otterzunge des gefiederten Pfeiles. Sie schlummerten sanft, diese Krieger.

Die Flut des Kampfes hatte bereits für Lochlin geebbt, als, während eben die Finsternis sich erhellte, eine Flotte von dreißig Galeeren aus dem Norden des Eilands gekommen war und die Wikinger überrascht hatte. Ihre Wogenrosse wurden auf den Strand gedrängt, nur zwei entkamen, und auch diese nur wegen eines leichten Nebels, der hier und dort auf der See trieb.

Eine ebbende Flut, gewiss; aber eine Flut, die der Tapferkeit der Männer von Lochlin einen gewaltigen Tribut darbrachte. Cormac von den Felsen und seine fünf Söhne und die meisten von seiner Blutsverwandtschaft mit mehr als zweihundert seiner Clansleute fielen in jener Schlacht des Aufgehenden Mondes. Es kam dreimal so weit, dass alles verloren gewesen wäre ohne die Heldenkraft und den Schlachtruf Ulads. Es war jenes Gefilde, auf dem er seinen Namen »der Bruder des Todes« gewann.

Als alles vorüber war, suchte Ulad Aithne. Nirgends in dem großen dun Cormacs oder in der Nähe noch in dem Weiler an dem Binnenloch war irgendeine Spur von der Tochter des Königs. Drei Tage und drei Nächte lang durchspürten die Mannen wie Hunde jede Höhle, jede Schlucht, jede Kluft, schritten von Baum zu Baum in den Wäldern, von Felsblock zu Felsblock auf den Hügeln, aber vergebens.

Viele Inselgaleeren lagen tief in dem grünen Wasser neben denen der Wikinger, aber in keiner derselben ward die Leiche Olgs gefunden noch stieß man auf sie an anderem Ort. Denn auch er war verschwunden. Unter den Erschlagenen und den Wunden und den Unversehrten, von allen, die auf dem Eiland wohnten, wurden im ganzen neun vermisst. Aithne und Olg und sieben Mannen von dessen eignem Gefolge.

Man füchtete, dass Olg, von einer unheilvollen Ebbe des Kampfes fortgerissen, versucht habe zu entrinnen und Aithne zu retten, dass aber eine der Wikingergaleeren sie in den Grund gebohrt hätte. Den räuberischen Wesen des Meeres mochten sie jetzt zur Beute fallen.

Nur Ulad wusste in seinem Herzen, dass Aithne am Leben war. Konnte Tod über sie kommen, ohne dass er es wusste? Würde nicht jeder hüpfende Nerv aufschreien in dieser Erkenntnis?

Dass Olg mit ihr geflüchtet war, dessen war er sicher; aber wohin? Welchen Weg fliegen die wilden Schwäne, wenn sie die grünen Meere am Pol hinter sich gelassen haben?

Woche um Woche verging. Nicht eine Spur der Vermissten ward gefunden, nicht das leiseste Gerücht kam von irgendeiner der Inseln oder vom Festland.

Sechs Monate lang und bis tief ins Herz des Winters gönnte sich Ulad nicht einen einzigen Tag der Ruhe. Nach jeder einzelnen der Inseln segelte er und an den wilden Küsten von Alba entlang, vom Kap der Stürme bis dorthin, wo weißer Schaum auf dem Moyle liegt. Dann, als der erste Hauch des Frühlings sanft über den Schnee aus den Hügeln und das

Treibeis auf den Lochs wehte, segelte er auf den unbekannten Straßen des Meeres nach den Nordinseln der Normannen und später nach Lochlin selbst.

Als ein Jahr verstrichen war nach der Schlacht des Aufgehenden Mondes, wusste er immer noch nichts Näheres über Aithne. Nirgends hatte er eine Spur der Flüchtlinge gefunden, von keinem Mann in irgendeinem Land, weder von Gälen noch Pikten noch Normannen, hatte er ein Wort gehört über die schöne Tochter des Cormac von den Felsen noch auch über Olg den Schwarzbraunen. Dessen ungeachtet wusste er, dass Aithne lebte.

In jenem Sommer sah keiner von seinem Volk oder Gefolge Ulad, ebenso wenig während zweier Jahre danach. Aber in allen Landen wanderte er umher, spielte die Harfe und sang, wiewohl nur ein Lied auf seinen Lippen war, das, welches unter allen Liedern lag, die er sang, das Lied seiner Sehnsucht; und nur eine Melodie in seinem Herzen, die von der Schönheit Aithnes, seines unvergänglichen Traumes.

Als der dritte Frühling leuchtend aus wolkendurchwebtem Blau trat und auf den feuchten grünen Sprossen der Lärchen entlangschritt, kehrte Ulad nach Alba zurück. Sein Herz war müde, aber dennoch gab er die Nachforschung nicht auf.

Mit den ersten Sommergluten kam Schwäche und Verzweiflung über ihn. Die Schönheit der Welt flüsterte bei Nacht und bei Tag von ihr, deren Schönheit für ihn sein Stern war, seine Freude, seine Kraft, sein Traum, sein Leben.

Einst, als er im Zwielicht durch die Wälder schritt, am Ende des großen Loch des Fionn, stand er jählings still, und das Blut stürzte aus seinem Herzen und führte rasche, schwere Schläge gegen sein Hirn. Vor ihm am Strand war ein Mann, der neben einem Feuer kauerte und vor sich hin sang, während er zusah, wie das Hirschfleisch an der Flamme röstete. Und das Lied, das er sang, war eines, das Ulad selbst gedichtet hatte, und es Aithne sang und es ihr zueignete, weil sie und keine andere des Namens würdig war, »Herz der Schönheit«:

O wo ist deine weiße Hand, Herz der Schönheit?
Herz der Schönheit!
Sie ist wie weißer Schaum auf feuchtem Sand,
Herz der Schönheit!
Sie ist ein weißer Schwan hoch über dunklem Land,
Sie ist ein Band, ein Zauberband, die weiße Hand,
Herz der Schönheit!

Ich hör von Morgenrot bis Dämmergrau,
Herz der Schönheit,
Die unsichtbare Wog auf unsichtbarem Strand,
Herz der Schönheit!
Ich seh die Sonne steigen, sinken über schattgem Land,
Doch nimmer, nimmer, nimmer deine weiße Hand,
die weiße Hand,
Herz der Schönheit!

Zitternd, von großer Furcht, noch größerer Hoffnung ergriffen, trat Ulad lautlos näher.

Der Mann sprang bestürzt auf seine Füße. Er hatte einen dürren Zweig krachen hören. Als er Ulad sah, ließ er seinen Speer an seine Seite sinken.

»Ich will dir kein Leid tun«, sagte Ulad langsam, »aber eines will ich von dir erfahren.«

»Das sehe ich wohl«, erwiderte der Mann, »und was das betrifft, was du zu wissen wünschst, so sprich.«

»Es ist dies. Wann und wo und von wem vernahmst du jenes Lied?«

»Ich vernahm es von den Lippen Dergs des Sohnes Teigs des Sohnes des Derg von den drei Furten. Es war an einem

Ort nicht fern von hier, nahe dem Grianan an der Westküste des Seelochs, der bekannt ist als der Hafen der Foray. Es ist die Stätte, wo, wie Bel der Harfner singt, Ulad der Dichterkönig das Weib Fand umwarb, das er aus roten und weißen Blumen bereitet hatte, und wo sie starb, wie eine gepflückte Blume stirbt.«

»Und was ward aus Ulad?«

»Er liebte zu heiß. Und so starb auch er.«

»Ist er tot, in Wahrheit?«

»So sagen die Leute. Doch starb er nicht bei dem Grianan, wo Fand über seinen Schmerz lachte, wie einige der Sänger erzählen. Denn ich habe von Derg, dem Sohn Teigs, der mir jenes Lied gab, gehört, dass Ulad der Einsame seinen Tod fand auf den fernen Inseln des Nordens nach der Schlacht des Aufgehenden Mondes, in der Cormac von den Felsen und die meisten von seiner Sippe erschlagen wurden.«

»Und wann geschah es, dass Derg der Sohn Teigs dir diesen Sang gab?«

»In der Nacht des Neumonds; und der Mond hat jetzt wieder Sichelgestalt.«

Ulads Herz pochte und er starrte den Mann an mit seltsamen Blicken.

»Dein Name?«, sagte er endlich.

»Coran, und ich werde auch Coran-Cu genannt, wegen meiner Flinkheit.«

Da zog Ulad aus seinem Gürtel eine Klinge mit einem Heft von Bernstein.

»Nimm dies, Coran der Hund, und behalte es als Andenken an mich, der ich Ulad der Einsame bin, denn es ist eine große Nachricht, die du mir heute gegeben hast.«

Coran neigte sich vor ihm und sah mit staunenden Augen in das Antlitz dessen, des Name in so vielen Liedern von Liebe und Streit genannt ward.

»Erzähle mir, Coran, von diesem Derg, dem Sohn Teigs.«

»Er war einer von denen, welche entrannen nach der Schlacht des Aufgehenden Mondes. Einige sagen, alle Inselleute fielen in jenem großen Kampf, außer den wenigen, die mit Olg flohen, dem Sohn Olgs des Blinden, des Bruders des Cormac von den Felsen. Alle ertranken an einem unbekannten Gestade, außer allein Derg und Olg und Aithne, die Tochter des Cormac von den Felsen.«

Ulad neigte sich vor, wie ein Bluthund sich vorneigt, wenn die Witterung der Fährte schärfer wird. Seine Augen erglühten mit der blauen Flamme der Hoffnung.

»Und … und – Aithne … Olg und Aithne … sind sie … waren sie auch in dem Hafen der Foray?«

»Nein. Derg lag dort, wegen seiner Wunde. Aithne kam mit ihm und sieben anderen Männern von dort, wo sie mit Olg dem Schwarzbraunen lebte, der jetzt König irgendeines Landes ist, wo, weiß ich nicht. Sie kam dorthin, um zu sterben, denn aus den Liedern des Dichters wusste sie, dass es der Ort war, wo Ulad, den sie liebte, die Blüte, die Fand war, durch seinen Hauch in tote Blumen wandelte. In Wahrheit, sie mag gehofft haben dich wiederzusehen, o Ulad, denn man sagte, dass du nicht unter denen bist, deren Staub in der Erde liegt.«

»Und dann?«

»Dann verfolgte sie Olg, kam nach dem Hafen der Foray und forderte sie auf, zu ihm zurückzukehren, da sie sein Weib sei. Aber sie erwiderte, wiewohl ihr Leib von ihm geknechtet worden sei, sei sie frei und liebe nur Ulad, und das unbekümmert, ob er im Leben oder im Tode sei. Überdies schwor sie bei der Sonne und beim Wind, wenn Olg ihr fernerhin nachstellte, würde sie sich selbst töten.

›Kannst du nicht zwei Männer lieben, Aithne?‹, rief Olg, denn ihn verlangte nach ihr, die er zu seinem Weib gemacht hatte.

›Lieber möchte ich des Todes sein‹, antwortete sie. ›Es gibt nur eine Liebe, die, welches alles andere übertrifft und die ist wie das Leben selbst. Es ist Ulad, den ich liebe, und ich werde hinfort keinem Mann gehören, nein, selbst wenn Ulad mein König jetzt nur wäre wie windverwehter Staub.‹

›Ulad ist tot, o Aithne‹, schrie Olg wieder, ›und er schwur den Todeseid bei dem Mond.‹

Aber Aithne wollte nicht auf seine Reden hören. Sie sagte folgende Worte: ›Wenn er noch am Leben ist, so werde ich meinen König finden. Wenn er tot ist, so harrt mein König meiner. Es gibt nur eine Liebe.‹

Da geschah es, dass Olg es versuchte zu landen und Aithne zurückzuholen, die er zu seinem Weib gemacht hatte. Aber Derg und die mit ihm waren, fochten für die schöne Tochter Cormacs – Herz der Schönheit, wie du selbst sie genannt hast, o Ulad. Und in jenem Kampf ward Olg zurückgetrieben, schwach von klaffenden Wunden und zum Tod getroffen. Aithne mit den drei Männern, die nicht erschlagen worden waren, außer Derg, der als ein Toter zurückgelassen wurde, segelten westwärts.«

Hier hielt Coran inne, als hätte er nicht mehr zu sagen. Aber Ulad drang heftig in ihn, und er erzählte alles. Er war auf Derg gestoßen und hatte seine Wunde gepflegt. Und Derg hatte ihm erzählt, wie er am Morgen eine Galeere kieloben habe vorbeitreiben sehen, und so erkannte, dass Aithne und ihre Begleiter den Tod geschaut hatten in der Höhlung einer Woge. Danach hatte er eine Zeit lang bei Derg verweilt, und er war es, von dem er jenes Lied lernte. Dann war ein Schatten in Derg erwachsen, und er starb.

Ulad neigte sein Haupt. Seine Hoffnung war wie ein verwundeter Vogel, der auf dem Boden flattert.

Dennoch erinnerte er sich an das, was Aithne gesagt hatte, und ward froh. Aber alles, was er sagte, war Folgendes: »Fürwahr, o Coran, es gibt nur eine Liebe. Alles andere ist nur ein Schatten.« Nur bei sich selbst flüsterte er: »Wenn sie noch am Leben ist, so werde ich meine Königin finden. Wenn sie tot ist, harrt meine Königin meiner. Es gibt nur eine Liebe.«

Seit jenem Tag vergaß Ulad der Einsame, seinen Traum träumend, Krieg und den Sitz der Weisheit und die Gemeinschaft der Heimstätte und des Weilers und duns und wohnte, allein mit seinen Gedanken und Träumen, neben dem Grianan am Hafen der Foray. Und das bis zu dem Tag, an dem Bel der Harfner kam und ihn hinausführte, dass er Hoher König sei über alle Nordlande der Gälen.

III

Es war in der Tat ein großer und wundersamer Friede, der über dem ganzen nördlichen Gälentum lag während der drei Jahre, in denen Ulad Hoher König war. Alles vollzog sich geordnet und nahm einen schönen und edlen Ausgang. Aber der König fühlte Leid; tiefes Leid brütete in seinem Herzen zu jeder Stunde eines jeden Tages, ob er nun in den Wäldern oder auf den Hügeln jagte oder die jungen Männer in das edle und ritterliche Leben des Schwertes und des Friedens einführte und im Rat saß oder den Barden oder den Geheimnissen derer lauschte, welche die Diener der Götter waren, oder sich bewegte oder aß oder ruhte oder selbst auf der Harfe spielte oder allein wanderte oder einsam in Erinnerungen weilte; und in Leid schloss er jede Nacht seine Augen.

Denn es gibt nur eine Liebe.

Was half die Herrlichkeit des Königs dem König selbst? Kannte er nicht nur eine Herrlichkeit: Aithne? Hatte er nicht nur ein Verlangen: Aithne? Hatte er nicht nur eine Freude, eine Hoffnung, einen Frieden?

Es kam ein Tag, da ein Gerücht ihn erreichte, dass fern im Südland von Eri eine sehr schöne und wundervolle Königin lebte bei einem großen Fürsten, Artan, und dass sie die Tochter eines toten Königs der Inseln sei. Der Mann, der das Gerücht brachte, sagte, sie sei Aithne genannt.

Ulad überlegte eine Weile. Dann erkannte er, dass Aithne nicht jene Königin sein konnte, denn sie würde zu ihm gekommen sein. Es gibt nur eine Liebe.

Trotzdem sandte er Bel, den Harfner, in die Südlande und gebot ihm, Nachricht von dieser Königin zu bringen.

Als der Mond nach seinem Aufbruch zum dritten Mal aufging, ertönte Bels Harfe von Neuem in Bandore. Es war die Wahrheit, dass Artans Weib Aithne genannt ward und dass sie schön und lieblich und anmutig war. Aber ihre Schönheit war neben der Aithnes, die Ulad liebte, wie das blasse Antlitz des Februar neben der Pracht des Juni.

Und so ging es, bis das dritte Jahr von Ulads Oberherrschaft vorüber war. Am ersten Morgen des vierten Jahres kamen die Ältesten unter den Männern von Rang und die Priester und die Barden zu ihm mit einer Bitte. Und diese Bitte war, dass er sich eine Königin nehmen sollte. Jedes schöne Weib, das unvermählt war, wäre mit Freuden Ulads Gattin geworden; und es waren in jener Zeit sieben Frauen so schön vor allen anderen, dass sie von den Barden besungen wurden als die Sieben Rosen des Gälentums

Ulad lauschte dem, was sie zu sagen hatten. Als sie endeten, sprach er: »Es gibt kein Weib in all den Landen der Gälen, deren Augen mir die Schönheit der Augen Aithnes verdunkeln könnten, der Tochter des Cormac von den Felsen, deren ich Jahr um Jahr geharrt, nach der ich gehungert habe. Mein Traum hindert mich.«

»Dennoch, o Ulad«, drängten sie, »die Aithne deiner Liebe ist sicher seit Langem tot. Unter tausend schönen Frauen ist sicherlich eine, die du zur Gattin haben möchtest. Pflücke, welche du immer willst, von den Sieben Rosen der Gälen. Ja, wenn dein Sinn danach steht, so führe uns zum Kampf gegen diesen Artan, den König im Südland, und nimm seine Königin Aithne zu dir, die sich doch noch als jene erweisen mag, die du verloren hast.«

»Es gibt nur eine Liebe«, antwortete Ulad und wandte sich müde ab von denen, die so sprachen. Danach ging er geradeswegs in den Wald hinter dem großen dun von Bandore und weilte dort mit seinem alten Leid und dem bitteren, ungestillten Durst der Sehnsucht, bis der Tau kühl auf seiner Stirn lag und die Sterne die Nacht erfüllten mit erhabenen Feuerzeichen wilder, unmöglicher, unvergesslicher Träume. Endlich kam das Frühlicht, rosenrot und grau. Da kehrte er an seinen eigenen Ort zurück und zu der ermüdenden Pracht des Königs und zu seinem alten Leid und dem bitteren, ungestillten Durst seiner unbezwinglichen Sehnsucht.

Eines Abends kam der bejahrte Colla zu ihm.

»Und«, sagte er nach einem langen Stillschweigen, »auch ich habe die düstere Krone des Leides gekannt. Auch ich bin ein König gewesen. Und ich bin jetzt alt von der überaus schweren Last der Jahre. So kommt es vielleicht, dass ich in dein Herz sehen kann. Ich sehe dort düsteres, einsames Leid. Aber auch dies sehe ich, dass du ein König bist und wenn auch widerstrebend, dennoch das tun wirst, was du zu tun hast.«

»Lausche, Colla mit dem Weißen Haar. Als ich jung war, verweilte ich eine Zeit lang bei dem größten Fürsten unter den Fürsten der Männer. Es war über See, in dem Land der Kymre. Und als ich ihm Lebewohl sagte, bat ich ihn, seine Hände auf mich zu legen und mir das Eine zu wünschen, das mir nottun würde. Er wünschte mir weder Glück noch großen Reichtum noch Ruhm noch Sieg im Kampf noch Frauenliebe noch große Weisheit noch Sangesgabe noch den Traum des

Träumers; sondern was er zu mir sagte, war Folgendes: ›O Träumer von Träumen, dieses will ich dir wünschen: Kraft, auszuharren bis ans Ende‹. Und so, Colla mit dem Weißen Haar, gedenke ich oft an das Wort jenes Fürsten unter den Männern.«

Da ging Colla davon, ein wenig getröstet. Doch in seinem Herzen fühlte er, dass Ulads Stunde schnell herannahte über irgendeinen fernen Hügel oder durch tiefe Wälder.

Er wendete sich, um nochmals zu dem König zu reden. Aber Ulad starrte gen Westen, und seine Augen waren erfüllt vom Glanz seines Traumes.

Seit jenem Tag jedoch kam eine wachsende Schwäche über den Hohen König. Doch war es keine Schwäche des Leibes; denn als Balba, der Lord von Tyr-Connla, der größte und stärkste von all den Fürsten in gälischen Landen, im Zorn sein Weib Malv öffentlich schlug, fasste Ulad ihn um den Leib und wirbelte ihn um sein Haupt und schleuderte ihn auf den Boden. »Iss Staub, du Hund, der du ein Weib schlägst«, rief er, aber in taube Ohren, denn Balba war bereits in ein trübes, schattiges Land davongegangen, und niemand hörte von dort das schwache, verhallende Echo seines erstickenden Wutschreis herüberklingen.

Das Fest des Friedens war nahe, und alle Leute bereiteten sich zur Fröhlichkeit. Auf den Lippen eines jeden Barden überall in den Reichen des Nordens war der Ruhm des Königs. Alle träumten von einem mächtigen Königreich, das noch kommen sollte. Aber Ulad träumte nur von einem Königreich hinter dem Regenbogen.

Einst, als gelb der Tag sich neigte, im Fallen der Blätter, saß Ulad in einem großen geschnitzten Stuhl außerhalb des dun. Nicht einer von denen, die um ihn waren, sprach. Alle sahen, dass der König seinen Traum träumte. Bel der Harfner hatte auf der Harfe gespielt. Im dämmrigen Land der Töne hatten alle dort lieblichem Sehnen sich hingegeben. Ulad sehnte sich mit altem Leid, mit dem bitteren, ungestillten Durst des wehen Herzens.

Bel schlug langsam nochmals die Saiten. Jäh brach er ab. Alle blickten ihn an. Die Augen des Barden waren auf jemand gerichtet, der, in Grün gekleidet, langsam aus dem Wald kam.

Als er näher kam, spielte er leise auf der kleinen Harfe, die er führte. Keiner regte sich, wegen der Süßigkeit dessen, was er spielte. Nur Bel seufzte, und Ulads Augen verdüsterten sich.

Es war nur der Sang eines Vogels im Mondschein: süß wie dieser, kurz wie dieser. Aber als der grüne Harfner aufgehört hatte zu spielen, stand Bel auf und warf seine eigene Harfe von sich und neigte sein Haupt. Dann erhob er es und blickte Ulad an.

»Die Stunde wartet, o König«, sagte er.

Aber Ulad gab keine Antwort. Seine schattenerfüllten Augen blickten unverwandt und voll Spannung auf ihn, der aus dem Wald gekommen war und von niemand gekannt ward und ein seltsames Leuchten auf seinem Antlitz hatte, das von innen kam, und dessen schwaches Lächeln in ihm dunkle Erinnerungen wachrief an plätschernde Wellen und den salzigen Tangduft von Inselgestaden.

»Die Stunde ist gekommen, o König«, sagte Bel der Harfner nochmals. Aber während er noch sprach, spielte der grüne Harfner.

Bei diesem Spielen glitten alle, die es hörten, hinüber in das schattige Land der Träume. Einige schauten Freude und tändelten mit ihr; einige Frieden und warben um ihn; einige Liebe, einige Ehre, einige Reichtum. Starke Männer saßen brütend, unbekümmert um das Schwert, nicht achtend auf das Jägerhorn, nur lauschend dem Lied von tiefem Entzücken, von tieferem Frieden, von einem Traum im Traum. In den

Herzen der Frauen versanken Tränen und Wünsche in einem Nebeldunst, und aus jenem Nebel kamen weiße Tauben und liebliche regenbogenfarbene Phantome der Sehnsucht. Schweigen lag auf jedem Busch, auf jedem Baum. Nicht ein Vogel regte sich. Jede kleine braune Brust bebte. Das Rotwild im Wald stand still, einen Huf erhebend; die Rehkälbchen zitterten wie Espenlaub, denn all ihr Leben war zurückgeebbt in ihre klaren, staunenden Augen. Der Fuchs blinzelte schläfrig zwischen den Eichenwurzeln. Traum lag auf jedem lebenden Wesen.

Bel der Harfner starb in jener Stunde. Er schaute wieder seine Jugend, und er starb. Er allein von allen Männern, außer Ulad, mochte das geheimnisvolle Lied kennen, mochte verstehen, was der grüne Harfner spielte. Und in Wahrheit, er kannte es. Das Lächeln lag noch auf seinen Lippen, als er, ungesehen von allen dort, die nur seinen Leib vornübergeneigt im Gras liegen sahen, rasch über eine blumenreiche Lichtung in Tir-na'n-Og schritt, wieder erstrahlend in der überaus süßen Schönheit der Jugend und eines Weibes Namen rufend, rufend, rufend mit schluchzender Freude.

Und Ulad … auch er hörte, verstand. In jenem Spiel sah er das süße Trugbild des Antlitzes der Aithne, hörte das ferne Echo ihrer rufenden Stimme.

Niemand sah ihn gehen. Das, was in dem goldenen Stuhl war, regte sich nicht; dennoch stand Ulad auf und ging an allen dort vorüber. Der grüne Harfner lächelte und schritt vor ihm in den Wald. Sie zogen weiter und verließen das Waldesdunkel und gingen über die Schulter des sanften grünen Hügels, der nach Westen blickte.

Jenseits lag das ganze Land und die ferne See in einem goldenen Nebeldunst. Herrlich leuchtend wölbte sich ein Regenbogen stolz vor den ungeheuren steilen Wolkenklippen im Hintergrund.

Unter dem Regenbogen schritt Ulad mit frohen, lebensvollen Augen.

»Sieh dein Königreich, Ulad«, sagte eine Stimme neben ihm, eine Stimme so überaus süß, dass sein Geist in die Tiefe des Lebens hinabstieg. Er sah auf und erwartete die leuchtenden Augen des Harfners zu sehen. Es war das Antlitz Aithnes, die Stimme Aithnes, die Hand Aithnes.

»Aithne«, rief er.

Sie legte ihre Arme um ihn und küsste ihn auf die Lippen.

»Wenn er noch lebt, so werde ich meinen König finden«, flüsterte sie. »Es gibt nur eine Liebe.«

Es war der Augenblick, in dem Colla der Weiße über das kalte Antlitz Ulads sich neigte, wo er weiß und still in dem großen Stuhle des Ardree saß, in die tiefe Ruhe der jetzt ungetrübten Augen schaute und dann seine welken, zitternden Hände erhob und mit lauter Stimme rief, durch den Todesschaum auf seinen Lippen: »Siehe! Die Herrlichkeit des Königs!«

Enya mit den dunklen Augen

An dem Tag, als Firbis von den Sieben duns, genannt Firbis der Weiße, von dem langen weißen Haar, das auf seine Schultern fiel, und auch wegen seines blassen Gesichtes, das blass wie das eines Aussätzigen war, mit scharlachroten Lippen, Cathba, dem Sohn des Cathba Mor, sagte, dass er seine Tochter zum Weib haben könnte, war Enya mit den dunklen Augen nicht zu finden.

Zuerst lachte Firbis. Dann, als er sah, dass Cathba die Stirn runzelte und vor sich hinmurmelte, wurde er zornig und gebot, dass nach dem Mädchen gesucht würde.

Es war Culain der Fährtenspäher, der sie fand. Sie war in der Tiefe des großen Forstes hinter Dun-Fhirbis und war bei Aodh dem Sänger. Niemand in jener Gegend wusste, wer Aodh war, außer, dass er ein Hügelmann aus dem Norden war. Das kam daher, dass er unter Geas[70] war, eine Hülle aus dem Fell eines Rehkälbchens über seinem Antlitz zu tragen, mit Einschnitten darin für seine Augen und Mund und Nüstern; und dieses Gelübde durfte er nicht brechen. Seine Lieder waren die süßesten, die Mann oder Weib vernommen hatte; keine süßeren gab es in Alba. Und wenn er spielte, so nannten sie ihn den Grünen Harfner, denn ein Zauber kam auf sie in jenem Spiel. Er hatte unter ihnen keinen Namen als »der Harfner«. Einst höhnte ihn Cathba und sagte öffentlich, er glaube nicht, dass es ein wahrer Geas sei und der Mann sei ein Spion. Während Speere sich hoben und Schwerter sich regten in jähem Erzittern, wie wenn ein Wind dort wehte, stand Aodh unbeweglich. Er nahm seine Harfe und spielte; und in dem Schweigen, das folgte, rührte er von Neuem die Saiten und sang ein altes und überaus süßes Ahnenlied. Als er verstummte, schlief jede Waffe.

Aber jetzt sah Culain der Fährtenspäher den Harfner, und die Maske aus eines Rehkälbchens Fell war von seinem Antlitz genommen und lag zu seinen Füßen im grünen Moos.

Auf einem Ast einer umgestürzten Eiche lag Enya mit den dunklen Augen, müßig sich wiegend. Ihre Augen waren von Licht erfüllt, während sie Aodh betrachtete.

»Mein Herr und mein König«, rief sie mit einer leisen Stimme, die so innig und süß war, dass Culain erbebte, da er noch ein Jüngling war und ein Träumer von Träumen. Es war, als Aodh ihr soeben ein Lied gesungen hatte.

Culain wendete sich und sank in das Farnkraut. Aber Aodh hatte gehört. Der Pfeil flog, ein helltönend Lied pfeifend, und drang ein zwischen die weißen Schultern des Jünglings, bis er seine Spitze in die Eichwurzel unter seiner Brust stieß.

Aodh trat hervor und sah nach ihm.

»Jener Pfeilschuß ist mir ein Gram«, sagte er ernst, »denn du bist jung und anmutig.«

»Es ist Culain«, flüsterte Enya, die rasch dorthin gekommen war, wo der Erschlagene lag. »Es ist Culain der Fährtenspäher.«

»Ja«, antwortete Culain, nachdem er das Blut und den Schaum aus seinem Mund gespien hatte, doch ohne seinen Kopf zu wenden, denn das konnte er nicht, da er vom Pfeil angeheftet war. »Ja, es ist Culain, und es ist meine letzte Fährte.«

»Lass ihn«, flüsterte Enya, als sie den Harfner seinen Speer erheben sah. »Lass ihn, o Aodh, mein Herr. Noch kann er am Leben bleiben.«

»Es sollte das Ende weniger qualvoll machen. Aber wie du willst, Enya.« Dann schritten die beiden tiefer in den Wald.

Später fanden die Läufer Culain. Aber er war tot. Bei Sonnenuntergang hörte Firbis Enya singen, in dem Grianan über der großen Halle der Hörner. Er rief sie an und sagte ihr, dass sie am Morgen das Weib Cathbas sein sollte. Enya sprach kein Wort; aber als der Mond aufging, ging sie nach dem Waldrand und stieß drei Schreie der weißen Eule aus.

»Wer wird ein Lied dichten für diese Hochzeit?«, sagte Firbis nach dem Alegelage am Morgen. »Wo ist der Harfner?«

Aber niemand hatte ihn gesehen. Ein alter Mann sagte, er sei ihm begegnet, als der Mond aufging, und er habe auf einem weißen Hengst gesessen und sei den Sternen des Nordens entgegengesprengt.

Um Mittag nahm Cathba Enya zum Weib. So groß war ihre Schönheit, dass Männer ihn mit schrägen Blicken ansahen und Greise schweigend dasaßen, gelähmt von ehrfürchtigem Staunen.

»Singe mir«, sagte er.

Sie sang. Es war ein Lied von der Liebe. Er lachte, als sie die kleine goldverzierte Clarsach auf den Boden stellte und strich das Haar aus seinen Augen zurück.

»Warum lachst du, Cathba der Schnellfüßige?«

»Deshalb, weil du nicht weißt, was du sangst, als du jenes Lied sangst; doch gerade so wie du sangst, so soll es sein.«

Enya beugte sich nieder und hob aufs neue die Clarsach empor; und als sie ihr Haupt zurückwarf nach jenem Beugen, füllten ihre Augen sich mit Glut. Plötzlich lachte sie.

»Warum lachst du, Enya mit den dunklen Augen?«

»Weil Aodh der Sänger, Aodh der König, hier ist, und er meinetwegen kommt, die ich sein Weib bin.«

Cathba sprang auf seine Füße. Aber der Wolfsriemen war um ihn geschlungen, und er war gebunden an Hand und Fuß, bevor er das lange Messer mit goldenem Heft ziehen konnte, das er trug.

Aodh beugte sich nieder und hob ihn auf; dann warf er ihn auf die Hirschfelle, auf denen Enya gelegen hatte.

»Das Brautbett für dich, Cathba«, sagte Aodh spottend; »für mich die Braut.«

Der Lärm von Speeren und Schwertern und das Jammern von Männern und Weibern und die wilden Schreie draußen verstummen. Der Bergleute waren wenige, sonst würden sie den dun niedergebrannt haben. Aber Firbis rief nach einem Waffenstillstand und gebot Aodh, Enya mit den dunklen Augen zu nehmen und zu gehen.

So geschah es, dass Aodh der Bergkönig, Aodh der Sänger, Aodh der Stolze, Enya gewann, die er liebte.

Doch er liebte gar zu heiß. Es ist das nicht die Art von Königen, aber Aodh war ein Dichter, und er hatte den Traum der Träume.

An dem Tag, an welchem der Ardrigh[71] der Berglande starb, kamen Läufer zu Aodh dem Stolzen. Er sollte Ardrigh sein. Er suchte Enya, um ihr dieses zu erzählen; aber sie war in den Wäldern oder auf den Hügeln. So zog er ostwärts, ohne sie zu sehen, die er liebte.

Es war im dun des Hohen Königs, da hörte er, dass Cathba seinen Weiler verwüstet und Enya mit den dunklen Augen gefangen mit sich fortgeführt hatte.

In einer Nacht und einem Tag war er wieder in seinen eigenen Landen. Auf den Ruf Aodhs des Stolzen sammelten sich die Berg-Clans, und er holte die Krieger und Gefangenen Cathdas ein, wo der Durchbruch im Gebirge ist. Dann ward die Schlacht des Hügelhanges geschlagen.

Als die Sonne unterging, lagen Kronen dort, eitles Gold im

gelben Sand, und niemand achtete ihrer. Und wo das hohe Gras wogte, da waren Frauenbrüste, so still in dem braunen Schweigen, dass die schwirrenden Nachtfalter, die vom Hauch der Maßliebchen erzittern, regungslos ihre Schwingen wiegten über den Stätten, wo einst so viele Seufzer waren, und wo nimmer ein Pulsschlag der Freude sich regte.

Der Lärm der Speere schwieg, Der wilde Falke, und nicht der Wurfspieß, zischte durch die Stille. Raben flogen, wo in blutigen Lachen die Pfeile gefangen waren.

Der Mann, der dieses Blutbad verursacht hatte, stand allein an jenem Ort. Die Krieger waren in den finsteren Schluchten, jenseits des Stromes unter dem Hügelhang, stießen Speere in blasse Flüchtlinge und lachten, während sie weiße Weiber mit ihrem langen Haar an die Stämme der Fichten banden.

Dies war der Mann, welcher Aodh der Stolze genannt wurde.

Aodh betrachtete forschend die Toten. Zuerst sah er nach allen denen, die, den Blick vorwärts richtend, gefallen waren oder mit aufwärts gekehrten Antlitz dalagen. Dann drehte er, voll Verachtung, die Leichen derer um, die von hinten mit dem Speer durchstoßen oder von Pfeil oder Wurfspieß getroffen waren.

Er fand nirgends die Leiche des Cathba.

In jener Nacht brachten sie ihm ein gefangenes Weib. Sie war alt, aber sie erkaufte ihr Leben mit dem, was sie zu berichten hatte; denn was sie berichtete, betraf Enya.

Cathba war in der Schlacht des Hügelhanges nicht zugegen gewesen. Er war jetzt in dem nächsten der Wald-duns, die Enyas Vater gehörten.

Firbis der Weiße hatte Aodh immer gehasst, und des alten Mannes Lachen war jetzt so laut und so lang wie das Bellen seines Wolfshundes. Als sie ihn verließ, so erzählte das Weib, lag Enya auf den Hirschfellen und spielte mit dem langen Haar des Cathba.

»Sie sang ein Lied«, fügte das Weib hinzu.

»Welches Lied sang sie?«, fragte Aodh.

Es war ein Lied von begegnenden Winden, begegnenden Wogen, von Tag und Nacht, von Leben und Tod; und am Ende eines jeden Singens sang sie:

> Ich, Enya mit den dunklen Augen, liebe nur dich,
> und dich allein, o Teurer,
> Mann meines Herzens bist du, dich lieb ich am meisten,
> dich allein, o Teurer.

Da wusste Aodh der König, welches Lied Enya mit den dunklen Augen gesungen hatte, während sie auf den Hirschfellen lag und mit dem dunklen Haar Cathbas, des Sohnes des Cathba Mor, spielte. Es war ein Lied, das er gehört hatte, als Enya mit den dunklen Augen auf den Hirschfellen in dem Hügeldun lag, der ihm, Aodh dem König, gehörte, während sie mit seinem langen gelben Haar spielte.

Aodh der Stolze wendete sich und schritt allein zurück durch das Feld der Toten. Aber als der König zu seinem dun kam, wollten die Frauen ihn nicht eintreten lassen; denn er bellte wie ein Wolf und schüttelte einen blutigen Speer und lachte wild und schrie einem Stern, der tief im Westen hing, zu: »Enya, Enya, Enya! Enya, Enya, Enya!«

Und so blieb er nicht länger König. Er ward »der Lachende Mann« genannt, denn er konnte nicht mehr einen Speer werfen, sondern lachte oft närrisch, und ein wenig Schaum stand immer vor seinem Mund. Und zuletzt aß er Wurzeln und ging nackt und ward am Ende von den Wildschweinen zertreten.

Das ist die Geschichte Aodhs des Stolzen, der unsterbliche Schönheit machte aus der Schönheir und Liebe der Enya mit den dunklen Augen, die dasselbe Lied zwei Männern sang.

Epilog

Der Wind, der Schatten und die Seele

Es gibt Träume, die nicht von Speerstoß handeln, und es gibt Träume und Träume: von dem, was gewesen ist oder was sein wird, ebenso wohl als die müßigeren Fantasien des Schlafes. Und es ist vielleicht einer von jenen Träumen, deren Sommerfäden aus dem unsichtbaren Garn des Leides gesponnen sind; oder er ist vielleicht gewoben aus den tragischen Schatten unerfüllten Wechsels. Es ist von geringer Bedeutung.

Eine, die war, ist nicht mehr. Das ist der Stachel, das Wunderbare.

Eine, die war, ist nicht mehr. Die Seele und der Schatten sind beide dahingegangen auf dem Wind.

Ich schreibe dieses in einem ruhigen Seehafen. Hohe Klippen schließen ihn halb ein, in zwei weißen Krümmungen, die den Schwingen der Solansgans gleichen, wenn sie dieselben wölbt, um sich dem Nordwind entgegenzustemmen.

Diese in Sonnenschein gebadeten Klippen, mit dem weichen Haar grünen Grases, vor deren weißen Wänden im vergangenen Jahr die Schwalben, dunkle pfeilschnelle Weberschiffchen, unaufhörlich dahinglitten, und von denen Büschel von See-Lavendel herabhingen wie Streifen schwebenden Rauches, erscheinen mir jetzt nur als hohe Klippen. Damals, als wir beieinander waren, waren es Abstürze, die in Traumesmeeren versanken, und an ihren Grundfesten erklang unablässig das Raunen einer uralten seltsamen und eindringlichen Melodie. Nur ich bin es jetzt, die nicht hört; in jenen Ohren gestaltet sie zweifellos neue Geheimnisse, neuen Sinn und neue Schönheit; dort, wo die Melodie tiefer erklingt als das Glockenspiel der Stunden und Zeit selbst weniger ist als das Flüstern der Rinnenden Woge. Weiße Wände, die sich öffnen konnten, und wo des Meeres Lied eine Fee wurde, noch mit den Schaumglocken in ihrem Haar, aber mit einem Gewand grün wie Gras und in ihrer Hand eine weiße Blume.

Symbole: Ja. Für einige töricht; für andere klar wie der Mittag, mit jener Klarheit, die durchdrungen von Licht, die so augenscheinlich ist und doch unergründlich.

In vergangener Nacht traf der Wind plötzlich die See. Keine Warnung war vorausgegangen. Die Sonne war zur Küste gegangen unter schmalen Halbinseln von Zitronengelb und blassem Violett; gegenüber der oberen rosigen Glut war der Osten eine schattige, opalene Öde, mit einer breiten Straße von leuchtendem Grün, in der ein Stern zitterte. Während das Zwielicht aus seinem Versteck hinter den Blättern verstohlen sich ergoss, flatterte, unbekümmert um die Jahreszeit, eine Fledermaus durch die stummen Weiten; und als auch sie in der Finsternis sich verlor und Dunkel Schweigen und Schweigen Dunkel war, da war die unermüdliche Woge am Gestade nur die murmelnde Stimme jener Eintönigkeit. Drei Stunden später ward ein seltsamer, verworrener Laut hörbar. Um Mitternacht erhob sich plötzlich eine Schar von Stimmen; ein Myriadenschrei zerriss das Schweigen; das ganze Meer ward emporgehoben, und es war, als wurde der sich wälzende Leib der Flut von ihm losgerissen und auf das Land geschleudert.

Ich schlief nicht, sondern lauschte dem Wind und der See. Meine Träume und Gedanken, Kinder des Windes, waren nur Diener eines Geistes, der in Schatten geformt war. Sie taten »den Willen der Schönheit und des Leides«.

Am Morgengrauen war das Unwetter vorüber. Aber noch eine Stunde danach trug die See ein Leichentuch von Windwolken und Flugwasser; ich konnte nichts sehen als dieses schwimmende, furchtbare Weiß.

Warum schreibe ich dies? Es geschieht, weil ich in dieser vergangenen Sturmesnacht, an diesem Tag der Stille, einer nahegekommen bin, von der ich rede, und in diesem nachklingenden Hauch gleich einem plötzlichen Veilchenduft an einem Ort, wo man es nicht erwartete, einen letzten Duft der Erinnerung nachbilden möchte. Doch ich würde diese Schlussworte zu diesem Buch nicht geschrieben haben, geschähe es nicht wegen des deutlichen Wiederauflebens meines Leides im ruhigen Hafen des heutigen Mittags.

Ich befand mich in einer Vertiefung auf der östlichen Klippe, einer Vertiefung, die mit blassblauem Schatten gefüllt war und wo ein schwaches Meeresraunen unsichtbar an den Feuersteinknollen und den Rauten der sonnenwarmen Kreide hing. Vor mir stieg allmählich ein grasgrüner Pfad auf, der schräg den oberen Hang erklomm. Vollkommene Stille herrschte in der Luft. Die Unruhe der Wasser machte dieses Schweigen landeinwärts gleich einem Frieden im Frieden.

Aus der blauen Ruhe, in der nichts, nicht einmal das sich regende Weiß einer entschwindenden Schwinge sichtbar war; aus der Glut und dem Glanz des Tages; aus dem, was jenseits liegt, stieg schnell ein Windwirbel herab. Ich sah die Gräser am grünen Pfad entlang erschauern. Einige zerbrochene Zweige und Reiser wirbelten hin und her. In meiner Heimat hat das einen offenkundigen Sinn. Jene Unsichtbaren, die wir das Verborgene Volk nennen – so viele, die instinktiv immer was groß ist, auf das Kleine, was voll Geheimnis und tragischen Wunders ist, auf das Fantastische und Undenkbare zurückführen, nennen sie »die Feen« –, sind vorübergezogen.

Es sind ihrer zu viele, welche jene Welt bewohnen, die vor unseren Augen verborgen ist, als dass wir zu bestimmten Zeiten, bei Gelegenheiten gleich dieser wissen könnten, wer vorüberzieht. Die Kinder des Lichts und der Finsternis wandeln denselben Weg. Aber heute war es nicht eine von dieser unsichtbaren und deshalb ungekannten Sippe.

Denn als ich wieder hinschaute, sah ich, dass die eine, die ich verloren hatte, sich langsam den Pfad hinaufbewegte; aber nicht allein. Hinter oder dicht neben ihr schritt eine andere. Es war diese andere, die sich zu mir wandte. Das Bildnis beugte sich nieder und hob eine Handvoll Staub in seiner hohlen Hand empor. Diesen blies es fort mit einem leichten, jähen Hauch; und ich sah, dass es nicht der Schatten noch das Phantom, sondern die Seele jener war, die ich geliebt hatte. Doch mein Gram betraf jene süße, der Vernichtung verfallene Sterblichkeit, als ich sah, dass die aufgewirbelte Spirale ergrauenden Staubes alles war, was zurückblieb.

Für eine Sekunde jedoch hatte ich sie zusammen gesehen, so sehr eins, so unvereinbar fremd. In jenem Augenblick des Lebewohls ging alles, was von vergänglicher Schönheit vorhanden war, über in die Sternenaugen der Gefährtin, die des kleinen, endlosen Wechsels vergessen hatte. Es war damals, es war so, dass ich die Ewigkeit sah. Das ist es, weswegen ich schreibe.

Dann, wie ein Schleier blauen Rauches in den Himmel sich auflöst, war das, was ich gesehen hatte, nicht mehr da; und die alte Verwirrung kehrte wieder, und ich wusste nicht, welches der Schatten war, oder welches die Seele oder ob es nur der Wind war, der so aufgehört hatte, zu wehen.

Anmerkungen

1 Strandebene.

2 Seestier.

3 Hafen des Lederbootes.

4 An den schottischen Küsten werden verschiedene Meeresalgen zu Asche (Kelp) gebrannt, um daraus Jod zu gewinnen,

5 Sprich: Ha an ah-wien do' inn. Anm. d. Verf.

6 Kreischender Ruf.

7 Mein Lieb.

8 a. Der Cumha fir Arais (Sprich: Kuv' ah fir Arus) bedeutet die Klage des Mannes von Aros, d. h. des Häuptlings. Aros Castle, auf der großen Insel Mull, den Sund überblickend, war eine der Burgen Macdonalds, des Herrn der Inseln. b. Die Eberesche (auch Eibe, Bergesche und anders genannt) ist bei den keltischen Völkern ein heiliger Baum, und seine Zweige können übernatürliche Einflüsse, sei es herbeiführen, sei es abwenden. c. Die Frau im grünen Kleid ist die Cailleach (alte Frau), die Sirene der Bergeshänge, die zu sehen Tod oder Unheil bedeutet. Wenn man sie singen hört, so bedeutet das baldigen Tod für den Hörer. Das Gras ist das, welches rasch und grün über dem Toten wächst. Die dunkle Stunde ist die Stunde des Todes, d. h. die erste Stunde nach dem Tod. Anm. d. Verf.

9 Mein Freund.

10 Baille 'n Bad-a-sgailich: die Farm der schattigen Baumgruppe. Cairstine oder Cairistine ist das Gälische für Christina, wie Tormaid für Normann und Giorsal für Grace. »Die stillen Häfen« ist eine schöne Redewendung auf den Inseln für »Gräber«. Dort wird auch eine schnelle und verhängnisvolle Auszehrung, die den Verfallenen überkommt, »Das Weiße Fieber« genannt. Mit dem »Festland« sind Harris und Lewis gemeint.

11 A cochall a' chridhe: sein Herz war aus seiner Hülle, eine Redewendung, die oft gebraucht wird, um plötzliche Fassungslosigkeit infolge irgendeiner Erschütterung zu bezeichnen. Die folgende Phrase bezeichnet den Monat vom 15. Juli bis zum 15. August, der so genannt

wird, weil man annimmt, dass es der heißeste, wenn nicht der wasserärmste Monat auf den Inseln ist. Das unten gebrauchte Wort Claar bezeichnet ein kleines, hölzernes Gefäß, in das die gekochten Kartoffeln gelegt werden. Anm. d. Verf.

12 O Liebling.

13 Geistliche Lieder.

14 Sprich: mogh-ray, mogh-ri (meines Herzens Entzücken – buchstäblich: mein Lieb, mein Herz). Anm. d. Verf.

15 Die Feenstadt.

16 Feenmann.

17 Spross.

18 Meermaid.

19 Feenhorn.

20 Puppe, Liebling.

21 Helden, Helligen.

22 Contullich, d. h. Ceann-nann-tulaich, »Das Ende der Hügel«. Loch-a-chaoruinn bedeutet: »Der Loch der Eibenbäume«. Anm. d. Verf.

23 Die Farm in der Höhlung der gelben Blumen. Anm. d. Verf.

24 »Großen Frieden dir, Frau Macdonald.«

25 = Ich heute!

26 a. A chuid do Pharas da! »Sein Anteil am Himmel möge ihm werden!«. b. Gu'n gleidhead Dia thu, »Möge Gott dich erhalten«. c. Gu'n beannaicheadh Dia an tigh! »Gottes Segen über dieses Haus.« Anm. d. Verf.

27 a. Droch caodih ort! »Möge ein tödlicher Unfall dich treffen« (wörtl. »Schlimme Klage über dich«). b. Gaoth gun direadh ort! »Mögest du im Wasser treibend ertrinken« (wörtl. »Wind ohne Richtung über dich«). c. Dia ad aghaidh ... »Gott gegen dich und dir ins Angesicht ... und möge dein Tod ein Tod des Leides sein ... Übel und Kummer – dir und den Deinen!« Anm. d. Verf.

28 »Den Zauber, mit dem Maria zum Sohn sich wendet, über dich,
Den Zauber gegen Tötung, den Zauber gegen Wunde über dich,
Den Zauber zwischen Mantel und Knie,
Den Zauber der drei in einem über dich,

Vom Dach deines Hauptes zum Boden deiner Füße über dich:
Den Zauber der sieben in eins über dich,
Den Zauber der sieben in zwei über dich,
Den Zauber der sieben in drei über dich,
Den Zauber der sieben in vier über dich,
Den Zauber der sieben in fünf über dich,
Den Zauber der sieben in sechs über dich,
Den Zauber der sieben Rosenkränze südwärts gewendet über dich,
Zu deiner Bewachung vor Unheil und Untat.«

29 Hirtenstab.

30 Mit einem verbrecherischen Geheimnis oder einem unentdeckten Verbrechen. Anm. d. Verf.

31 Meinem Traum.

32 Ard-Ethlenn – Stell-Ethlenn; Creagaleen – Fels des Lieblings.

33 Dorf, Weiler.

34 Alona bedeutet »sehr schön« oder »ausgezeichnet schön« und ist gleichzeitig Äquivalent für »mir teuer« oder »Lieb meines Herzens«. Anm. d. Verf.

35 Jan mein Liebling, du Schöner!

36 Heißgeliebte.

37 Ich erzähle hier nicht die Geschichte Jan Mors. Alle, die ihn kannten, und viele von denen, die seine Lieder lieben, sind vertraut mit den kläglichen Akten des bitteren Unrechts, das an ihm und an Ethlenn Stuart verübt wurde. Durch ein seltsames Zusammentreffen war der Tag seiner plötzlichen Befreiung der Tag vor Ethlenns Tod, jener Tag, an dem er London verließ, um zurückzukehren in das Gebirgsland, nach dem sein Herz mit ebenso tödlichem Heimweh verlangte wie nach ihr. Der Tod Roderick Stuarts hatte seine Befreiung bewirkt; aber hier ist es unnötig, auf die Einzelheiten all dessen einzugehen, was vorher und nachher sich ereignete.

Es war Jan Mor selbst, der ihre Leiche fand, an dem Abend, der auf jenen Sonnenaufgang folgte, in den ihr Leben hinübergeglitten war, gleich wie eine Blume ihren Duft hingibt. Dessen ungeachtet möchte ich hinzufügen, dass die Leidenschaft seiner Liebe, solange sie lebte, die Leidenschaft seiner Liebe zu ihr im Tod, mehr zu tun hatte mit der seltsamen, träumerischen Schwermut oder »Verzückung« seiner späteren Jahre, als selbst die tiefen Seelenqualen, die er erlitt durch den Schurkenstreich des Roderick Stuart. Anm. d. Verf.

38 Mit-Großkind, Großkind desselben Mannes.

39 Blonder Jan.

40 Mein Augapfel, mein Liebling!

41 Mein Kind, mein Herz!

42 Erzählung.

43 Haferpfeife, Flöte.

44 Jesus, Sohn Gottes.

45 Diese legendenartige Dichtung ist gegründet auf die uralten und noch umlaufenden (freilich oft in hoffnungslosem Widerspruch befindlichen) Sagen über Brighid oder Bride, die gemeinhin bekannt ist als »Muime Chriosd« – d. h. die Pflegerin Christi. Wegen des Ansehens und der allgemeinen Verehrung, die sie genoss und noch gegenwärtig genießt, in dieser Beziehung nur hinter der Jungfrau selbst zurückstehend, wird sie auch die »Maria der Gälen« genannt. Ein anderer, im Westen besonders häufiger Name ist »Brighde-nam-Brat«, d. h. St. Bride mit dem Mantel, ein Name, der im Laufe meiner sagenhaften Erzählung seine Erklärung findet. Brighid, die christliche Heilige, sollte indessen nicht vermengt werden mit einer weit früheren und entlegeneren Brighid, der alten keltischen Muse des Gesanges.

46 Dughall Donn = Dughall der Braune, Art = Arthur, Conn = Constantin, Aodh = Eugen.

47 Göttin, Fee.

48 Habicht, Falke (biblisch).

49 Alte Frau.

50 Junger Mann.

51 Segen über dich.

52 Heilige Brighid!

53 Auf der Harfe.

54 Schicksalszauber.

55 Austervogel.

56 Das englische Äquivalent für Annir-Choille würde sein die Waldnymphe. Das Wort Annir ist ein altes zusammengesetztes gälisches Wort für Mädchen.

57 Ein Pikte.

58 Joua war einer der frühkeltischen Namen des Mondes. Die vierte Zeile enthält eine Anspielung auf die Sonne. Anm. d. Verf.

59 Sonne. Grianan – Sonnenlaube, Lusthaus.

60 Paradies.

61 Deo-uaine, grüner Lebenshauch, grüner Lichtstrahl.

62 Altkeltische Runenschrift, erfunden vom sagenhaften Ogma. (Ogmios ist der altgallische Gott der Beredsamkeit.)

63 O schwarze Robbe.

64 Eigentliche »Seide der Kühe« einer der poetischen »geheimnisvollen« Namen des besiegten Erin, war in alten Tagen dort auf den schottischen Inseln eine Bezeichnung für ein Weib von seltener Schönheit. Der Name Eilidoh (gesprochen – ih, mit langer Betonung auf der ersten Silbe) ist gleichfalls uralt, ist aber noch auf den Inseln und überall in den westlichen Hochlanden noch gebräuchlich, wie ich höre, auch in Connaught und Connemara. Somhairle (Somerled) wird gesprochen So – irl – u.

65 Hoher Beamter.

66 Barke.

67 Der erste Teil dieser Erzählung ist in »Wind und Woge« enthalten unter dem Titel »Die Schwermut Ulads«.

68 Die Rechsgelehrten, Weisen.

69 Turm, Burg.

70 Zauber, feierliche Verpflichtung.

71 Hoher König, Großkönig.